prometeo
libros

HANNAH ARENDT Y LOS DERECHOS HUMANOS
El dilema de la responsabilidad común

Peg Birmingham

HANNAH ARENDT Y LOS DERECHOS HUMANOS
El dilema de la responsabilidad común

prometeo
libros

Birmingham, Peg
    Hannah Arendt y los derechos humanos : el dilema de la responsabilidad
común / Peg Birmingham. - 1a ed . - Ciudad Autónoma de Buenos Aires :
Prometeo Libros, 2017.
    200 p. ; 23 x 16 cm.

    Traducción de: Luciano Banchio Nelli.

    1. Filosofía Política. 2. Análisis Filosófico. 3. Derecho Humanitario. I.
Banchio Nelli, Luciano, trad. II. Título.
    CDD 320.01

Diagramación: Patricia Bulla
Corrección de galeras: Marina Rapetti
Diseño de tapa: Erica Anabela Medina

Pringles 521 (C1183AEI), Buenos Aires, Argentina
Tel.: (54-11) 4862-6794 / Fax: (54-11) 4864-3297
editorial@treintadiez.com
www.prometeoeditorial.com

A Clare

> *Llegamos a ser conscientes de la existencia de un derecho a tener derechos (y esto significa vivir dentro de un marco donde uno es juzgado por las acciones y las opiniones propias) y de un derecho a pertenecer a algún tipo de comunidad organizada, sólo cuando emergieron millones de personas que habían perdido y que no podían recobrar estos derechos por obra de la nueva situación política global.*

Hannah Arendt,
Los orígenes del totalitarismo

Índice

Agradecimientos

Agradezco profundamente al profesor Fred Kersten por introducirme en el mundo de la filosofía, más precisamente en la fenomenología husserliana. Sus vivencias estudiantiles junto a Arendt, Gurtwitsch y Jonas en La Nueva Escuela de Investigación Social me acercaron por primera vez a estos pensadores, particularmente a Arendt. Los años que estudié con él en la Universidad de Wisconsin en Green Bay encendieron la chispa que aún hoy me motiva.

Estoy en deuda con mis estudiantes de la Universidad DePaul, cuyos aportes durante los seminarios que he dictado sobre Arendt me ayudaron a formular de una mejor manera los argumentos volcados en este libro. He tenido la suerte de contar con David F. Krell como colega y amigo. No solo revisó los bosquejos finales del manuscrito e hizo generosas sugerencias y comentarios, sino también alentó enormemente mi trabajo desde nuestra primera discusión sobre el pensamiento de Heidegger, hace casi dos décadas. Ciertamente, cualquier error o falta de juicio son enteramente míos. Las conversaciones con los colegas Bill Martin, Darrell Moore, Will McNeill, Tina Chanter, Michael Naas y Elizabeth Rottenberg han sido inmensamente provechosas. Una palabra de agradecimiento a Bernie Flynn, que aceptó mi invitación para dar un curso sobre Hannah Arendt en el Collegium Phaenomenologicum en 1990, y con quien he mantenido sucesivas conversaciones al respecto. Agradezco también a Robin May Schott, quien formaba parte del público cuando presenté un artículo sobre Arendt y la banalidad del mal en la Sociedad de Fenomenología y Filosofía Existencial y me aconsejó que lo enviara para su consideración en un volumen especial de *Hypatia* que ella estaba preparando acerca de la filosofía feminista y la problemática del mal. El esbozo de este libro prosperó a partir de mi contribución en ese volumen.

Ben y Laura Nicholson me proporcionaron el alivio de la amistad y su hogar un lugar en el que el placer de la compañía pudo florecer. Le agradezco también a Richard Tobin. Dee Mortensen, Elisabeth Marsh y Kate Babbit han sido excelentes editores. Las meticulosas correcciones de Kate Babbit han hecho de este libro un libro más elegante.

Finalmente, me gustaría agradecer al decano Michael L. Mezey por su constante apoyo y su insistencia para que mis deberes como directora del departamento de filosofía no retrasaran la tarea de completar este libro. La investigación fue respaldada por la *DePaul University Summer Research Grant* y por una licencia de investigación semestral, ambas provechosas al otorgarme el tiempo necesario para finalizar este trabajo.

Le dedico este libro, con cariño, a mi hija Clare.

Agradezco también a las siguientes fuentes por el permiso otorgado para citar material previamente publicado:

Research in Phenomenology, Volumen 33, 2003 –Peg Birmingham, "The Pleasure of your Company: Arendt, Kristeva, and an Ethics of Public Happiness", pp.55-72.

Revolt, Affect, Collectivity: The Unable Boundaries of Kristeva's Polis, edición de Tina Chanter y Ewa Plonowska Ziarek, pp. 129-141. Reimpresión con el permiso de la State University of New York Press. © 2005 State University of New York. All rights reserved.

Hypatia. Volumen 18, Número 1. Invierno de 2003, "Holes of Oblivion: The Banality of Evil", pp. 80-89.

Lista de abreviaturas

BPF   *Between Past and Future* (*Entre el pasado y el futuro*).

EJ   *Eichmann in Jerusalem: A report on the Banality of Evil* (*Eichmann en Jerusalén: un estudio acerca de la banalidad del mal*).

EU   *Essays in Understanding* (*Ensayos de comprensión*).

HC   *The Human Condition* (*La condición humana*).

JP   *The Jew as Pariah: Jewish Identity and Politics in the Modern Age* (*Escritos judíos*).

KPP   Lectures on *Kant's Political Philosophy* (*Conferencias sobre la filosofía política de Kant*).

LMT   *Life of the Mind*, vol. 1, *Thinking* (*La vida del espíritu*, vol. 1, *El Pensamiento*).

LMW   *Life of the Mind*, vol. 2, *Willing* (*La vida del espíritu*, vol. 2, *La Voluntad*).

LSA   *Love and Saint Augustine* (*El concepto de amor en San Agustín*).

MDT   *Men in Dark Times* (*Hombres en tiempos de oscuridad*).

OR   *On Revolution* (*Sobre la revolución*).

OT   *The Origins of Totalitarianism* (*Los orígenes del totalitarismo*).

OV   *On Violence* (*Sobre la violencia*).

PP   *The Promise of Politics* (*La promesa de la política*).

RJ   *Responsability and Judgment* (*Responsabilidad y juicio*).

RV   *Rahel Varnhagen, The Life of a Jewish Woman* (*Rahel Varnhagen, vida de una mujer judía*).

Introducción: el problema de los Derechos Humanos

La contribución más importante de Hannah Arendt al pensamiento político quizás sea su famosa y frecuentemente citada noción del derecho a tener derechos. Arendt desarrolló esta idea por primera vez en *Los Orígenes del Totalitarismo*, en el contexto de un análisis sobre el declive del estado-nación. Su eventual desenlace en los campos de exterminio, argumenta, solo fue posible debido a una concepción de los derechos humanos filosóficamente inválida y políticamente impotente. La obra entera de Arendt puede ser leída como un intento de descifrar teóricamente este derecho fundamental a tener derechos. Sin embargo, esta idea continúa siendo el aspecto menos comprendido de su obra. Aunque algunos de sus más cuidadosos y astutos lectores elogian la frase, critican a Arendt por no proporcionar una justificación teórica al respecto. Benhabib, por ejemplo, señala que Arendt "no da, en última instancia, un fundamento filosófico a su creencia en los derechos humanos universales o a la categoría de crímenes de lesa humanidad"[1] y se pregunta:

> La categoría de "derechos humanos", la "existencia de un derecho a tener derechos", como dice su frase, ¿puede ser defendida? ¿Tienen los seres humanos derechos del mismo modo en que poseen brazos o piernas? Si insistimos en que debemos tratar a todo ser humano según su derecho a tener derechos, ¿sobre qué conjetura filosófica defendemos esta idea? ¿Sustentamos este respeto por los derechos humanos universales en la naturaleza, en la historia o en la racionalidad humana? Uno busca en vano respuestas a estos interrogantes en los textos de Arendt. Al no comprometerse filosóficamente con un fundamento para los derechos humanos, al no sustentar su

---

[1] Seyla Benhabib, *The Reluctant Modernism of Hannah Arendt* (Thousand Oaks, Calif.: Sage Publications, 1996), xxxiii.

> ingeniosa frase "el derecho a tener derechos", Arendt nos lega una verdadera preocupación con respecto a las bases normativas de su propia filosofía política.[2]

Dana Villa hace una crítica similar, señalando que Arendt "le dedica poca atención a la tradición liberal y a la teoría de los derechos que la sustenta"[3]. Sostiene que Arendt evita una teoría sobre los derechos humanos en favor de la acción política que, a su vez, torna su pensamiento relativamente "indiferente al tópico de la justicia".[4]

En este sentido, Margaret Canovan plantea que "por más comprometida que ella misma pudiera estar con las ideas de un valor humano universal y de los derechos humanos universales, [Arendt] no creía ciertamente que éstas pudieran ser demostradas o inferidas a partir de la pluralidad humana".[5] Asimismo, Claude Lefort asegura que la idea de que los derechos humanos derivan de "la ficción de la naturaleza humana" y el argumento de que los derechos no son otra cosa que los derechos de los ciudadanos, le impiden a Arendt proporcionar una base filosófica, lo que demandaría que el reconocimiento mutuo de las personas, concebidas una a semejanza de la otra, se extendiera más allá de las puertas de la ciudad. Porque carece de tal base, afirma Lefort, es difícil visualizar en el pensamiento de Arendt "un modo de justificar nuestra condena al totalitarismo, excepto sobre

---

[2] Ibid., 82. Extrañamente, en su nuevo libro *The Claims of Culture: Equality and Diversity in the Global Era* (Princeton, N. J.: Princeton University Press, 2002), Benhabib rechaza el mismo marco teórico que critica como ausente en el pensamiento de Arendt; a saber, un universalismo filosófico basado en afirmaciones sobre una naturaleza o esencia humana universal. Propone, en cambio, un universalismo que abarque tres dimensiones: el universalismo moral, es decir, el principio de que todos los seres humanos deben ser considerados como iguales morales; el universalismo jurídico, el principio de que existen determinados derechos básicos, reflejados en instituciones jurídicas, que deben concedérsele a todos los seres humanos; y el universalismo justificativo, originado en la normatividad racional, con sus ideales de imparcialidad y objetividad. Las preguntas de Benhabib a Arendt se vuelven contra ella: "¿por qué existen determinados derechos básicos que deben concedérsele a todos los seres humanos?", y "¿por qué todos los seres humanos deberían ser considerados como iguales morales?". La explicación filosófica que ofrece Arendt con respecto al derecho a tener derechos responde ambos interrogantes. Al hacerlo, proporciona un universalismo filosófico que no se basa en una naturaleza o esencia humana universal, sino más bien en el evento universal de natalidad.

[3] Dana Villa, *Politics, Philosophy, Terror* (Princeton, N.J.: Princeton University Press, 1999), 199.

[4] Ibid., 200.

[5] Margaret Canovan, *Hannah Arendt: A Reinterpretation of Her Political Thought* (London: Cambridge University Press, 1992), 198-199.

el crudo y casi accidental fundamento de que sus conquistas son una amenaza para nuestra sociedad".[6]

Al mismo tiempo que Arendt es criticada por no proveer una conceptualización teórica de los derechos humanos, autores como John Rawls y Michael Ignatieff señalan, sin embargo, que tal empresa es innecesaria (Rawls) o inútil (Ignatieff), un anhelo fundacional atado a aquellos ideales universales de la ilustración que no pueden ser teóricamente revalidados en esta era multicultural y post-metafísica. Rawls afirma que es innecesario, incluso contraproducente, desarrollar un fundamento para los derechos humanos, y que hacerlo significaría reintroducir la noción del bien en un dominio que es político y que pervive mejor sin él. La tradición liberal, asegura, proporciona su propio fundamento *histórico*, y con eso alcanza.[7]

Si bien Ignatieff aprueba la noción de un derecho a tener derechos, sostiene, no obstante, que a esta idea, o a cualquier otra que se refiera a los derechos humanos, no se le puede dar otro fundamento universal que el teológico: "si el propósito de los derechos humanos es contener el uso humano del poder, la única autoridad capaz de hacerlo, por lo tanto, debe encontrarse más allá de la propia humanidad, en alguna fuente religiosa de autoridad".[8] Puesto que carecen de una base teológica, indica Ignatieff, las afirmaciones teóricas acerca de los derechos humanos son siempre confusas y controvertidas; es mejor ser prudentes y renunciar a la pregunta de por qué tenemos derechos en favor de reconocer los derechos que realmente necesitamos. Asumiendo la reflexión de Isaiah Berlin de que los derechos se cimientan no sobre la razón, sino sobre la memoria del horror, Ignatieff asegura que "todo lo que puede decirse con respecto a los derechos humanos es que son necesarios para proteger a las personas de la violencia y el abuso, y (...) si se pregunta el porqué, la única respuesta posible es la historia".[9] De hecho, Ignatieff asevera que cualquier teoría que

---

[6] Claude Lefort, *Democracy and Political Theory*, traducción de David Macey (Minneapolis: University of Minnesota Press, 1988), 54.

[7] John Rawls, *The Law of Peoples* (Cambridge, Mass.: Harvard University Press, 1999), 15.

[8] Michael Ignatieff, *Human Rights as Politics and Idolatry*, editado y con traducción de Amy Gutman (Princeton, N.J.: Princeton University Press, 2001), 82. Basar los derechos humanos en la humanidad, señala Ignatieff, conlleva un riesgo triple: "Pone las demandas, necesidades y derechos de la especie humana por encima de los de cualquier otra, corriendo el riesgo de legitimar una relación completamente instrumental con otras especies; en segundo lugar, (...) autoriza la misma clase de relación instrumental y de explotación con la naturaleza; y, por último, carece de los fundamentos metafísicos necesarios para limitar el uso humano de la vida humana, en casos como el aborto o la experimentación médica" (82-83).

[9] Ibíd., 83.

pretenda algo más que esto cae en una "idolatría de los derechos", en la que la fe en nuestra especie se convierte en un culto idolátrico de lo puramente humano: "¿Por qué, exactamente, pensamos que los seres humanos comunes y corrientes, con toda su heterogeneidad de raza, credo, educación y realización, pueden ser vistos como poseedores de los mismos e inalienables derechos? Si la idolatría consiste en elevar cualquier principio puramente humano a un axioma incuestionable, ciertamente los derechos humanos se asemejan a una idolatría".[10]

La tarea de este libro es triple. En primer lugar, poner de manifiesto que los lectores e intérpretes de Arendt han fallado en comprender que una de sus principales preocupaciones es el desarrollo de un fundamento teórico para la reformulación de la noción moderna de derechos humanos. Esta reformulación, sugiero, tiene sus raíces en un principio de humanidad común que no estriba en el culto idolátrico de lo humano. Describiéndose a sí misma como alguien que se ha unido a las filas de los pensadores post-metafísicos, Arendt ha formulado una idea de humanidad que no tiene sus raíces en un sujeto autónomo, en la naturaleza, en la historia o en dios; en cambio, encuentra este principio en el anárquico e impredecible evento de natalidad. Para Arendt, la natalidad, con su inherente principio de humanidad, provee el fundamento ontológico de los derechos humanos. Este evento y dos principios: el principio de *initium* y el principio de lo dado. En los capítulos II y III, respectivamente, retomo cada aspecto de esta estratificación del principio de humanidad. Finalmente, en el capítulo IV, examino la afectividad en el evento de natalidad y sus derivaciones, resaltando que es más compleja y difusa de lo que la propia Arendt (a pesar de su lúcida visión de la existencia humana) fue capaz de admitir. En este punto retomo el reciente análisis de Julia Kristeva, y certifico que esclarece la obstinación inquebrantable de Arendt en el dilema de la responsabilidad común, inherente al evento de natalidad. Para Arendt, y de esto se trata el pesimismo presente a largo de su obra, el dilema de la responsabilidad común radica en nuestra capacidad

---

[10] Ibíd. En otro pasaje, luego de citar la afirmación de Elie Wiesel de que la Declaración Universal de los Derechos Humanos se ha vuelto el "texto sagrado de una religión secular de escala mundial", Ignatiff escribe, "Los derechos humanos se han convertido en la principal cláusula de fe de una cultura secular que teme creer en alguna otra cosa. Se han convertido en la lengua franca del pensamiento moral mundial del mismo modo que el inglés se ha convertido en la lengua franca de la economía. La pregunta que deseo formular acerca de esta retórica es la siguiente: si los derechos humanos son un conjunto de creencias, ¿qué significa creer en ellos?, ¿se trata de una creencia en términos de fe?, ¿en términos de esperanza?, ¿es algo completamente distinto?" (53). Arendt evita toda clase de creencia, ya sea fe o esperanza, al ofrecer una explicación filosófica del fundamento de los derechos humanos.

para el horror y la gratitud, para la violencia y el placer, cuando nos enfrentamos con nuestra propia humanidad en la compañía de otros.

En la conclusión expongo brevemente los problemas de la institución política del derecho a tener derechos. Los escritos de Arendt posteriores a la segunda guerra mundial y sus ensayos sobre Palestina, escritos entre fines de los años cuarenta y principios de los cincuenta, proporcionan las ideas necesarias para reelaborar las nociones de soberanía y estado-nación, lo que nos permite a su vez considerar los tipos de procesos de inmigración y naturalización y las prácticas ciudadanas que serían compatibles con el compromiso de Arendt para con el derecho a tener derechos.

Capítulo 1: El evento de natalidad. El fundamento ontológico de los Derechos Humanos

> La humanidad, tanto como ideal religioso o como ideal humanista, implica una coparticipación de responsabilidad. La reducción de las distancias geográficas hizo que esta coparticipación cobrara una actualidad política de primer orden. También convirtió en cosa del pasado todas las especulaciones idealistas acerca de la Humanidad y de la dignidad del hombre, simplemente porque todas estas elevadas y ensoñadoras nociones, con sus tradiciones honradas por el tiempo, asumieron de repente una aterradora oportunidad (...)
>
> La idea de Humanidad, privada de todo sentimentalismo, tenía la muy seria consecuencia de que, de una forma o de otra, los hombres habían de asumir la responsabilidad por todos los crímenes cometidos por ellos mismos y de que, eventualmente, todas las naciones se verían obligadas a responder por los daños producidos por todas las demás. El tribalismo y el racismo son unos medios muy realistas, aunque muy destructivos, de escapar de este dilema de la responsabilidad común.
>
> Hannah Arendt,
> *Los Orígenes del Totalitarismo*

Al final del "Prefacio de la primera edición" de *Los orígenes*, Arendt escribe: "el antisemitismo (y no simplemente el odio a los judíos), el imperialismo (y no simplemente la conquista), el totalitarismo (y no simplemente la dictadura), uno tras otro, uno más brutalmente que el otro, han demostrado que la dignidad humana necesita un nuevo resguardo que sólo puede ser hallado en un principio político nuevo, en una nueva ley sobre la Tierra, cuya validez debe alcanzar esta vez a toda la humanidad y cuyo poder deberá estar estrictamente limitado, arraigado y controlado por entidades territoriales nuevamente definidas" (OT, xi). Al comienzo de su obra seminal, Arendt clama por el principio universal de humanidad que proporcionará un nuevo resguardo a la dignidad humana. Argumenta la necesidad de tal principio en la conclusión de *Los orígenes*, en su análisis del totalitarismo y de la realidad sin precedentes de los campos de exterminio:

> En comparación con el descabellado resultado final –la sociedad del campo de concentración–, el proceso por el cual los hombres son preparados para este fin y los métodos por los que las personas son adaptadas a estas condiciones resultan transparentes y lógicos. La insana fabricación en masa de cadáveres es antecedida por la preparación histórica y políticamente inteligible de los cuerpos vivos. El impulso y, lo que es más importante, el consentimiento tácito a semejantes condiciones sin precedentes, son producto de aquellos acontecimientos que en el período de desintegración política, repentina e inesperadamente, dejaron a centenares de miles de seres humanos sin hogar, sin patria, fuera de la ley e indeseables, mientras que millones de seres humanos se tornaban económicamente superfluos y socialmente onerosos merced al desempleo. Esto a su vez sólo podía acontecer porque los Derechos del Hombre, que nunca habían sido filosóficamente establecidos, sino simplemente formulados, que nunca habían sido garantizados políticamente, sino simplemente proclamados, habían perdido, en su forma tradicional, toda validez. (446)

Está claro que Arendt coloca de lleno la responsabilidad de los campos de exterminio en una noción de los derechos humanos filosóficamente inválida y políticamente impotente. Esto no significa sugerir que ve un vínculo causal entre la formulación moderna de los derechos humanos y el totalitarismo. Por el contrario, como afirma en su conocida respuesta a Eric Voegelin, Arendt está rastreando los elementos que se cristalizaron en el totalitarismo más que escribiendo una historia del totalitarismo como tal.[11] Sin embargo, insiste, somos capaces de ver a través del cristal el soporte sobre el que este está encastrado. Para Arendt, la base que garantizó, al menos parcialmente, las condiciones para esta cristalización es la Declaración de los Derechos del Hombre. Vale la pena advertir aquí que Arendt no forma parte de aquellos que piensan que bastaría solo con remendar esta declaración para impedir que lo peor vuelva a suceder. En efecto, culmina el prefacio afirmando que el totalitarismo revela un reino subterráneo que hace de todos estos proyectos de rehabilitación algo inútil: "la corriente subterránea de la

---

[11] Hannah Arendt, "A Reply to Eric Voegelin", en *Essays in Understanding*, edición de Jerome Kohn (New York: Harcourt Brace and Co., 1994), 403.

historia Occidental ha finalmente emergido y ha usurpado la dignidad de nuestra tradición. Esta es la realidad en la que vivimos" (ix). La cristalización del totalitarismo nos permite vislumbrar el reino subterráneo, y revela que el estado-nación moderno, con su declaración de los derechos humanos, está profundamente enmarañado con un racismo y un imperialismo que claman por algo más que la restauración del proyecto de la Ilustración.

Establecer filosóficamente y asegurar políticamente los derechos humanos requiere de una nueva ley para la humanidad. En *Los orígenes del totalitarismo* Arendt sostiene:

> El hombre del siglo XX se ha emancipado de la naturaleza del mismo modo que el hombre del siglo XVIII se emancipó de la historia. La historia y la naturaleza se han vuelto igualmente extrañas para nosotros, principalmente en el sentido de que la esencia del hombre ya no puede ser comprendida en términos de una u otra categoría. Por otra parte, la humanidad, que en el siglo XVIII, según la terminología kantiana, no era más que una idea ordenadora, se ha convertido hoy en un hecho ineludible. Esta nueva situación, en la que la "Humanidad" ha asumido efectivamente el papel atribuido antaño a la naturaleza o a la historia, significa en este contexto que el derecho a tener derechos o el derecho de cada persona a pertenecer a la humanidad debería ser garantizado por la misma humanidad. No es en absoluto seguro que esto pueda ser posible. (298)

Las puertas del cielo están cerradas y las manos de Dios están cerradas. La racionalidad de la naturaleza, la obviedad de la razón y el progreso de la historia le han cedido el paso a los campos de exterminio y a las fosas del olvido, dejándonos cara a cara con nosotros mismos. La humanidad por sí misma debe garantizar el derecho a tener derechos, o el derecho de cada persona a pertenecer a la humanidad.

La humanidad y el problema de la idolatría

Si bien Arendt apela a la humanidad con el fin de argumentar el derecho a tener derechos, esto no la convierte, bajo ningún punto de vista, en una idólatra. Para ella, el ideal de humanidad es aterrador. En sus análisis sobre el racismo inherente a los movimientos imperialistas, Arendt discute el difundido cliché de que cuanto más nos conozcamos los uno a los otros más a gusto estaremos entre todos. Por el contrario, afirma que "cuanto más saben los pueblos acerca de otros pueblos, menos desean reconocerles como sus iguales y más retroceden ante el ideal de humanidad" (235). En el ensayo "Culpa organizada y responsabilidad universal", Arendt hace una declaración similar. Advirtiendo que el mundo moderno se caracteriza por un mayor conocimiento sobre otras culturas y pueblos, afirma que "desde entonces los pueblos han aprendido a conocerse mejor y se han percatado cada vez más de la potencialidad del hombre para hacer el mal. Como resultado, se han alejado más y más de la idea de humanidad y se han tornado más susceptibles ante la doctrina de la raza, que niega la posibilidad misma de una humanidad en común" (EU, 131). La dificultad política hoy, sostiene, es que "la conversación idealista acerca de la humanidad y la dignidad del hombre [es] un asunto del pasado, simplemente porque todas estas elevadas y ensoñadoras nociones, con sus tradiciones honradas por el tiempo, asumieron de repente una aterradora oportunidad" (OT, 235). Arendt afirma que el elemento que nos une, la humanidad, es también el elemento que causa terror. Con la profundización de nuestro conocimiento sobre los otros nos alejamos aún más del ideal de humanidad. Este ideal, privado de todo sentimentalismo, exige que la humanidad asuma la responsabilidad política por todos los crímenes y males cometidos por los seres humanos. Al mismo tiempo, esta exigencia es aterradora. Es aquí donde yace el dilema de la responsabilidad común.[12]

En su primer escrito publicado sobre la responsabilidad política y la solidaridad de la humanidad, Arendt explica con detalles este dilema de la responsabilidad común:

> Durante muchos años he conocido alemanes que dicen estar avergonzados de serlo. Frecuentemente me vi tentada de responder que yo siento vergüenza de ser un ser humano. Esta vergüenza elemental, que muchas personas de las más variadas nacionalidades comparten entre sí, es lo que finalmente queda de nuestra solidaridad internacional; y aún no ha encontrado una expresión política adecuada. (EU, 131)

Arendt sostiene que este sentido de la vergüenza es la expresión no política de la idea de que "de una forma u otra los hombres deben asumir la responsabilidad por todos los crímenes cometidos por los seres humanos y que todas las naciones comparten la carga de los males perpetrados por todos" (131). La solidaridad internacional de la humanidad descansa sobre esta responsabilidad política global, casi insoportable; es una solidaridad que se origina al enfrentar la capacidad humana para hacer el mal:

---

[12] Arendt tiene el recaudo de hacer una distinción entre la responsabilidad moral o jurídica, por un lado, y la responsabilidad política, por el otro. El dilema de la responsabilidad refiere precisamente a la responsabilidad política inherente al ideal de humanidad. Hannah Arendt, *Responsability and Judgment*, edición de Jerome Kohn (New York: Schocken Books, 2003), 150-151.

> Que todos aquellos que hoy estén listos para seguir este camino,
> en una versión moderna, no se contenten con la hipócrita confesión
> "gracias a Dios, yo no soy así" (...) ante el horror de las insospecha-
> das potencialidades del carácter nacional alemán. Más bien, ante
> el miedo y los escalofríos, finalmente se han percatado de lo que el
> hombre es capaz, y esta es, en verdad, la condición para cualquier
> pensamiento político moderno. (132)

En su ensayo de 1954, "La preocupación por la política en el reciente pensamiento filosófico europeo", Arendt no cambia de opinión
con respecto a las condiciones necesarias para una teoría política
moderna. Aunque acuerda con los griegos en que la filosofía comienza
con el asombro ante lo que es, Arendt no alberga nostalgia alguna
por la experiencia griega. Por el contrario, señala que mientras que
el asombro griego se originaba en la experiencia de la belleza (*kalon*),
la experiencia del asombro hoy se origina en el horror ante lo que el
ser humano es capaz de hacer, el horror innombrable que debe ser
filosóficamente superado y políticamente instituido:

> Como si en esta negativa a confesar la experiencia del horror y a
> considerarlo seriamente, los filósofos hubieran heredado el rechazo
> tradicional a reconocer la esfera de los asuntos humanos que les
> provoca el asombro de ser lo que son precisamente porque son
> (*thaumadzein*) (...) Porque el indescriptible horror ante lo que el
> hombre pueda ocasionar y ante lo que el mundo pueda llegar a ser
> se relaciona de muchas maneras con el asombro indescriptible del
> que brotan las preguntas de la filosofía. (445)

El horror indescriptible, y no la belleza, marcan la experiencia
contemporánea del asombro. Al reconocer la capacidad humana para
hacer el mal, Arendt se separa de sus predecesores de la Ilustración,
quienes, afirma, poseían una visión de la humanidad demasiado ino-
cente: "El encanto de nuestros antecesores para con la humanidad
no sólo ignoraba ligeramente la cuestión nacional; lo que es mucho
peor, no concebía siquiera el terror en la idea de humanidad ni en
la fe judeocristiana en el origen unitario de la raza humana" (132).
Aquí Arendt señala una vez más el terror inherente a la noción de
humanidad, vinculándola con la idea de un origen *unitario* de la raza
humana. Como veremos, el lugar que le da Arendt al origen en el evento
original de natalidad, no solo critica esta noción, sino también ofrece
la posibilidad de reducir el terror.

Arendt no acepta la idea de humanidad, pero al mismo tiempo se
niega simplemente a abandonarla. Sostiene que tal renunciamiento
es imposible, en la medida en que la humanidad, "que para todas las

generaciones pasadas no era más que un concepto o un ideal, se ha convertido en algo inminentemente real" (MDT, 82). En "Culpa organizada y responsabilidad universal", dobla la apuesta, y reafirma su necesidad política: "en términos políticos, la idea de humanidad, si no se excluye a ningún pueblo y si no se le cede a nadie el monopolio de la culpa, es la única garantía para que una 'raza superior' tras otra no se sienta obligada a cumplir la 'ley natural' del derecho de los poderosos a exterminar a las 'razas inferiores'" (EU, 131). Sólo un principio de humanidad puede otorgar la fuente normativa para afrontar el menester de una responsabilidad común. Debido al horror presente en el centro de las relaciones humanas, y a pesar de su rechazo a la noción metafísica de la naturaleza humana, Arendt sigue siendo una humanista. Para ella, la humanidad por sí misma debe asumir el rol que anteriormente cumplían la naturaleza, la historia o Dios: "el derecho a tener derechos, el derecho de cada individuo a pertenecer a la humanidad, debe ser garantizado por la propia humanidad" (OT, 298). En desacuerdo con los ideales de la Ilustración, Arendt niega la bondad de la naturaleza humana, e insiste en nuestra capacidad para hacer el mal. En contraste con Ignatieff, Arendt sostiene que cuando se trata de pensar la humanidad, podemos encaminarnos más allá de la fe, sin caer en la idolatría.

La garantía de la humanidad, asegura Arendt, no se encuentra en su fin, sino en su comienzo. En *La condición Humana*, lo reafirma:

> Actuar, en su sentido más general, significa tomar una iniciativa, comenzar (como indica la palabra griega *archein*, "comenzar", "conducir" y finalmente "gobernar"), poner algo en movimiento (que es el significado original del *agere* latino). Debido a que son *initium*, recién llegados y principiantes por virtud del nacimiento, los hombres toman la iniciativa, se aprestan a la acción. *[Initium] ergo ut esset, creatus est homo, ante quem nullus fuit* ("para que hubiera un comienzo, fue creado el hombre, antes del cual no había nadie"), dice San Agustín en su filosofía política. Este origen no es el mismo que el del mundo; no es el comienzo de algo, sino de alguien, que es un principiante en sí mismo. Con la creación del hombre, el principio del comienzo entró en el propio mundo, que, claro está, no es más que otra forma de decir que el principio de la libertad se creó al crearse al hombre, no antes. (HC, 177)

Para Arendt, el evento de natalidad es el *arche* en el doble significado etimológico, comienzo y principio. Aún más, el impredecible y caótico origen lleva dentro de sí su norma o principio. Como ella señala: "Lo que redime al acto del comienzo de su propia arbitrariedad es que porta su propio principio dentro de sí o, para ser más precisos, ese comienzo y ese principio, *principium* y principio, no sólo se relacionan el uno con el otro, sino que son coetáneos (...) Pues la palabra griega para comienzo es *arche*, y *arche* significa tanto comienzo como principio" (OR, 212). Arendt sitúa el principio de humanidad, que es la base del derecho a tener derechos, en el evento de natalidad. Como veremos, el principio (*arche*) de este evento es doble, pues implica tanto el principio de lo público como el principio de lo dado.

Antes de proceder con un análisis sobre el evento de natalidad, debemos considerar una última objeción a este esfuerzo por articular el fundamento ontológico del derecho a tener derechos. La objeción, formulada por pensadores como Michael Ignatieff, John Rawls y Claude Lefort, estriba en que cualquier intento de justificar los derechos humanos es en el mejor de los casos innecesario y, en el peor, peligroso. Ya hemos visto cómo Ignatieff expresa esta objeción al afirmar que si evitamos la idolatría, "los derechos humanos no serían otra cosa que mera política".[13] Los derechos humanos, asegura Ignatieff, no proclaman "verdades eternas" sino, en cambio, "crean un marco común, una serie de puntos de referencia que pueden ayudar a las partes en conflicto a deliberar conjuntamente".[14] Los derechos humanos deben ser concebidos en términos de un discurso político que permita "darle un fallo al conflicto". Al mismo tiempo, Ignatieff, no contento solo con eso, sostiene que "otra función esencial de los acuerdos internacionales sobre los derechos humanos, incluso en las sociedades con regímenes de derechos apropiadamente ordenados, es facilitar un punto de vista universalista a partir del cual criticar y revisar la legislación nacional particular".[15] El problema es que habiendo circunscripto los derechos humanos a la historia y a la política, Ignatieff no tiene forma de darle cuerpo a este "punto de vista universalista".

Al igual que Ignatieff, Rawls plantea que no necesitamos un fundamento ontológico para los derechos humanos, puesto que los derechos humanos no son sino derechos políticos. En *El derecho de los pueblos*, Rawls señala que la categoría de lo político aporta todo lo que necesitamos:

> Una tercera condición para una utopía realista requiere que la categoría de lo político contenga en sí misma todos los elementos esenciales apropiados para un concepto político de justicia. Por ejemplo, en el liberalismo, las personas son vistas como ciudadanos, y una concepción política de la justicia construida a partir

---

[13] Ignatieff, *Human Rights as Politics and Idolatry*, 22.

[14] Ibíd., 20.

[15] Ibíd., 16.

de ideas políticas (morales) está disponible en la cultura política
pública de un régimen constitucional liberal. La idea de un ciudadano libre se determina según una concepción política liberal
y no por cualquier doctrina universal, que se extiende más allá
de la categoría de lo político.[16]

Al rechazar "cualquier doctrina universal", por lo que asumo que se
refiere a cualquier tipo de ontología que supere los límites de la propia
categoría de lo político, Rawls asegura que estos derechos emergen de
"la cultura política pública de un régimen constitucional liberal". El
problema de reducir los derechos humanos a un precepto político del
liberalismo implica igualar los derechos con el estatus de ciudadano. El
propio Rawls parece reconocer que en el caso de los derechos humanos,
esta equiparación puede no ser suficiente. Sostiene que los derechos
humanos "expresan una categoría especial de derechos urgentes, tales
como la libertad ante la esclavitud y la servidumbre, la libertad (pero
no igual libertad) de conciencia, y la seguridad de los grupos étnicos
ante el asesinato en masa y el genocidio".[17] En el contexto de estos
derechos urgentes, Rawls pretende afirmar que los derechos humanos
deben distinguirse de los derechos positivos instituidos políticamente:
"Los derechos humanos son diferentes de los derechos constitucionales,
o de los derechos de la ciudadanía democrática liberal, o de otros derechos que pertenecen a determinados tipos de instituciones políticas,
tanto individuales como sociales".[18] No obstante, continúa señalando
que los derechos humanos constituyen "un subconjunto propio de los
derechos que poseen los ciudadanos en un régimen liberal democrático y
constitucional, o los miembros de una sociedad jerárquica digna".[19] Con
esto, Rawls le da a los derechos humanos un lugar de subordinación
en la configuración de la ciudadanía. En consecuencia, plantea que los
estados criminales que violan estos derechos deben ser condenados.
Ahora bien, ¿sobre la base de qué derecho? Su respuesta: sobre la base
del régimen democrático constitucional liberal, que, presumiblemente,
determinaría lo que es un "criminal".

El rechazo de Rawls a la ontología (lo que él llama "un principio
filosófico universal") le perjudica más de lo que lo favorece. Al buscar
una manera de evitar el historicismo, Rawls termina siendo incapaz de
escapar de él. Los derechos le pertenecen a quienes fueron lo suficien-
temente afortunados de haber aterrizado históricamente en un estado

---

[16] John Rawls, *The Law of Peoples* (Cambridge, Mass.: Harvard University Press,
1999), 15.

[17] Ibíd., 79.

[18] Ibíd., 79-80.

[19] Ibíd.

liberal y constitucional. Aquellos estados que nieguen los derechos humanos están condenados por la validez del estado liberal, conferida por su mera existencia.[20] Para Habermas, esto constituiría una "pretensión que desafía lo fáctico"[21], y está de acuerdo con Arendt en que tal pretensión no es suficiente para establecer la universalidad de los derechos humanos, una universalidad que tanto Ignatieff como Rawls anhelan proponer: "El desarrollo de la democracia constitucional a lo largo del celebrado sendero del 'Atlántico Norte' nos ha proporcionado sin dudas resultados que vale la pena preservar, pero una vez que aquellos que no tienen la buena fortuna de ser los herederos de los Padres Fundadores se vuelquen a sus propias tradiciones, no encontrarán los criterios y las razones que podrían permitirles distinguir entre lo que vale la pena preservar y lo que debería ser rechazado".[22]

La crítica de Habermas de una "pretensión que desafía lo fáctico" puede también esgrimirse contra Claude Lefort. Él invoca el derecho a tener derechos para cuestionar a aquellos que remarcan la inutilidad de invocar a los derechos humanos en sociedades donde gran parte de la población es "víctima de una salvaje explotación".[23] Sostiene que la experiencia nos ha demostrado claramente que el desdén por los derechos humanos alienta a los aspirantes a revolucionarios a construir regímenes de estilo totalitario, o a soñar con tal cosa. Enmascara un rechazo subyacente a garantizarle a los individuos, a las comunidades campesinas, a los trabajadores y a los pueblos en general, *el derecho a tener derechos*".[24] Sin embargo, para Lefort, el principio institutivo de la democracia, expresado en la declaración de los derechos humanos, es un principio de lucha en el que la cuestión del derecho "siempre depende de un debate sobre sus fundamentos, y sobre la legitimidad de lo que ha sido establecido y lo que debería establecerse".[25] En otras palabras, la lucha democrática se instituiría mediante la declaración de los derechos, lo que abriría una brecha irreductible entre la esfera del poder, la esfera del derecho y la esfera del conocimiento. Sumado

---

[20] Jürgen Habermas ha observado audazmente que lo único que Rawls ha demostrado es que "una teoría normativa de la justicia del tipo que él propone puede tener acceso a una cultura donde las convicciones liberales básicas ya han sido instaladas por medio de la tradición y de las socializaciones políticas en las prácticas cotidianas y en las intuiciones de los ciudadanos individuales". Véase *Between Facts and Norms: Contributions to a Discourse Theory of Law and Democracy*, traducción de William Rehg (Cambridge, Mass.: MIT Press, 1996), 61.

[21] Ibíd., 24.

[22] Ibíd., 2-3.

[23] Lefort, *Democracy and Political Theory*, 40.

[24] Ibíd., 40.

[25] Ibíd., 18.

a esto, Lefort afirma que no se le puede otorgar ningún fundamento universal a los derechos humanos: "La dimensión del desarrollo del derecho se despliega en su totalidad, y siempre depende de un debate sobre sus fundamentos, y sobre la legitimidad de lo que ha sido establecido y lo que debería establecerse".[26] Para Lefort, la noción de derecho en una democracia "depende del discurso que la articula, y en el cual el ejercicio del poder obedece al conflicto".[27] Así, Lefort rechaza cualquier fundamento universal para los derechos humanos: "Los derechos elementales bien pueden constituirse en un debate público, pero no pueden ser constreñidos por una definición; y por lo tanto, no podemos concordar con ningún fundamento universal, se ajuste o no se ajuste a una declaración o al espíritu de aquellos derechos".[28] Los derechos humanos para Lefort siempre dependen de un debate político específico que los fundamente.

Similar a lo que sucede con Rawls en este sentido, los análisis de Lefort son válidos en el contexto de las democracias modernas que se constituyeron a partir de una declaración de derechos, pero ¿qué ocurre con aquellos espacios políticos donde ninguna declaración ha tenido lugar?, ¿y con aquellos lugares donde ningún debate sobre los derechos es posible porque su demanda no ha sido reconocida como válida? Afirmar que está en las manos de los individuos la reclamación de sus derechos a partir de un debate significa perder de vista la urgencia política: quienes apelan desesperadamente a los derechos humanos son frecuentemente los que no están en condiciones de ser reconocidos como demandantes ante un tribunal que ya ha decidido en su contra. Por consiguiente, desde el punto de vista de Arendt, debemos ir más allá del debate acerca de lo que es legítimo y de lo que no lo es, y proporcionar un fundamento universal al derecho a tener derechos, pues solo desde un marco universal semejante es posible señalar los usos legítimos e ilegítimos del poder.

El evento de natalidad

Arendt es muy explícita en que el evento de natalidad es un evento ontológico. En *La condición humana* sostiene: "El milagro que salva al mundo, la esfera de los asuntos humanos, de su ruina normal y 'natural' es, en última instancia, el hecho de la natalidad, en el que se origina *ontológicamente* la facultad de la acción" (HC,

---

[26] Ibíd.

[27] Ibíd., 19.

[28] Ibíd., 40.

246, énfasis mio). Además, insiste de la misma manera en que este evento ontológico no es metafísico; no se trata del origen de la naturaleza humana: "Para evitar el malentendido, la condición humana no es lo mismo que la naturaleza humana, y la suma total de actividades y capacidades que corresponden a la condición humana no es nada semejante a la naturaleza humana" (9). En efecto, este evento tiene el carácter de una "imprevisibilidad sobrecogedora". La natalidad, enfatiza, es la condición para la existencia humana, pero no puede jamás "explicar qué somos o responder a la pregunta de quiénes somos, por la sencilla razón de que nunca nos condiciona absolutamente" (10). El "quién" no posee una naturaleza estática perdurable; en cambio, está marcado por la contingencia y la imprevisibilidad. La ontología de Arendt, por lo tanto, no es un orden de esencias inmutable. No busca verdades eternas sobre las que fundamentar tanto el pensamiento como la acción; no postula una noción metafísica de la naturaleza o de la subjetividad humana en la que los derechos humanos estarían inalienablemente inscriptos. Por el contrario, se origina en un evento que proporciona el *arche* y *principium* de la acción humana. Al articular este *principium*, Arendt no provee una ontología política, sino más bien un fundamento ontológico para los derechos humanos.

Resulta esencial reconocer la influencia de Montesquieu en la obra de Arendt si se pretende comprender el estatus ontológico del *principium* en cuestión del evento de natalidad, especialmente para clarificar la distinción entre el fundamento ontológico de lo político y la ontología política. Arendt retoma con gran interés la idea de Montesquieu de que "cada forma de gobierno tiene su propio principio innato que lo pone en movimiento y guía todas sus acciones" (EU, 331). Como bien se sabe, Montesquieu sostiene en *El espíritu de las leyes* que la *forma* particular de un gobierno está siempre animada por un *espíritu* o *ethos* que da vida a las diversas instituciones y leyes. Entiende por *espíritu* o *ethos* un sentimiento o una pasión que proporciona el principio de acción dentro de un régimen específico: "Hay esta diferencia entre la naturaleza del gobierno y su principio: que su naturaleza es lo que le hace ser y su principio lo que le hace obrar. La primera es su estructura particular, el segundo las pasiones humanas que lo mueven".[29] Así, Montesquieu sostiene que una monarquía se rige por el amor al honor, una república por el amor a la virtud y una tiranía por el temor. Este sentimiento rector constituye el origen (*arche*) de la acción y, como tal, lleva dentro de sí su propio principio.

---

[29] Montesquieu, *The Spirits of the Law*, traducción de Thomas Nugent (1748; reimpresión, London: Haftner Library of Classics, 1949), Book III. 1, 10.

Lo que le interesa a Arendt de Montesquieu es la afirmación de que los principios políticos son diferentes a las leyes que ordenan un espacio político en particular. Las leyes, dice Arendt, establecen límites o fronteras que circunscriben y estabilizan la acción: "El derecho define las fronteras de la vida privada pero no puede trastocar lo que sucede dentro de ellas. En este sentido, el derecho cumple dos funciones: regula la esfera pública y política en la cual los hombres actúan en conjunto como iguales, y aquí poseen un destino común, mientras que, al mismo tiempo, circunscribe el espacio en el que se despliegan nuestros destinos individuales" (334). Los principios, por otra parte, son fuentes de acción y movimiento, proveen el "sustento común en el que las leyes se originan y a partir del cual las acciones de los ciudadanos afloran". Los principios son "principios de movimiento", orientan la acción y "trazan determinadas direcciones". Al describir estos principios, Arendt señala: "Cercado por el derecho y el poder, y ocasionalmente sobrepasándolos, se encuentra el origen del movimiento y la acción" (335).

La afirmación de Arendt de que estos principios de movimiento y acción operan tanto en la esfera pública como en la privada es fundamental para comprender el *principium* inherente al evento de natalidad. Los principios de movimiento y acción unifican lo público y lo privado, resolviéndose así para Arendt uno de los problemas más complejos del pensamiento político, a saber, "la discrepancia entre la vida pública y privada, entre el hombre como ciudadano y el hombre como individuo". Esta discrepancia, sostiene, no puede ser resuelta por la ley, que "nunca puede ser usada con el propósito de guiar y juzgar las acciones en la vida privada" (334). De hecho, desde la perspectiva del derecho, estas dos esferas entran a menudo en conflicto. En aparente desacuerdo con lo que plantea en *La condición humana*, Arendt afirma que podemos hallar la unidad entre lo público y lo privado en estos principios de la acción:

> Dado que hubo una correspondencia obvia, históricamente evidente, entre el principio del honor y la estructura de la monarquía, entre la virtud y el republicanismo, y entre el temor (entendido no como una emoción psicológica sino como un principio de acción) y la tiranía, entonces debe existir algún fundamento subyacente desde el cual tanto el hombre como individuo y el hombre como ciudadano emerjan. En otras palabras, Montesquieu descubrió que había algo más que discrepancia y conflicto en el dilema entre las esferas pública y privada, incluso a pesar de que pudieran entrar en conflicto. (335)

Dos características de estos principios deben resaltarse. En primer lugar, los principios de acción poseen una dimensión afectiva que no puede ser reducida a la emoción psicológica, si bien les pertenece. Estos principios afectivos de la acción orientan las emociones humanas, inspirándolas a moverse en una dirección en lugar de otra. Arendt afirma: "El fundamento común del derecho y la acción republicana es, por lo tanto, la idea de que el poder humano no está limitado por un poder superior, Dios o Naturaleza, sino por el poder de nuestros iguales. Y el júbilo que florece ante esa idea, el 'amor a la igualdad', que es virtud, sólo emerge porque esto es así, solamente porque hay igualdad en el poder el hombre no está solo" (336). Así, la afectividad, en este caso el amor a la virtud, que lleva consigo el júbilo por la igualdad, es inherente al principio en sí mismo. Sumado a esto, estos principios afectivos proveen una orientación normativa para la acción: "Incluso en la esfera privada, donde ninguna ley universal puede determinar inequívocamente lo que está bien y lo que está mal, las acciones del hombre no son completamente arbitrarias. Aquí el hombre no está guiado por las leyes [...] sino por principios (como la lealtad, el honor, la virtud, la fe) que, por así decirlo, proyectan determinadas direcciones" (335). Orientándonos afectivamente, estos principios proveen la fuente normativa de todos los tipos de acción, tanto públicos como privados, en cada forma de gobierno.

Esto nos lleva a la segunda característica del *principium* intrínseco al evento de natalidad: los principios de acción proveen la base afectiva de la unidad entre el individuo y el ciudadano. Arendt asegura que "El fenómeno de correspondencia entre las diferentes esferas de la vida y el milagro de la unión de las culturas y los tiempos, a pesar de las discrepancias y contingencias, indica que al final de cada entidad cultural o histórica existe una base común, que es fundamento y fuente, cimiento y origen" (335). La distinción estricta que efectúa entre lo público y lo privado en *La condición humana* resulta, de hecho, menos tajante en sus trabajos previos. De acuerdo con su interpretación de Montesquieu, Arendt indica que, aunque exista una separación entre lo público y lo privado, estas esferas se unifican en tanto comparten el principio afectivo que orienta la acción en ambos dominios.

En su posterior ensayo "¿Qué es la libertad?", Arendt desarrolla con mayor profundidad el principio de acción que sostiene la unidad entre lo público y lo privado, entre el individuo y el ciudadano. Refiriéndose una vez más a Montesquieu, afirma que los principios de acción no existen por sí solos ni trazan metas particulares: "Los principios no operan desde sí mismos tal como lo hacen los motivos, sin embargo, por así decirlo, inspiran desde afuera y son demasiado generales como para prescribir objetivos determinados, aunque cada propósito en particular pueda ser juzgado a la luz de su propio principio una vez que la acción ha comenzado". Los principios de acción "trazan determinadas direcciones", orientan la acción sin prescribirla.

Arendt insiste en que los principios deben ser promulgados y deben "manifestarse plenamente en el propio acto". En otras palabras, la publicidad es esencial a los principios. Aludiendo específicamente al principio de libertad, escribe: "La libertad, o su opuesto, aparecen en el mundo cada vez que tales principios se actualizan; la irrupción de la libertad, como la manifestación de los principios, coinciden con el acto" (BPF, 151-153).

Esto significa que los principios no son concretos ni abstractos; no prescriben algo en particular pero, no obstante, son perceptibles en la acción. Además, a diferencia de los motivos, que siempre son particulares, "la validez de un principio es siempre universal y no está atada a ninguna persona determinada o grupo específico". Debido a la propia actividad, el principio de acción es inmanente a la historia y, a su vez, trasciende cualquier momento histórico o acción en particular. Arendt sostiene que "el principio de acción puede repetirse una y otra vez, es inagotable" (BPF, 152). Aquí debemos tener cuidado. Arendt no está señalando que los principios son eternos o atemporales. Su afirmación de que estos principios deben ser promulgados para que puedan tomar forma plenamente, sugiere que la dimensión temporal está siempre presente en su manifestación. La inagotabilidad del principio, por el contrario, se refiere a que jamás podrá extinguirse por completo en una acción concreta. En otras palabras, esta inagotabilidad hace que cualquier intento de plasmar un principio de una vez y para siempre en alguna agenda o programa político se torne efímero.

Es este último aspecto el que respalda la insistencia de Arendt en distinguir la *poiesis* de la *praxis*. Las actividades de *poiesis* (creación) son regidas por principios que pueden estar completamente inscriptos en el resultado de la actividad. Por ejemplo, cierta destreza como artesano puede ser utilizada con el fin de crear una mesa. Esta destreza se imprime en la mesa ya hecha y permanece en ella aunque el acto de creación haya concluido. No sucede lo mismo con los principios de acción. La inagotabilidad de estos principios implica que no pueden ser inscriptos en ninguna acción en concreto. Los principios de acción inspiran, nos hacen actuar en favor de ellos. Se manifiestan en la acción mientras la actividad dura, pero no más. Así, estos principios jamás podrán realizarse del mismo modo en que una mesa puede ser confeccionada y puesta a buen uso en el comedor de una familia por décadas. El principio de justicia sólo nos coloca en la dirección de las acciones justas, nos orienta en nuestra búsqueda de justicia, pero no la impone sobre la faz de la tierra.[30]

---

[30] Véase el ensayo de Arendt "The Eggs Speak Up", en *Essays in Understanding*, específicamente la página 276.

Esto último es especialmente importante para comprender la razón por la que Arendt no postula una "ontología política", si entendemos por ella una política que encuentra su sostén en un conjunto de verdades eternas que pueden volverse realidad en la esfera de lo político. El fundamento ontológico de lo político *sólo* proporciona un principio universal que inspira y orienta la acción política; no provee un modelo para la acción política ni prescribe ninguna acción política en particular. Lo que es más, la inagotabilidad del principio implica que siempre trasciende el espacio político concreto. Así, un espacio irreductible se abre entre lo ontológico y lo político. Para Arendt, una brecha y una diferencia irreparable separan las dos esferas, haciendo imposible la reducción de lo político a lo ontológico. Como en el caso del pensamiento, debemos "actuar sin una barandilla", esto es, debemos actuar sin el soporte de una ontología que nos diga qué hacer.

Arendt concluye su discusión sobre Montesquieu en el ensayo "Sobre la naturaleza del totalitarismo", reflexionando acerca del origen de estos principios. Si el honor, la virtud y el temor son los principios que inspiran las monarquías, las repúblicas y las tiranías, respectivamente, ¿en dónde se originan? Arendt responde: "Estas tres formas de gobierno –la monarquía, la república y la tiranía– son auténticas porque las bases sobre las que se apoyan sus estructuras (lo distintivo de cada uno, la igualdad de todos, y la impotencia) y desde las cuales emergen sus principios de movimiento constituyen elementos auténticos de la condición humana y se reflejan en experiencias humanas esenciales" (EU, 338). La fuente de estos principios, afirma, es la propia condición humana. Para Arendt, esta condición se caracteriza por lo distintivo y único de cada individuo (reflejado en el amor a la distinción), por la pluralidad en la que esta singularidad siempre se encuentra inserta (reflejada en el amor a la igualdad), y por la soledad que sobreviene cuando la pluralidad es reemplazada por un aislamiento radical (reflejada en el temor y en la voluntad de dominar). Arendt finaliza reflexionando sobre el totalitarismo como "una forma de gobierno sin precedentes", y se pregunta si esta "puede reclamar un fundamento igualmente auténtico, aunque hasta ahora oculto, de la condición humana sobre la tierra; un fundamento que sólo podría revelarse bajo las circunstancias de una unidad global de la humanidad" (388). Aquí Arendt apunta a un nuevo fundamento de la condición humana, hasta el momento escondido, que constituiría la fuente del principio de humanidad, coincidente con la unidad global sin precedentes (el totalitarismo, sostiene, pone al descubierto el peligro que sobreviene en una situación de unidad global cuando este principio no constituye la fuente de inspiración de la acción política). Esta fuente o fundamento del principio de humanidad es el evento ontológico de la natalidad.

Aquí se podría hacer una objeción. ¿No cuestiona Arendt constantemente la reducción de lo político a la naturaleza?, ¿no insiste una y otra vez en que "lo político no es lo natural"?[31], ¿el intento de hallar el fundamento de los derechos humanos en el evento de natalidad no hace precisamente eso, es decir, sustentar lo político en el evento más natural de todos, el nacimiento humano? Giorgio Agamben objeta precisamente esto, afirmando que el énfasis de Arendt en el evento de natalidad, en tanto que fundamento de la acción política, la conduce al borde del precipicio que desea evitar. Si sustentamos lo político, en general, y los derechos humanos, en particular, en un evento natural y físico, ¿no se invocarían acaso los peligros del biologicismo una vez más? Agamben sugiere que la amenaza de lo político no es hoy tanto la metafísica, con sus diferentes nociones de naturaleza humana, como estas fantasías orgánicas y biologicistas que intentan darle un fundamento a muchas de las ideologías racistas y étnicas que tanto el siglo XX como el XXI conocieron tan bien.[32] Como respuesta a la objeción de Agamben, sostengo que la propia temporalidad de este evento lo vuelve algo completamente diferente a un simple evento físico o natural, incluso aunque posea una dimensión inherente de facticidad. Los análisis de Arendt sobre Kafka y Benjamin que retomaremos a continuación resultan de vital importancia para esclarecer este punto. Posteriormente, señalo que a pesar de la propia afirmación de Arendt de que el evento de natalidad constituye *en un principio* el "hecho desnudo del nacimiento físico", esta idea se vuelve insostenible si se consideran los numerosos pasajes de su obra en donde Arendt sugiere que el nacimiento físico es *desde su inicio* inseparable del nacimiento lingüístico, lo que hace imposible reducir el evento de natalidad a un evento físico-biológico. Aquí, resulta crucial su vínculo con Heidegger.

La temporalidad de la natalidad

La importancia de la parábola de Kafka "Él" en el pensamiento de Arendt no debe subestimarse. Tanto en *La vida del espíritu, el*

---

[31] Véase, por ejemplo, *On Revolution* (New York: Penguin Books, 1963), 61, y *The Human Condition* (Chicago, III: University of Chicago Press, 1958), particularmente su famoso análisis sobre el surgimiento de lo social, que, sostiene Arendt, ocurre cuando los procesos vitales −esto es, los procesos biológicos naturales− acceden de manera inapropiada a lo político, firmando su sentencia de muerte.

[32] Georgio Agamben, *Homo Sacer: Sovereign Power and Bare Life*, traducción de Daniel Heller-Roazen (Stanford,Calif.: Stanford University Press, 1998) 126-135. Bernard Flynn hace una objeción similar en *Political Philosophy at the Closure of Metaphysics* (Atlantic Highlands, N.J.: Humanities Press, 1992), 193-194.

pensamiento como en el prefacio de *Entre el pasado y el futuro*, Arendt reflexiona largamente sobre ella. En una nota al pié del título de su ensayo "Verdad y política" (*Entre el pasado y el futuro*), ve en esta parábola un modo de comprender la temporalidad implícitamente presente en sus opiniones sobre el juicio de Eichmann. En uno de sus *Ensayos de comprensión*, titulado "Ya no más, no todavía", invoca la temporalidad propia del texto de Kafka. Su afirmación de que son dos las dimensiones presentes en este relato resulta significativa para nuestra discusión. Por un lado describe la temporalidad de juzgar y actuar y, por el otro, la temporalidad de la natalidad.

En la parábola, el pensador contemporáneo, "Él", se posiciona frente a una brecha entre el pasado y el futuro. Se encuentra atrapado en una batalla contra dos fuerzas antagonistas, una proviene del pasado infinito y la otra del futuro indefinido. El pasado lo conduce hacia el futuro, y el futuro lo conduce hacia el pasado. Para Arendt, esto describe la condición del pensamiento que ha existido siempre. Sin embargo, en otros tiempos, esta brecha estuvo velada por la tradición. Solo a partir de la pérdida de la tradición la brecha pudo revelarse en su verdadera forma, involucrando al pensador en la penosa lucha que describe Kafka. A "Él" le gustaría pasar por alto esta lucha y asumir el rol de árbitro. Para Arendt, esto constituye el sueño metafísico: trascender la finitud de la existencia e ingresar al reino silencioso de lo eterno. Aquí, Arendt modifica la parábola:

> Sin distorsionar el sentido de Kafka, creo que uno puede ir un paso más allá. Kafka describe la manera en que la inserción del hombre quiebra el flujo unidireccional del tiempo pero, curiosamente, no cambia la imagen tradicional según la cual lo pensamos como moviéndose en línea recta (...) El problema con la historia de Kafka, aun teniendo en cuenta su grandeza, radica en que difícilmente sea posible retener la noción de un movimiento temporal rectilíneo si su flujo unidireccional se escinde en fuerzas antagónicas que tiran y empujan. (BPF, 11)

Arendt sostiene que la batalla entre el pasado y el futuro produce una "desviación de fuerzas" y, lo que es más, que esta desviación produce una tercera fuerza que es diagonal a las otras: "Teóricamente, las dos fuerzas que conforman el paralelogramo donde el personaje de Kafka encontró su campo de batalla, deberían resultar en una tercera fuerza, es decir, la resultante diagonal cuyo origen lo constituiría el punto donde las fuerzas colisionan y sobre el cual actúan" (12).

Cabe resaltar tres cuestiones. En primer lugar, el origen de la fuerza diagonal es antagónico y solo surge en el intersticio entre el pasado y el futuro. De este modo, puede ser hallado entre el pasado y el futuro, pero no puede fundarse en ninguno de ellos. En otras palabras, se trata de un origen temporal que evita cualquier cimiento en el pasado. Del mismo modo, no se trata de un origen que pueda servir de base para el futuro.

En segundo lugar, la brecha entre el pasado y el presente no surge a partir del quiebre de la tradición. Más bien, la tradición ha escondido la brecha, facilitando el movimiento desde el pasado hacia el futuro. Arendt señala que la tradición oculta el camino entre ambos, permitiendo, por lo tanto, que el pensamiento y la acción se muevan a lo largo de un sendero recto sin obstáculos. El movimiento lineal desde el pasado hacia el futuro es una ilusión producida por la tradición. Arendt sostiene que esta brecha surge debido a que los seres humanos son principiantes que, por nacimiento, se insertan entre la fuerza del pasado y la fuerza del futuro; y, precisamente porque son principiantes interrumpen sin cesar la forma lineal del tiempo: "La inserción del hombre, al romper el continuum, no puede sino causar que las fuerzas se desvíen, aunque sea levemente, de su trayectoria original, y si este fuera el caso, éstas ya no chocarían de frente, sino que se encontrarían en un ángulo" (11). El análisis de Arendt sobre la temporalidad en la parábola de Kafka es, por lo tanto, un análisis de la temporalidad de la propia natalidad, y no, como se ha interpretado a menudo, un análisis sobre un tipo de temporalidad moderna que se proyecta a partir del quiebre de la tradición. Lo más importante para nuestra discusión, en la medida en que la brecha entre el pasado y el futuro surge de la aparición de los principiantes, es que el análisis de Arendt va más allá de una consideración de la temporalidad del pensamiento y del juicio, e incluye la temporalidad de la acción y, por extensión, la temporalidad de la natalidad, que define como la inserción de los seres humanos, principiantes y singulares, en un tiempo lineal.

En tercer lugar, como he indicado arriba, la brecha entre pasado y futuro constituye un "momento de divergencia" que origina una tercera fuerza, la fuerza del presente, que no implica una completa ruptura con el pasado ni es un simple momento de transición hacia el futuro. La fuerza del pasado no es consignada por ningún origen, es una refracción y proyecta hacia el presente algo aberrante o distinto. El futuro, el "no todavía", emerge en la fuerza disruptiva del pasado y constituye un movimiento de regreso hacia sí mismo. La interpretación de Arendt de la parábola de Kafka sugiere que el pasado constituye una anterioridad que constantemente introduce una aberración o una diferencia en el futuro a través del presente desviado. Este presente, por lo tanto, no repite el pasado, da inicio a lo nuevo.

El ensayo de Arendt sobre Benjamin ilumina su interpretación de Kafka, especialmente con respecto a la temporalidad del presente

refractario que a la temporalidad de la natalidad. Arendt comienza el ensayo resaltando que Benjamin era consciente del quiebre de la tradición y la pérdida de la autoridad:

> En la medida en que el pasado ha sido trasmitido bajo la forma de tradición, posee autoridad; en la medida en que la autoridad se presenta históricamente, se transforma en tradición. Walter Benjamin sabía que la ruptura de la tradición y el menoscabo de la autoridad, acontecidos durante su vida, resultaban irremediables, y concluyó que debía descubrir nuevos modos de lidiar con el pasado. Se convirtió en un maestro en esta tarea cuando descubrió que la transmisibilidad del pasado había sido reemplazada por su *citabilidad* y que, en lugar de la autoridad, había surgido un extraño poder para establecerse, poco a poco, en el presente y para privarlo de su "tranquilidad", la paz sin sentido de la autosuficiencia. (MDT, 193, cursivas mías)

La intransmisibilidad del pasado hace que el presente sea inquietante. Además, a igual que en sus análisis de la parábola de Kafka, Arendt no entiende el quiebre de la tradición como una clase de ruptura con el pasado. En cambio, se enfoca cuidadosamente en la manera en que el "ángel de la historia" de Benjamin y su noción de "citabilidad" posibilitan una comprensión diferente de la historia y, lo que es más, en cómo esta noción de historia contribuye al florecimiento de lo único y extraordinario. Esto, a su vez, nos permite comprender mejor la emergencia de lo nuevo en el evento de natalidad.

Arendt compara el ángel de la historia de Benjamin con el concepto de *flaneur*: "Porque el *flaneur*, a través del *gestus* de la caminata sin sentido, le da la espalda a la multitud, aun siendo impulsado y arrastrado por ella; así, el 'ángel de la historia', que no contempla otra cosa que la expansión de ruinas del pasado, es arrojado de regreso hacia el futuro por la tormenta del progreso" (165). Arendt sugiere que el ángel de la historia de Benjamin no representa simplemente una crítica a la noción de progreso histórico, sino que también proyecta una noción de anterioridad futura. El ángel de la historia va *de regreso* hacia el futuro. Arendt resalta la manera en que esta anterioridad futura introduce lo nuevo y lo desconocido. En el contexto de un análisis sobre la tesis de Benjamin de que no es posible una simple vuelta a la tradición, escribe: "se trataba de una admisión implícita, la idea de que el pasado hablaba sólo y directamente a través de cosas que no habían sido heredadas, cuya aparente cercanía con el presente se debía a su naturaleza exótica que excluía cualquier pretensión de carácter vinculante" (195). Arendt sugiere que para Benjamin no se puede retornar a una tradición que ejerce la fuerza coercitiva. Reflejando el interés de Benjamin en el barroco, que según ella "posee una contrapartida exacta con la extraña decisión de Scholem de acercarse al judaísmo a través de la Cábala, es decir, de acuerdo con la tradición judía, la parte *no trasmitida e intransmisible* de la literatura hebrea", sostiene que nada mostró con mayor claridad "que no existió nada semejante a un 'retorno' en la tradición alemana, europea o judía, como la elección de estos campos de estudio" (195, cursivas mías). Por el contrario, el ángel de la historia se dirige hacia el futuro citando aquello que la tradición no transmite.

Las nociones duales de citabilidad y traducción son fundamentales en la interpretación de Arendt del ángel de la historia benjaminiano. Arendt se remite a las reflexiones de Benjamin sobre los usos de las citas: "Las citas en mis trabajos son como los ladrones que merodean los caminos, atacan a mano armada y atenúan la inercia de las convicciones" (193). La citabilidad es una fuerza que destruye la autocomplacencia del presente, pues le roba a un pasado que es extraño y desconocido para el presente. Es un "poder destructivo" que, no obstante, "contiene la esperanza de que algo de esa época sobrevivirá, por la simple razón de que ese algo ha sido arrancado de ella" (193). La cita invoca el pasado e impacta letalmente contra de la tradición y su autoridad. Así, "el heredero y salvador se convierte, inesperadamente, en un destructor" (199). Se trata, no obstante, de un sacrificio y de una destrucción que le abren las puertas a lo nuevo: "La imagen genuina puede ser vieja, pero el pensamiento genuino es nuevo. Es del presente. Este presente puede ser exiguo, dado. Pero de un modo u otro, uno debe tomar firmemente el toro por las astas para poder consultar el pasado. Es el toro cuya sangre debe llenar la fosa, si han de aparecer en sus orillas las sombras de los que ya no están" (199).

Arendt continúa señalando que las citas logran esto al "interrumpir el flujo de la presentación con una 'fuerza trascendental' y, al mismo tiempo, al condensar en sí mismas aquello que se presenta" (194). "La fuerza trascendental de la citabilidad" constituye otra forma de describir la fuerza disruptiva que Arendt evoca en su recreación de la parábola de Kafka. Esta fuerza hace del presente un momento de divergencia en donde el pasado se vuelve un ímpetu que proyecta lo desconocido y lo ajeno, una fuerza que proyecta lo nuevo. La citabilidad, por consiguiente, ofrece una visión de la narrativa histórica que no es descriptiva, sino inédita. Su fuerza deriva, en efecto, de su descontextualización, de la ruptura con el contenido previo y de su capacidad de asimilar nuevos contextos; en lugar de presentar relatos sobre lo que ya existe, introduce una realidad. La paradoja, entonces, consiste en que esto se logra al citar aquello que evidentemente ya existe. Arendt asegura que el pescador de perlas (aquel que se compromete con la tarea de citar) es un alquimista y no un comentador. La actividad de citar en el presente pone de manifiesto un momento de transformación, y no simplemente el *continuum* de la historia.

Debemos recordar que la citabilidad no solo destruye la autocomplacencia del presente, sino que también introduce desde el pasado lo nuevo y desconocido. Este nuevo elemento, sin embargo, necesita ser traducido. En sus escritos sobre el ensayo de Benjamin "La tarea del traductor", Arendt afirma: "Lo que más le importaba era evitar aquello que podría conjurar la empatía, como si un determinado tema de investigación encarnara al instante un mensaje que se comunica fácilmente, o podría ser comunicado, al lector o al espectador" (203). Acto seguido, Arendt cita un pasaje del ensayo: "Ningún poema está destinado al lector, ningún cuadro a quien lo contempla, ninguna sinfonía a quien la escucha" (203). No existe la comunicación de lo dado, la interpretación de lo que ya está allí. El pescador de perlas debe ejercer la tarea de la traducción, y no la de la hermenéutica, pues no es posible una reflexión auténtica sobre un contenido u objeto ya dado. La traducción se compromete con lo que no está dado, con aquello que resulta ignoto y con lo que uno no puede sentir empatía, algo inconmensurable que no puede reducirse a lo que refiere, lo desconocido que no puede reducirse a lo conocido.

Aquí se debe hacer una pausa y considerar por qué el trabajo de Benjamin sobre la traducción es tan importante para la noción de natalidad de Arendt. Como hemos visto en las observaciones sobre el ángel de la historia, lo nuevo no forma parte de un discurso progresista. La novedad no está contenida en ningún tipo de observación sobre una realidad determinada (hermenéutica); por el contrario, requiere de un acto de alquimia, que se da a partir de citar lo no transmitido e intransmisible (traducción). Lo intransmisible, en particular, da cuenta de por qué la citabilidad necesita traducción. Así, el elemento desconocido no se supera a través de aquella. En otras palabras, el elemento inconmensurable no puede alcanzarse; no puede ser asimilado en su totalidad por la narrativa presente.[33]

---

[33] En *The Location of Culture*, Homi Bhaba realiza una observación similar, por lo que su crítica de que Arendt no ha hecho otra cosa que proporcionar una noción progresiva y repetitiva de la historia y de la acción se torna mucho más sorpresiva. Los análisis de Arendt sobre Benjamin sustentan muchas de las afirmaciones de Bhaba y ofrecen además reflexiones adicionales al respecto, en especial acerca de la manera en que lo extranjero se introduce en la acción. En efecto, los análisis de Arendt advierten sobre el elemento destructivo que opera en la citabilidad. Sin lugar a dudas, Bhaba se interesa en cómo lo nuevo se introduce en las narrativas históricas, mientras que yo sugiero que en su discusión sobre Benjamin, Arendt esclarece la temporalidad activa en la natalidad. Véase Homi Bhaba, *The Location of Culture* (London: Routledge, 1994), 227-229.

Esto último es verdaderamente importante para poder comprender la temporalidad presente en el evento de natalidad. En el debate relativo al "quién" y su inserción en una trama de relaciones, Arendt retoma la pregunta por la temporalidad de la acción. ¿Qué es temporal en la existencia de un actor político? Responde que la cosificación del actor sólo ocurre mediante "una especie de repetición, la imitación o mímesis, que según Aristóteles prevalece en todas las artes pero, en realidad, es únicamente apropiada para el drama" (HC, 187). La reserva de Arendt en cuanto a "la especie de repetición o mímesis que opera en el acto y en la palabra" es importante porque indica que se distancia de una noción simplificada de mímesis. Según Aristóteles (muy diferente de Platón en este sentido), la mímesis hace posible que la realidad surja de una nueva manera; le añade algo, y es esto lo que Arendt tiene en mente al referirse a Aristóteles en *La condición humana*. Para Aristóteles, la producción o representación mimética no es reproductiva, sino que se inscribe de un modo distinto. La inscripción de la diferencia está estrictamente entretejida con el tiempo y la repetición.

La reflexión de Arendt sobre la idea aristotélica de repetición y mímesis se desprende de nuestros análisis de sus lecturas de Kafka y Benjamin. De acuerdo con su interpretación de la parábola de Kafka, la temporalidad que opera sobre el juicio y la acción no solo repite el pasado. Por el contrario, la fuerza del pasado colisiona antagónicamente con la fuerza del futuro, dando lugar al presente. Es más, en su análisis de la parábola postula que el origen del juicio y la acción acontece en este presente refractario característico de la brecha entre pasado y futuro. Por consiguiente, el origen de la acción (el acto y el discurso) no se sustenta en la noción de un pasado progresivo que simplemente podría repetirse. Así, el origen de la acción, en tanto que brecha entre el pasado y el futuro, siempre se halla aislado de cualquier tipo de fundamento primigenio. Se trata de un origen abismal; constituye, como señalaría Derrida mucho después, el no-origen de los orígenes. Finalmente, en sus reflexiones sobre Benjamin, Arendt pondera lo inoportuno de toda palabra, su independencia de cualquier contexto específico. La fuerza de la palabra enunciada no está determinada por los usos previos, sino que emana de su ruptura con ellos. En consecuencia, el discurso es algo inédito y no una mera descripción, pues introduce una realidad nueva en lugar de reflejar una ya existente. Como indica Derrida, la temporalidad del presente no implica una repetición idéntica del pasado; por el contrario, es iterable y, por lo tanto, da lugar a nuevas posibilidades.[34] La clase de repe-

---

[34] Para una excelente discusión sobre esta cuestión, véase Rudolph Gashe, *The Tain of the Mirror* (Cambridge, Mass.: Harvard University Press, 1986), 215.

tición que la iterabilidad presupone es interruptiva e inaugurativa, se trata de la temporalidad del presente desviado en la que el actor busca la reinscripción y la revisión de la trama de relaciones en la que está inmerso. El proceso de reinscripción y revisión (la inserción o intervención de algo que toma un nuevo significado) ocurre en la ruptura temporal de este presente.

Retomando entonces las consideraciones sobre la temporalidad inherente al evento de natalidad, podemos observar que el origen o *arche* que encierra la inserción temporal sin precedentes de un principiante o neófito es en sí mismo un origen *anterior*. Dicho de otro modo, la propia condición para esta inserción se funda en la fuerza refractaria que nace en el encuentro entre el pasado y el futuro, se trata de un comienzo deflector, dado que no es posible un regreso hacia el origen. De esta manera, la relación del principiante con su origen es una relación de citabilidad y traducción. Si bien en el evento de natalidad no se da una ruptura absoluta del primerizo con su origen (ya que su punto de apoyo está en juego durante toda la vida), el principio o *arche* es irrecuperable. Así como el principiante introduce lo nuevo en un mundo ya existente, el origen de este comienzo resulta desconocido. Arendt proporciona el fundamento ontológico de lo político pero no una ontología política: la raíz u origen de lo político es inaccesible, inaprensible. Esto nos lleva a una cuestión que hemos discutido: todas las fantasías políticas que se basan en un retorno inmediato al origen son simples quimeras.

Natalidad física y linguística

Las críticas de Bernard Flynn, no obstante, aún no han sido consideradas por completo. Si bien puede admitirse que no existe un retorno posible al origen, del análisis previo no se desprende necesariamente un argumento en contra de una concepción del evento de natalidad como un evento natural y físico que daría lugar, a su vez, a concepciones políticas biologicistas de cualquier clase, traducidas o no. La propia Arendt parece sugerir que la natalidad es, en principio, un evento físico. En *La condición humana* escribe, "Con la palabra y el acto nos insertamos en el mundo humano, y esta inserción es como un segundo nacimiento, en el que confirmamos y asumimos el hecho desnudo de nuestra aparición física original" (HC, 176). Desde mi punto de vista, sin embargo, Arendt no es del todo consistente con esta afirmación. Sus referencias a Heidegger son especialmente importantes para comprender sus inconsistencias; posibilitan una visión diferente del evento de natalidad, una visión que reconoce la indisociabilidad entre la dimensión corpórea y la dimensión lingüística (simbólica) de este evento.

Definitivamente, Arendt no vacila al suponer que el nacimiento del "quién" es un evento lingüístico: "La cuestión estriba en que la manifestación del "quién" ocurre de la misma manera que aquellas manifestaciones claramente no dignas de la confianza de los antiguos oráculos que, según Heráclito, 'ni revelan ni ocultan con palabras, sino que dan signos manifiestos'" (182). El lenguaje, sostiene, le permite al ser humano alumbrar, y sin ese nacimiento lingüístico los humanos estarían totalmente muertos para el mundo: "Una vida sin acción ni discurso (...) está literalmente muerta para el mundo; ha dejado de ser una vida humana porque ya no son los hombres los que la viven". A través de este nacimiento *lingüístico*, los humanos se convierten en seres políticos. Arendt recurre a la definición de hombre de Aristóteles como *zoon logon ekhon*, para quien existía "una manera de vivir en la que la palabra y sólo la palabra tiene sentido" (27). El nacimiento lingüístico es el nacimiento del "quién", es decir, de un ser único. Por lo tanto, el evento de la natalidad lingüística es el alumbramiento de lo imprevisto y de lo nuevo. En otras palabras, el nacimiento del ser político es el surgimiento de la palabra inesperada.

En la medida en que Arendt insiste en que lo inesperado y lo nuevo solo emergen desde la acción, el nacimiento lingüístico se encuentra intrínsecamente atado a ella. En efecto, Arendt jamás desvincula a uno del otro: "sin el acompañamiento del discurso, la acción no sólo perdería su carácter revelador, sino también su sujeto (...) la acción, vacía de todo discurso, dejaría de ser acción pues ya no habría un actor, y el actor, el obrador, sólo es posible si al mismo tiempo se constituye como orador" (178-179). Por medio de la palabra y del acto irrumpimos en el espacio público. Aunque Arendt no es del todo precisa, parece sugerir en este pasaje que el discurso tiene prioridad por sobre la acción en el surgimiento del "quién". El yo no es producto del discurso, sino que nace en la enunciación. Por consiguiente, para Arendt, la palabra inesperada es performativa; es inaugurativa y no descriptiva. Esto explica por qué Arendt se refiere constantemente al teatro en su discusión sobre el surgimiento del yo. En *Sobre la revolución*, retoma la noción griega del yo en términos de *persona*, es decir, una voz que emana desde la máscara en la tragedia clásica. Lo relevante para Arendt es que detrás de esa máscara no hay nadie, pues el yo es la *persona*, la voz que resuena.[35] El yo, como la palabra inesperada, es la *performance* de lo nuevo. Este yo, por lo tanto, jamás es figurativo

---

[35] Arendt, *On Revolution*, 106-107.

o contextual. La natalidad lingüística es el nacimiento del yo único y singular, "antes del cual no había nadie" (177).

Resultaría fácil, aunque erróneo, pensar en este segundo nacimiento como el nacimiento de una especie de individualidad heroica, distintiva por ser precisamente "una palabra en sí misma". Sin embargo, Arendt rechaza cualquier tipo de concepción del yo como "palabra singular", asegurando que la palabra inesperada se halla siempre inmersa en una trama de relaciones y en una pluralidad de discursos pronunciados (181). La noción de trama indica que la palabra inesperada emerge en una multiplicidad de discursos enmarañados y entrelazados. Al mismo tiempo, y esto es extremadamente importante para nuestro análisis del evento de natalidad, Arendt señala que esta trama es una trama *corporizada*: "Sin duda, esta trama no está menos ligada al mundo objetivo de las cosas que el discurso a la existencia de un cuerpo vivo, aunque la relación no es como una fachada o, en términos marxistas, una superestructura esencialmente superflua pegada a la estructura útil del propio edificio" (183). Aunque inexplorado, este pasaje demuestra que la estricta distinción que Arendt formula entre el primer nacimiento, el nacimiento del cuerpo físico, y el segundo, el nacimiento lingüístico, se desvanece finalmente en su pensamiento. La natalidad lingüística no puede ser situada por encima de la natalidad física, y esto implica que ambos nacimientos son inseparables y poseen un origen en común.

En las primeras páginas de *La condición humana*, en la discusión sobre el significado de la mortalidad, Arendt escribe: "Los hombres son 'los mortales', los únicos mortales con existencia, ya que a diferencia de los animales, no existen sólo como miembros de una especie cuya vida inmortal está garantizada por la procreación. La mortalidad del hombre radica en el hecho de que la vida individual, con una reconocible historia desde el nacimiento hasta la muerte, surge de la biológica" (19). La diferencia entre la vida inmortal de las especies y la mortalidad propia de los seres humanos, señala Arendt, estriba en la diferencia entre la temporalidad cíclica y la rectilínea. Esta última "corta el movimiento circular de la vida biológica. La mortalidad significa, pues, seguir una línea rectilínea en un universo donde todo lo que se mueve lo hace de acuerdo a un orden cíclico" (19). La mortalidad es el corte en la temporalidad de la vida biológica, aunque nunca se separa por completo de ella. Este corte introduce en la vida biológica otra temporalidad, fusionándola así con la mortalidad. En la medida en que para Arendt el evento de natalidad es también el evento de mortalidad, este debe entenderse como algo que constantemente introduce un quiebre en la vida biológica, confundiéndose así cualquier distinción estricta entre lo biológico y lo mortal. En respuesta a Flynn, se debe señalar que el evento de natalidad transforma lo natural en mortal. Esto significa que nuestra existencia corporal no es solo biológica, sino también mortal. Aquí Arendt se acerca a la descripción de la corporización desarrollada por Hans Jonas como algo desde siempre infundido del tiempo rectilíneo del individuo mortal: "Mi identidad es la identidad del organismo entero (...) ¿De qué otro modo podría un hombre amar a una mujer y no amar solamente a su cerebro? ¿De qué otro modo podríamos perdernos en el aspecto de un rostro o ser conmovidos por la delicadeza de una silueta? Se trata de aquello que es de una sola persona, y de ninguna otra".[36] Aunque aún no hemos analizado en profundidad el principio de humanidad que surge con el evento de natalidad, cabe mencionar al menos uno de los riesgos que (según Ignatieff) sobrevienen al fundamentar los derechos humanos en este principio; a saber, que "no posee la facultad de restringir el uso humano de la propia vida humana" en casos semejantes a la ingeniería biológica.[37] Si bien es cierto que este problema es complejo y desborda los alcances de nuestra discusión, la mortalidad de lo biológico bien podría constituirse en el límite a una experimentación tecnológica de este tipo.

Antes de ocuparnos de la natalidad lingüística, es importante señalar que la noción de espacios públicos de Arendt (que siempre debe ser mencionada en plural)[38] abarca mucho más que un simple conjunto de leyes e instituciones, al encarnar éstas lo político que se opone a lo público. Como espacios de acción, los espacios públicos son públicos porque encierran la posibilidad de un discurso inaugurativo. En otras palabras, la polis, entendida como un espacio de irrupción, es performativa, donde lo que irrumpe son las palabras impredecibles e inesperadas de un yo que siempre se halla inmerso en una trama de relaciones. Solo de esta manera, asegura Arendt, podemos comprender el significado de las palabras de Pericles: "Donde sea que vayas, serás una *polis*":

> [Estas palabras] expresaban la certeza de que la acción y el discurso crean un espacio entre los participantes que puede encontrar su propia ubicación en todo tiempo y lugar. Se trata del espacio de irrupción en el más amplio sentido de la palabra, es decir, el espacio donde yo aparezco ante otros como otros aparecen ante mí, donde los hombres no existen meramente como otras cosas vivas o inanimadas, sino que hacen su aparición de manera explícita.

---

[36] Hans Jonas, *Philosophical Essays: From Ancient Creed to Technological Man* (Chicago: University of Chicago Press, 1974), 139.

[37] Ignatieff, *Human Rights as Politics and Idolatry*, 82.

[38] En un ensayo tardío, "Crisis of the Republic" (New York: Harcourt Brace, 1972), Arendt sostiene que debemos hablar de espacios públicos, en plural.

La polis como espacio de acción surge, fundamentalmente, a partir de la *performance* de la palabra. En el pensamiento de Arendt, la primacía de la palabra en la constitución de la acción política ha sido relegada con frecuencia. En *La promesa de la política*, Arendt sostiene con claridad que, para ella, la palabra es una forma de acción. No existe ninguna separación entre el discurso y la acción. Las palabras le pertenecen al evento. Al considerar la *polis* griega, Arendt afirma que "desde el principio, es decir, desde los tiempos de Homero, tal distinción entre palabra y acción no ha tenido lugar, y no sólo porque grandes palabras eran necesarias para acompañar y explicar grandes hazañas, que de otra manera hubieran quedado en el olvido, sino también porque la propia palabra fue considerada desde el inicio una forma de acción" (PP, 125).

Arendt sostiene en *La condición humana* que "el signo de la política no le pertenece a la propia historia, sino sólo al *modo* en que cobra existencia" (186). En otras palabras, el espacio político se constituye en la esfera de la representación y en el proceso de significación. Arendt, por lo tanto, posee una visión de lo político mucho más amplia de lo que usualmente se cree. Si bien se le presta atención a su problemática distinción entre lo social y lo político, la indisociabilidad entre la cultura y la política ha sido un aspecto de su trabajo largamente ignorado. En su ensayo "La crisis en la cultura", Arendt escribe: "La cultura y la política, pues, van de la mano, porque no es el conocimiento o la verdad lo que está en juego, sino el juicio y la decisión, el intercambio juicioso de opinión sobre la vida pública y sobre un mundo en común, así como la manera de mirar hacia el futuro" (BPF, 223). La imposibilidad de separar la cultura de la política es un indicador de esta noción amplia de lo político como la esfera de la representación y como proceso de significación, donde las identidades del "quién" (que son siempre únicas y plurales) se reinscriben y re-presentan dentro de la trama de relaciones que conforma el *inter-esse* de los espacios públicos.[39]

La idea de espacio público, entendido como el espacio del discurso inaugurativo, nos permite comprender mejor la afirmación de Arendt de que los usos del cliché y el ascenso de la ideología dan lugar a la clausura de estos espacios. Los clichés no revelan nada ni a nadie, son clichés precisamente porque no dicen nada. Lo que es peor, al no decir nada, los clichés oscurecen el espacio público, pues dificultan, sino

---

[39] Esto resalta el lugar de relevancia que ocupan las promesas en el pensamiento de Arendt. La promesa, aquello que nos ata a un futuro impredecible, se representa y no requiere de ninguna noción de intencionalidad de parte de quien la pronuncia. La intención de no cumplirla no priva al acto discursivo de su condición de promesa. La promesa ha sido representada y en su representación se vuelve parte de la trama de relaciones que compone el *inter*-esse.

imposibilitan, la irrupción de lo nuevo y lo impredecible. Al referirse a la frase de Heidegger "la luz de lo público todo lo oscurece", Arendt resalta lo siguiente: lo que debe ser iluminado, a saber, la irrupción de la palabra, se ensombrece cuando el discurso se torna un cliché. El ascenso de la ideología clausura los espacios públicos porque se dispone a destruir lo nuevo e impredecible pujando por una "ideología estridente". Esta estridencia, según Arendt, está atada a la noción de verdad, en tanto verdad productiva y tecnológica:

> Si la filosofía occidental ha sostenido que la realidad es la verdad (porque ésta es la base ontológica del *adequatio rei et intellectus*), de la misma manera el totalitarismo ha acabado con la idea de que podemos fabricar la verdad en la medida en que podamos fabricar la realidad, con la idea de que no tenemos que esperar hasta que la realidad se revele a sí misma y nos muestre su verdadero rostro, sino que puede cobrar vida una realidad cuyas estructuras serán conocidas desde el principio porque todo es producto nuestro. (EU, 354)

La "racionalidad estridente" apela a la ausencia de discurso que caracteriza al mundo moderno de la tecnología. No hay acción, sino atomización y una "funcionalidad perfecta". En su extremo, la funcionalidad perfecta se transforma en terror, en la eliminación de lo nuevo, y trae consigo "la tranquilidad del cementerio" (OT, 348).

La posibilidad de la palabra inesperada revela, por lo tanto, la fragilidad y vulnerabilidad en el corazón del lenguaje. ¿Cómo podemos pensar que esta fragilidad, esta vulnerabilidad que le abre las puertas a la palabra inesperada, da origen a un nuevo comienzo? O, más precisamente, ¿cómo podemos pensar que esta vulnerabilidad del lenguaje, que es la vulnerabilidad del recién llegado, es precisamente lo desconocido? Y, lo que es más, ¿cuál es la relación entre el segundo nacimiento, el lingüístico, y el primero, al que Arendt denomina como "el hecho desnudo de la aparición física"? Arendt postula, con certeza, la indisociabilidad entre ambos nacimientos, señalando que debido al hecho del origen el yo puede volver a nacer como palabra inesperada. Las referencias de Arendt a Heidegger pueden facilitar la comprensión del estatus ontológico del evento de natalidad. Dos de ellas sugieren especialmente que el pensamiento de Heidegger significó un punto de apoyo en la conceptualización que formuló Arendt de tal evento: la recuperación de la noción de *augenblick* y la afirmación de que "el hombre sólo puede hablar en la medida en que es aquel que dice". Ambas referencias revelan cómo el lenguaje y la temporalidad operan en el evento de natalidad.[40] Sugieren que, a pesar de su afirmación en *La condición humana*, el evento natalidad no solo implica un "hecho desnudo de aparición física".

Heidegger despliega su concepto de *augenblick* por primera vez en S*er y tiempo*, en el contexto de una discusión sobre el nacimiento y muerte del *dasein*: "El *dasein* fáctico existe nativamente y nativamente muere también, en el sentido de estar transitando hacia la muerte. Nacimiento y muerte, al igual que su "entre", sólo *son* mientras el *dasein* existe fácticamente, y *son* de la única manera en que es posible: en base al ser del *dasein* como *cuidado*".[41] La natalidad del *dasein* no puede separarse de su fatalidad, ambas forman parte de la estructura del *dasein* como cuidado (*sorge*). "En tanto que cuidado, el *dasein* es el 'entre'; está entre su ya-no-más y su no-todavía". Aun así, el ya-no-más y el no-todavía no deben entenderse como externos; el cuidado del *dasein* funciona como los bordes de una repisa. El "entre" es permeado por los extremos. "Descifrado existencialmente, el nacimiento no es jamás algo pasado, en el sentido de algo que ya no está-ahí, como tampoco le pertenece a la muerte el modo de ser de lo pendiente que aún no está-ahí pero que vendrá". El "quién" del *dasein*, su propia constancia, solo puede aprehenderse si se comprende la "temporalización específica de la temporalidad".[42] Heidegger plantea así un análisis sobre la verdadera historia del *dasein*, que, demuestra, estriba en la temporalidad del *augenblick*. A continuación, analizaré dos aspectos importantes de esta discusión acerca del principio de nuestro estar-naciendo, que contempla otro principio, lo que Arendt llama "segundo nacimiento". El primer aspecto descansa sobre nuestro estar-naciendo como *sorge*, y el segundo en la temporalidad de la natalidad entendida como la temporalidad del *Augenblick*.

Significativamente, en *Ser y Tiempo*, la primera reflexión en torno al *sorge* se da en una discusión acerca del *fürsorge*, una solicitud que libera. La natalidad, la libertad y la solicitud no pueden separarse. El *fürsorge* no somete a los otros; por el contrario, es la solicitud lo que les

---

[40] La primera referencia, hecha en *Life of the Mind: Thinking* (New York: Harcourt Brace Jovanovich, 1971), apunta a la noción de *augenblick* (212). La segunda, que se encuentra en su ensayo sobre Walter Benjamin, apunta a la afirmación de Heidegger de que "El hombre sólo puede hablar en la medida en que es aquel que dice"; Walter Benjamin, *Illuminations*, editado y con introducción de Hannah Arendt (New York: Schocken Books, 1969), 204.

[41] Martin Heidegger, *Sein und Zeit* (1927: reimpresión, Tubingen: Max Niemeyer Verlag, 1979), 374; Heidegger, *Being and Time*, traducción de John Macquarrie y Edward Robinson (New York: Harper and Row, 1962), 426.

[42] Heidegger, *Being and Time*, 142.

posibilita ser "quienes" ellos son. Lo que nos interesa aquí es la manera en la que la natalidad, indisociable de la fatalidad, da lugar a nuestro ser en tanto que *cuidado*. En otras palabras, el evento de natalidad le abre las puertas a la solicitud libertaria que marca nuestro propio ser. Esto contribuye a la afirmación de Arendt de que la natalidad contiene dentro de sí el principio de libertad, es decir, la posibilidad de comenzar algo nuevo.

Heidegger es cuidadoso al sostener que este acto de libertad no se radica en la voluntad individual: "El cuidado es siempre ocupación y solicitud, aunque sólo lo sea privativamente. En el querer, una entidad ya comprendida, esto es, proyectada en su posibilidad, es asumida como una entidad de la que hay que ocuparse o, correlativamente, a la que hay que llevar a su ser por medio de la solicitud (...) A través del fenómeno del querer emerge la totalidad subyacente del cuidado"[43] (en esta discusión sobre la solicitud auténtica, una solicitud libertaria y no opresiva, Heidegger formula por primera vez lo que mucho más tarde denominaría *Gelassenheit*, "la voluntad de no querer"). La libertad es receptividad. No se trata de un acto de la voluntad, sino de la palabra, la palabra finita que cobija, que da la bienvenida al recién llegado, al extranjero. Es el poder inicial del discurso de bienvenida el que inaugura y sostiene la existencia lingüística, aquella que concede singularidad en el tiempo y en el espacio. La posibilidad del yo es conferida por medio de la palabra de bienvenida. Dicho de otro modo, en el evento de natalidad nuestro arrojo siempre es bienvenido. El yo, liberado por el discurso de un otro, se vuelve un yo capaz de recibir a otros.

Uno llega a ser a través de la palabra de bienvenida. Ser nombrado es ser bienvenido, es sumergirse en el lenguaje. Esto es precisamente lo que Arendt sugiere al recurrir a la frase de Heidegger "el hombre sólo puede hablar en la medida en que es aquel que dice".[44] La posibilidad de decir es la bienvenida. Heidegger sugiere que la entrada en el lenguaje es una entrada corporizada. Su análisis esclarece la observación que Arendt ensaya en *La condición humana* de que la palabra no es simplemente una superestructura en esencia superflua, adosada a la estructura. Heidegger insinúa que el primer nacimiento, el estar-naciendo, no equivale al mero hecho desnudo de la existencia física, pues desde su origen está atravesado por el lenguaje. De hecho, el *Fürsorge* lleva sobre si mismo el sentido del "cuidado prenatal", imposibilitando cualquier distinción entre la palabra de bienvenida y el hecho físico del nacimiento.[45] Para Arendt, el *zoe* es, desde el principio, *zoon logon*

---

[43] Ibíd., 238-239.

[44] Hannah Arendt, *Men in Dark Times* (New York: Harcourt Brance & Co., 1955), 204.

[45] Le agradezco a David F. Krell, que dirigió por primera vez mi atención a este punto

ekhon. El hecho desnudo constituye el lugar del lenguaje. El artículo séptimo de la Convención internacional de los derechos de la niñez indica que "el niño tendrá derecho desde que nace a un nombre".

Sumado a esto, las reflexiones de Heidegger sobre el *entfernung*, es decir, la corporización del *dasein* a una distancia de sí mismo, sugiere que el "hecho desnudo" nunca se presenta plenamente, pues está en sí tocado por la pérdida y la carencia que distinguen a la natalidad. Esto es extremadamente importante, en la medida en que pareciera que Arendt separa el *zoe* del *bios politikos* en virtud de su interés en que el espacio político no sea entendido en términos de una quimera naturalista que pueda dar lugar a un intento totalitario de hacerla realidad. Sin embargo, en su discusión sobre la idea de *raumlichkeit* (mejor traducida como corporización), Heidegger ofrece una manera de pensar la materialidad del cuerpo político que impugna cualquier tipo de fantasía biologicista. La *raumlichkeit* denota nuestra espacialidad corporizada. Por lo tanto, somos seres corporales, involucrados con el mundo e inmersos en él. La pregunta por el lugar de nuestra corporeidad, no obstante, no es la pregunta por lo corpóreo que está-ahí. Estar-en-medio-de implica un "aquí" corporizado, que es también un "allí": "El *dasein* comprende su aquí desde el allí del mundo circundante. El aquí no designa el dónde de algo que estuviera-ahí, sino el en-medio-de-qué (*wobei*) de un des-alejante estar-en-medio-de y, junto con él, la des-alejación misma".[46]

La des-alejación (*entfernung*) significa que uno jamás logra poseer completamente su ser corporizado. La corporización del *dasein* no es el dónde en el que el propio *Dasein* se para. El lugar de la corporización es el *wobei*, una zona determinada en la direccionalidad del cuerpo. "La puesta en libertad de una totalidad respeccional es cooriginariamente un des-alejante y direccionado dejar-ser en una zona".[47] La direccionalidad da una orientación; por ejemplo, permite diferenciar entre izquierda y derecha. La diferencia, sostiene Heidegger, en contraste con Kant, no radica en la percepción subjetiva. En cambio, la orientación implica un estar-ahí cuya base es la des-alejación y la direccionalidad de la corporización. Aquí, la cuestión estriba en que la posición corporizada del *Dasein* (*wobei*) siempre recae dentro de una zona de respeccionalidad, en donde está inmerso y en donde se encuentra a una cierta distancia de sí mismo. Lo que es más importante, el allí jamás es alcanzado por completo, por lo tanto, no existe la posibilidad de un

---

en un panel de discusión sobre la noción de natalidad llevado a cabo en la Universidad Estatal de Pensilvania en mayo de 1998.

[46] Heidegger, *Being and Time*, 142.

[47] Ibíd., 110/145.

estar-ahí corporizado. La corporización del *Dasein* es el lugar de la diferencia y de la des-posición. De esta manera, Heidegger brinda un modo de pensar el *zoe* y el *bios politikos* como inseparables, evitando cualquier fantasía orgánica o totalizadora.

Heidegger muestra que la palabra de bienvenida siempre está dirigida a lo que es sin un motivo de ser; implica ser dicho o ser nombrado en el momento en el que no tenemos (o dejamos de tener) posesiones o un documento de identidad que presentar. Es un decir que solo nombra la carencia o la pérdida. Es el *verschwiegenheit*, el silencio que expresa la potencialidad-de-ser del *dasein*[48], el silencio articulado, que es la voz del amigo, la bienvenida que cada *dasein* lleva dentro de sí. Nada remite más a "lo otro" que el estar-naciendo y muriendo, índices de toda alteridad; nada produce una gratitud más evidente por haber sido recibido: *fürsorge*. ¿No es ésta, acaso, la gratitud que Arendt designa como inherente al evento de natalidad?

El evento de natalidad, por consiguiente, delimita la proyección de nuestras posibilidades. El origen no está a nuestra disposición. No podemos establecer nuestros propios límites ni podemos encauzar dentro de ellos el comienzo y el final.[49] A través del evento de natalidad nos contenemos en una proyección que no creamos y de la que no podemos apropiarnos. En efecto, como la brecha entre natalidad y fatalidad, una brecha cuyos extremos no son apropiables, la existencia está atravesada por la pérdida, por una radical alteridad. El evento originario procede de la nada; constituye un comienzo absoluto de la misma manera en que nuestra muerte constituye un final definitivo. Esto conlleva como significado político que el espacio de lo nuevo, el espacio político, siempre está abierto a algo distinto de sí mismo.

Esto último nos permite visualizar la manera en que la temporalidad del primer nacimiento está presente en el segundo. En su análisis sobre la parábola de Kafka, Arendt retoma tanto la noción de *augenblick* de Heidegger como la de eterno retorno de Nietzsche, en un intento por desentrañar el significado de la brecha temporal donde el "quién" se posiciona, afirmando que, en definitiva, se trata del momento de lo extemporáneo.[50] Sin embargo, Arendt no vincula explícitamente el *augenblick* de Heidegger con su concepto de natalidad, caracterizado por la temporalidad de esta brecha. De haberlo hecho, se hubiera encontrado con la forma en que la natalidad lingüística infunde nuestra

---

[48] Ibíd., 208.

[49] Véase Claude Lefort, "The Death of Inmortality?", en *Democracy and Political Theory*, 221-222.

[50] Véase Arendt, *Life of the Mind: Thinking*, 212.

realidad desnuda.[51] Esto es precisamente lo que Heidegger demuestra en su análisis sobre la temporalidad del *augenblick*:

> Sólo un ente que es esencialmente venidero en su ser de tal modo que, siendo libre para morir y estrellándose contra la muerte, pueda dejarse arrojar hacia atrás, hacia su "ahí" fáctico, es decir, sólo un ente que como venidero sea cooriginariamente un ente que está siendo sido, puede, adjudicándose a sí mismo la posibilidad heredada, asumir la propia condición de arrojado y ser instantáneo para "su tiempo". Sólo la propia temporalidad, que es finita, hace posible algo como el destino, es decir, una historicidad propia.[52]

El instante de luz (*augenblick*) ilumina posibilidades históricas, fácticas. A la vez, constituye un sitio, una conjunción concreta entre espacio y tiempo. Una respuesta enfática, decidida, a la historicidad propia solo es posible en este instante de luz si asumimos las posibilidades históricas *repetibles*.

Ahora bien, ¿qué noción de repetición encierra el *augenblick*? Heidegger insiste en que no puede ser entendida como mera repetición, como la simple asunción de posibilidades históricas. Heidegger utiliza el término de "erwidert". Debemos entenderlo a partir de su preposición "wider", que significa "contrario a":

> La repetición de lo posible no consiste en una restauración del "pasado" ni en una proyección del "presente" a lo que ha sido "dejado atrás" (...) La repetición (*erwidert*) constituye más bien una *réplica* a la posibilidad de la existencia ya existida. Pero la respuesta a la posibilidad, en el acto resolutorio, es, al mismo tiempo, *en su condición de instantánea*, una *revocación* de lo que en el "hoy" sigue actuando como "pasado".[53]

El "entre" que demarca la temporalidad del *augenblick* constituye el tiempo de esta repetición. La repetición, entendida como una "réplica" *(erwiderung)*, es lo que, precisamente porque perturba e interrumpe, posibilita lo inesperado e impredecible. Aquí cabe aquí retomar la interpretación de Arendt de la noción de desplazamiento de Benjamin. La "réplica" disuelve cualquier posibilidad iterable basada en el mito de estar-atado al principio. El "entre" (que asimismo demarca el "quién"

---

[51] En sus numerosos análisis de esta parábola, Arendt demuestra cómo la brecha entre el pasado y el futuro se hace posible mediante la inserción del ser humano en el tiempo, inserción que desvía el presente, tanto del pasado como del futuro. Este presente, que ha sido desviado, da lugar a lo nuevo. Sin embargo, Arendt no relaciona el evento de natalidad con su interpretación de la natalidad lingüística.

[52] Heidegger, *Being and Time*, 437.

[53] Ibíd., 437-438. Traducción modificada.

del *dasein*) es una brecha que separa el ya-no-más del no-todavía, una brecha infundida por la pérdida o la carencia propia de ambos extremos. De este modo, el momento se torna extemporáneo y fuera de todo orden. Paradójicamente, la temporalidad del *augenblick* revela que la constancia del ser siempre se deshace en el momento de la réplica. El "quién" es extemporáneo, del mismo modo que el "entre". Esto es así debido a que la carencia y la pérdida que signan el estar-naciendo y muriendo atraviesan cada instante del ser.

El significado de esta pérdida que habita en el corazón de la palabra finita y libertaria queda ahora esclarecido. El principio, el nacimiento, hace posible un segundo principio, si por eso entendemos la posibilidad de decir algo nuevo. Esto constituye el "segundo nacimiento". En el comienzo del decir se produce una pérdida, la carencia de la propia réplica, lo que significa que la posibilidad de una respuesta diferente permanece latente. Si bien la palabra se sitúa y se define históricamente, está abierta a delimitaciones futuras, inesperadas. La temporalidad del *augenblick* es ese momento en el que un discurso sin autorización previa puede, sin embargo, ser autorizado en el curso del decir. La pérdida o carencia revela que la palabra siempre puede ser desamarrada. La fuerza de la réplica deriva de su capacidad de asimilar nuevos contextos. Aunque materialmente enmarañada, la palabra no está atada a ningún contexto en particular. Todo discurso es vulnerable e inherentemente independiente de la trama en la que aparece. Así, siempre existe la posibilidad de la palabra inesperada.

La noción de Heidegger de ser-naciendo, especialmente si se piensa en el contexto de su análisis sobre el *fürsorge*, ofrece una corrección a la idea arendtiana de natalidad. Heidegger advierte que el "hecho desnudo del nacimiento físico" está lingüísticamente encadenado. Nacer, ser un mortal, significa haber sido bienvenido, haber sido nombrado. Y, solo porque es nombrado, el "quién" puede darse a la muerte; es la bienvenida a través del nombre lo que nos hace mortales. Además, la explicación que formula Heidegger de la natalidad pone en cuestión la estricta separación entre *zoe* y *bios politikos* y, por lo tanto, la subsecuente distinción entre lo social y lo político. Heidegger demuestra que el "segundo nacimiento" no descansa sobre el primero. Por el contrario, ambos acontecen a la vez.

El doble principium *de la natalidad*

Arendt, al rechazar la "ontología de la sustancia", desarrolla en cambio una "ontología del evento". En respuesta a su propio interrogante acerca de si la unidad global sin precedentes indica o no las bases, hasta hoy escondidas, de la condición humana sobre la tierra, afirma que el único evento fundamental es el evento de natalidad, fuente y origen del "derecho a tener derechos". Para Arendt, el *principium* del evento de natalidad es doble, involucra tanto al principio de *initium*, como el principio de "lo dado". Este doble principio resulta vital para comprender el fundamento ontológico de los derechos humanos, pues los orientará en modos que, en principio, parecerán incompatibles con su análisis sobre el espacio público.

La influencia que ejerció sobre Arendt la concepción de San Agustín del evento de natalidad como algo que encierra la promesa del comienzo no es una novedad. Las últimas palabras, optimistas, de *Los orígenes del totalitarismo*, obra de otro modo profundamente pesimista, son las de San Agustín: *Initium esse homo creatus est*, es decir, para que un comienzo se hiciera fue creado el hombre. "Este comienzo está garantizado por cada nuevo nacimiento, este comienzo es, en efecto, cada hombre" (*OT*, 479). La natalidad, entendida como *initium*, proporciona el *arche* que Arendt discute en su trabajo y a partir del cual da forma a sus conceptos políticos de acción, libertad y poder. Nuestra capacidad de aparecer y de comenzar, efectivamente, está en la raíz de nuestro placer por sobresalir en la compañía de los demás.

Existe, sin embargo, una referencia previa en *Los orígenes del totalitarismo* a la concepción agustiniana de natalidad que, si bien Arendt no desarrolla plenamente, apunta a otra dimensión de este evento, a un segundo principio, inseparable del principio de *initium*, que actúa sobre el derecho a tener derechos. Esta referencia puede encontrarse en la conclusión de su análisis sobre el imperialismo, que finaliza con una reflexión acerca del declive del estado-nación y los derechos humanos. En las últimas páginas de este análisis, Arendt describe a aquellos refugiados apátridas que, habiendo perdido el estatus político como ciudadanos, perdieron también cualquier posibilidad de ser alcanzados por los derechos humanos. Arendt retoma a San Agustín en este contexto:

> El ser humano que ha perdido su lugar en una comunidad, su status político en la lucha de su época y la personalidad legal que hace de sus acciones y de parte de su destino un todo, es abandonado con aquellas cualidades que normalmente sólo pueden destacar en la esfera de la vida privada y que deben permanecer indiferenciadas, simplemente existentes en cualquier cuestión de naturaleza pública. Esta mera existencia, es decir, todo lo que nos es misteriosamente otorgado por nacimiento y que incluye la forma de nuestros cuerpos y el talento de nuestras mentes, sólo puede referirse adecuadamente a los azares imprevisibles de la amistad y de la simpatía, o a la enorme e incalculable gracia del amor,

> como dijo San Agustín: *Volo ut sis* ("quiero que seas lo que eres"), siendo incapaz de ofrecer una razón particular para semejante afirmación, suprema e insuperable. (*OT*, 301)

Aquí, Arendt señala otra dimensión del evento de natalidad, ratificando la noción de que la natalidad abarca *también* lo que es dado. Como argumentaré en los próximos dos capítulos, ambos principios, el *initium* y "lo dado", proporcionan el principio de humanidad que sustenta el derecho a tener derechos.

Capítulo 2. El principio de *initium*: la libertad, el poder y el derecho a tener derechos

> El comienzo es como un dios que, mientras habite entre los hombres, todo lo salva.
>
> Hannah Arendt,
> *Entre el pasado y el futuro*

En el prefacio de *Los orígenes del totalitarismo*, Arendt señala que la tarea de pensar consiste hoy en "soportar conscientemente la carga que nuestro siglo ha puesto sobre nosotros, no negando su existencia ni sometiéndose mansamente a su peso". La comprensión, continúa, implica "un atento enfrentamiento a la realidad, un resistirse a ella, sea como fuere" (*OT*, viii). En ninguna parte este intento de comprensión es tan evidente como en la manera en que la propia Arendt enfrenta su experiencia como refugiada, que, habiendo perdido su estatus de ciudadana, fue despojada de todo derecho humano. Cuando más urgentemente se necesitaba la protección de los derechos humanos universales, tal protección no fue garantizada. Fuera de la ley, y desterrados de toda comunidad política, Arendt y sus compañeros refugiados fueron reducidos a "simples seres humanos desnudos" en una "situación de completa desprotección legal" (296). Lo más devastador, argumenta, es que el mundo no encontró nada sagrado en la "abstracta desnudez" del ser humano: "Si un ser humano pierde su status político, según las implicaciones de los derechos innatos e inalienables del hombre, llegaría exactamente a la situación para la que están concebidas las declaraciones de semejantes derechos generales. En verdad, sucede lo contrario. Parece como si un hombre que no es nada más que un hombre hubiera perdido las cualidades que posibilitan a otras personas tratarle como a un igual" (300). En efecto, las cámaras de gas fueron puestas en funcionamiento por los primeros judíos privados "de todo status legal (el status de ciudadanía de segunda clase) y aislados del mundo de los vivos mediante su hacinamiento en guetos y campos de concentración". Así, "antes de que el derecho a la vida fuera amenazado se creó una condición de completa desprotección legal" (296).

Enfrentando el hecho de haber sido reducida a un simple ser humano, situación por la que literalmente debió huir para salvar su vida, Arendt formula una crítica radical a la conceptualización moderna de los derechos humanos. Sostiene que estos derechos humanos universales, supuestamente inalienables, estuvieron desde su origen atados a la soberanía del pueblo. Su reformulación de la idea moderna de los derechos humanos estriba, en gran medida, en una crítica a las nociones de libertad y voluntad que habitan en el discurso moderno, que, asegura, se estructuran en términos de soberanía, tanto individual como colectiva. Arendt sitúa la libertad y la justicia en el centro de la discusión sobre el derecho a tener derechos, fortaleciendo una posible respuesta a sus críticos, quienes, como Dana Villa, la acusan de ignorar la tradición liberal y particularmente su noción de justicia. Por el contrario, Arendt no la desestima en absoluto. Muestra más bien cómo esta tradición, con su imperiosa preocupación por la libertad y la justicia, pierde de vista que hay algo políticamente más importante: "Algo mucho más fundamental que la libertad y la justicia, que son derechos de los ciudadanos, se halla en juego cuando la pertenencia a la comunidad en la que uno ha nacido ya no es algo corriente y la no pertenencia deja de ser una cuestión voluntaria, o cuando uno es puesto en una situación en la que, a menos de que se cometa un delito, el trato que reciba de los otros no depende de lo que haga o de lo que deje de hacer. Esta condición extrema, y nada más, es la situación de las personas privadas de los derechos humanos" (296). Para Arendt, más fundamental que el derecho a la libertad y la justicia es el derecho a actuar y a opinar, el derecho a pertenecer a una comunidad política donde la acción y la palabra propia cobran significado: "Llegamos a ser conscientes de la existencia de un derecho a tener derechos (y esto significa vivir dentro de un marco donde uno es juzgado por las acciones y las opiniones propias) y de un derecho a pertenecer a algún tipo de comunidad organizada, sólo cuando emergieron millones de personas que habían perdido y que no podían recobrar estos derechos por obra de la nueva situación política global" (296-297).

La reformulación teórica de Arendt sobre el derecho fundamental a tener derechos surge en su reflexión acerca del *initium* intrínseca al evento ontológico de natalidad que hace de cada ser humano un principiante. Arendt le debe mucho al pensamiento de San Agustín, que podría condensarse en la frase "Initium ergo ut esset, creatus est homo, ante quem nullus fuit" ("para que hubiera un comienzo, fue creado el hombre, antes del cual no había nadie") (*EU*, 321). Este principio, afir-

ma Arendt, permitiría una reformulación radical del marco moderno de los derechos humanos, de tal manera que los derechos de libertad y agencia se subordinarían al derecho fundamental de actuar y decir, y la soberanía, colectiva e individual, se reemplazaría por el derecho a pertenecer a una comunidad política organizada, con su inherente pluralidad de actores.

La voluntad soberana y el estado nación: la concepción moderna de los derechos humanos

La subordinación de los derechos humanos a la noción metafísica de un sujeto autónomo y soberano desempeña un rol importante en la modernidad. Este marco concibe a los derechos humanos como derechos inalienables que los sujetos, en tanto que portadores de derechos, simplemente poseen. Por consiguiente, los dos sellos distintivos de los derechos humanos modernos son la voluntad individual y la autodeterminación. Aunque los lectores de Arendt se hayan enfocado casi exclusivamente en sus análisis sobre la concepción de los "derechos de los ciudadanos" de Edmund Burke, no cabe duda que para ella los principales teóricos de esta tradición son Hobbes y Rousseau. Si bien Hobbes niega la presencia del libre albedrío en un mundo donde todo movimiento está determinado por una causa, define sin embargo el *jus naturale*, el derecho natural, como "la libertad que cada hombre tiene de usar su propio poder como quiera, para la conservación de su propia naturaleza, es decir, de su propia vida y, por lo tanto, para hacer todo aquello que su propio juicio y razón considere como los medios más aptos para lograr ese fin".[54] De esta manera, Hobbes sitúa el derecho natural en el poder del individuo de hacer lo que pueda para preservar su propia vida, y define la libertad como "la ausencia de impedimentos externos, impedimentos que con frecuencia reducen parte del poder que un hombre tiene de hacer lo que quiere, aunque no puedan impedirle que use el poder que le resta, de acuerdo con lo que su juicio y su razón le dicten".[55] Sin importar lo terrorífica, brutal y breve que la vida de un individuo pueda ser, en el estado de naturaleza cada quien es soberano y posee el derecho a lo que sea, incluso a tomar la vida de alguien más. Hobbes deja en claro que sacrificar condicionalmente el derecho propio a hacer lo que sea con la intención de buscar la paz y la seguridad no resulta en el bienestar legítimo del otro: "quien re-

---

[54] Thomas Hobbes, *Leviathan*, edición de Richard Tuck (Cambridge: Cambridge University Press, 1991), 91.

[55] Ibíd.

nuncia o abandona su derecho, no da a otro hombre un derecho que él mismo no tuviera antes. No hay nada a que un hombre no tenga derecho por naturaleza: solamente se aparta del camino de otro para que éste pueda gozar de su propio derecho original sin obstáculo suyo y sin impedimento ajeno".[56]

Para Hobbes, libertad y poder son sinónimos: el derecho natural a la autopreservación es entendido como una especie de "poder natural". El derecho natural consiste en el poder o la libertad inalienable que cada individuo posee para sortear cualquier obstáculo con el fin de preservar su propia vida. Como bien se sabe, Hobbes define el poder en el *Leviatán* como los "medios del presente para asegurar el futuro". Así, el poder estriba en los medios presentes que detenta un individuo para asegurar el futuro propio y, por lo tanto, la autopreservación. Como señala Arendt, esto implica el poder en beneficio del poder (*OT*, 141). Todo, ya sea en forma de conocimiento o de riqueza, se reduce al poder: "Por eso, si un hombre es impulsado sólo por sus intereses individuales, el deseo de poder debe ser la pasión fundamental de ese hombre" (139). En el modelo hobbesiano, asevera Arendt, el derecho natural corresponde al interminable proceso de acumular poder. Así, la igualdad de los seres humanos descansa, en última instancia, en una improbable igualdad de condiciones y facultades para obtener más poder. Esta igualdad, por lo tanto, carece de todo valor. Para Hobbes, no es el vendedor sino el comprador quien determina el valor de un individuo según la cantidad de poder que detente. Para Hobbes, señala Arendt, el individuo no posee una dignidad inherente valedera de respeto. Por el contrario, el valor depende del poder y solo se determina frente a los ojos de los demás.

De esta manera, Hobbes excluye la idea de humanidad, lo que produjo consecuencias desastrosas a lo largo del siglo diecinueve, precisamente cuando su filosofía instigó la ideología racista: "Es cierto que la filosofía de Hobbes no contiene nada referente a las modernas doctrinas racistas, que no sólo levantan al populacho, sino que, en su forma totalitaria, esbozan muy claramente las formas de organización mediante las cuales la Humanidad podría llevar el inacabable proceso de acumulación de capital y de poder hasta su último final lógico en la autodestrucción. Pero Hobbes proporcionó, como mínimo, un pensamiento político con el prerrequisito de todas las doctrinas racistas, es decir, la exclusión en principio de la idea de humanidad que constituye la única idea reguladora de la ley internacional" (157). Por consiguiente, la humanidad es la única base constitutiva de los derechos humanos, lo que por extensión sustenta la ley internacional.

---

[56] Ibíd., 92.

Y, aquí cabe destacar que la exclusión del principio de humanidad y la reducción de los derechos humanos al poder egoísta de un individuo aislado y soberano constituyeron, para Arendt, el apoyo teórico del imperialismo decimonónico primero, donde "todo está permitido", y, posteriormente, del totalitarismo del siglo veinte, con sus ideologías racistas, para las que "todo es posible".

Resulta significativo para la reformulación que Arendt emprende el hecho de que, de acuerdo con el modelo hobbesiano, la razón es privada; se trata de la razón y del juicio de un individuo para calcular la forma más conveniente de autopreservarse. La razón, "espía y exploradora de las pasiones", es inseparable del deseo individual de autopreservación. Hobbes llega a argumentar en el *Leviatán* que este deseo funciona como un imperativo lícito para la acción: "El lenguaje del deseo y de la aversión es imperativo: haz esto, no hagas aquello. Cuando el interesado se obliga a hacer u omitir, existe un mandato; en otro caso, una súplica; en algunos otros, un consejo".[57] Al distinguir entre los modos imperativo y optativo (en tanto el modo subjuntivo expresa deseo [*optare*]: "si tuviera los medios, esto se haría"), Hobbes sostiene que las pasiones son imperativas[58], pues ordenan: haz esto, abstente de aquello. Existe una obligación en el nivel de las dos pasiones fundamentales: el deseo y la aversión. En la medida en que estas pasiones son mediadas por la significación, se hallan atadas, de una vez y para siempre, a la razón y a un imperativo general: busca la paz, persíguela.

Hobbes sostiene que las dos pasiones fundamentales, el deseo y la aversión, ordenan *in foro interno*, pero no siempre *in foro externo*. Es decir, obligan en pos del deseo que debería ser cumplido, pero no necesariamente en pos de la acción.[59] Las leyes racionales de la naturaleza, que surgen del deseo y a él están atadas, solo nos obligan *in foro interno*. En consecuencia, la ley de la naturaleza constituye una directriz general para la búsqueda de la paz. Por medio del deseo, entonces, estamos obligados racionalmente a perseguir la paz, en la medida en que este imperativo nos compele a crear las condiciones necesarias para que esta sea posible, esto es, la renuncia al derecho de arrogarse todo para uno mismo. *In foro interno*, la ley natural no establece obligaciones específicas; en cambio, nos fuerza a promover una situación en la que tales obligaciones puedan tener lugar (y esto, en última instancia, culminará en el estado absolutista). Aquí debe subrayarse que, como exploradora y espía de las pasiones, la ley de la razón no puede separarse de las órdenes del deseo. La obligación ra-

---

[57] Ibíd., 45.

[58] Ibíd.

[59] Ibíd., 110.

cional de buscar la paz y de renunciar al derecho a tenerlo todo surge del mandato de autopreservación proscripto por este imperativo. Por consiguiente, las leyes naturales de la razón están atadas, desde el principio, al yo egoísta que calcula la forma más conveniente de cumplir con tal obligación.

Hobbes, por lo tanto, define el derecho natural bajo la noción de un individuo egoísta cuyo interés fundamental es acumular poder con el objetivo de procurarse seguridad en el futuro. Para Hobbes, los derechos son derechos privados que se corresponden con la libertad de acción de cada individuo, autónomo y soberano. La razón, a su vez, es la razón privada de quienes poseen como único propósito la consecución de sus propios intereses. Como señala Arendt, "De esa forma, la pertenencia a cualquier tipo de comunidad es para Hobbes un asunto temporal y limitado que esencialmente no cambia el carácter solitario y privado del individuo (que no experimenta placer, sino, al contrario, una considerable aflicción al hallarse en compañía, cuando carece de poder para aterrar a todos) ni crea lazos permanentes entre él y sus semejantes" (140). Para Arendt, el estado soberano deviene de la reducción del derecho natural al poder de un individuo soberano y egoísta que inicialmente posee el derecho a hacer lo que sea. El poder soberano del Estado, afirma Arendt, se origina en el afán de los individuos de satisfacer sus deseos de poder; encarna la suma total de los intereses privados: "El Leviatán de Hobbes expuso la única teoría política según la cual el Estado se basa no en algún género de ley constituyente (sea ley divina, ley natural o ley del contrato social) que determine los derechos y los perjuicios del interés del individuo con respecto a los asuntos públicos, sino en los propios intereses individuales, de manera tal que 'el interés privado es el mismo que el público'" (139). La delegación del poder (sinónimo de derecho) fluye desde el poder absoluto del estado, en tanto poder monopolizado que demanda obediencia absoluta.

El Estado se basa en la delegación de poder y no en la delegación de derechos. Adquiere un monopolio del homicidio y proporciona a cambio una garantía condicional contra el ser víctima de un homicidio. La seguridad es aportada por la ley, que es una emanación directa del monopolio del poder por el Estado (y no es establecida por el hombre según normas humanas acerca de lo que es justo e injusto). Y, como esta ley procede directamente del poder absoluto, representa una necesidad absoluta a los ojos del individuo que vive bajo ella (139).

Es el soberano quien garantiza el "sistema ordenado de los egoísmos" de quienes estuvieron de acuerdo en ceder su soberanía individual a cambio de una soberanía que pudiera asegurar mejor sus intereses. [60]

---

[60] Habermas está totalmente de acuerdo con Arendt en este punto. La teoría política

La crítica de Arendt a la concepción moderna de los derechos humanos es en gran parte una crítica a la noción de soberanía formulada en un principio por Hobbes, que, afirma, está incrustada en el corazón del derecho moderno.

En sus análisis sobre Rousseau, Arendt profundiza su crítica a la concepción moderna de los derechos humanos. Sostiene que aunque pareciera que Rousseau rechaza la noción de Hobbes de derecho en tanto que poder del estado soberano, favoreciendo, en cambio, un concepto de derecho natural basado en los derechos individuales que se sustentan en la libertad subjetiva, este no es el caso. Si bien Rousseau discute vehementemente en contra de la reducción del derecho al poder, Arendt señala que al situar la libertad en la voluntad subjetiva de un individuo primero y, posteriormente, en la voluntad general de un pueblo, Rousseau continúa con la tradición de Hobbes que, en definitiva, reduce los derechos humanos al poder de un estado soberano. Su crítica a Rousseau resulta instructiva no solo para comprender mejor su argumentación en contra de la concepción moderna de los derechos humanos, sino también para entender de qué manera sus concepciones de libertad, poder y acción le permiten ofrecer un nuevo marco teórico para los derechos humanos. Solo mediante una reformulación radical de las nociones de libertad, poder y espacio público, sostiene Arendt, es posible desligar los derechos humanos de la voluntad soberana y del poder del estado soberano.

El análisis de Arendt se centra en la relación que Rousseau establece entre los derechos naturales y el libre albedrío de un sujeto autónomo y soberano. Como es bien sabido, al posicionarse en contra de la sociabilidad natural de los seres humanos, Rousseau define el derecho natural sobre la base de dos principios afectivos impresos en el corazón humano, a saber: la existencia y el bienestar propio, y el sentimiento de piedad (es decir, nuestro rechazo natural al sufrimiento de otros seres capaces de sentir).[61] En la medida en que la autopreservación es algo que los seres humanos compartimos con otros animales, Rousseau sostiene, a diferencia de Hobbes, que el "bienestar" es el sentimiento natural de nuestra libertad, que, asegura,

---

de Hobbes, sostiene, ofrece la perspectiva de los que participan en el contrato social: "un cálculo racional, con arreglo a fines, de sus propios intereses". Así, no hay necesidad de elaborar regulaciones para un ejercicio legítimo de la autoridad política. Por el contrario, el soberano asegura "un sistema ordenado de egoísmos favorecido de todos modos por la totalidad de los participantes: lo que aparece como moralmente correcto y legítimo surge entonces espontáneamente de la decisión interesada de los egoístas racionales". Véase Habermas, *Between Facts and Norms*, 90-91.

[61] Rousseau, *Discourse on the Origin of Inequality* (Cambridge: Cambridge University Press, 1997), Prefacio, párr. 9, 127.

es un bien superior a la vida.[62] Arendt coincide con Leo Strauss en que Rousseau es "el primer filósofo de la libertad", puesto que para él el libre albedrío es un bien en sí mismo: la libertad constituye el bien fundamental y es lo que define la naturaleza del ser humano en su independencia de otros seres humanos.[63] Oponiéndose a Grocio en que los derechos son enajenables y pueden venderse y comprarse (muchos pueblos renunciaron a ellos al elegir la seguridad temporaria subordinándose a una autoridad gubernamental arbitraria), Rousseau sostiene que son inalienables, pues es la libertad lo que distingue al ser humano de otros animales. De esto se deduce que el libre albedrío es un derecho natural inalienable que se sitúa en la libertad individual. En el *Discurso sobre el origen de la desigualdad entre los hombres*, Rousseau especifica que los derechos políticos derivan del derecho natural a la libertad y a la autodeterminación: "Es, pues, incontestable, y tal es el precepto fundamental de todo derecho político, que los pueblos se han dado jefes para defender su libertad y no para ser oprimidos".[64]

Al mismo tiempo, Rousseau señala que un segundo principio, la piedad, está presente en los fundamentos de los derechos humanos. La piedad es el sentimiento por el cual los demás están presentes de una forma que no es ni amenazante ni maliciosa; se trata de la sensibilidad por la que un individuo es consciente de las emociones y actitudes de los otros y se conmueve por ellas. A partir de la conjunción de ambos principios o afecciones, Rousseau funda el derecho natural "sin que sea necesario introducir en él el aspecto social". Previo a la sociedad, el ser humano posee el derecho natural a preservar su bienestar y su libertad, pero se halla simultáneamente limitado por la piedad que siente ante el sufrimiento de los demás. El derecho natural incluye una libertad negativa que limita la autopreservación de la vida y la independencia originaria. Si bien la piedad no es un rasgo de sociabilidad de carácter natural, en

---

[62] Esta es la base de la discrepancia entre Rousseau y Locke en cuanto a la finalidad apropiada del gobierno. Para Locke, el derecho a la autopreservación implica un derecho a la apropiación. Un individuo no solo tiene el derecho a la autopreservación sino también a los medios necesarios para tal propósito, que se alcanza mediante el trabajo —es decir, la propiedad–. En consecuencia, para Locke, la finalidad del gobierno consiste en la protección de la propiedad privada. Rousseau no está de acuerdo: debido a que la libertad es un bien superior a la vida, el propósito del gobierno debe ser la protección de la libertad del individuo (que incluiría asimismo la autopreservación).

[63] Leo Strauss, *Natural Right and History* (Chicago: University of Chicago Press, 1953), 278. Charles Tylor hace una observación similar, y afirma que Rousseau es el primer filósofo de la libertad. Véase Charles Tylor, *Sources of the Self: The Making of Modern Identity* (Cambridge, Mass.: Harvard University Press, 1989), 364.

[64] Rousseau, *Discourse on the Origin of Inequality*, Parte II, párr. 37, 176.

la medida en que el estado de naturaleza es el estado de la independencia natural, sí constituye un límite para la libertad del individuo. Rousseau sostiene que, dado que los seres humanos están limitados por la piedad, no hay necesidad de realizar un contrato para restringir nuestro derecho a lo que sea. En cambio, la tarea del contrato social consiste en instituir políticamente la independencia natural (y limitada) de cada individuo. En *El contrato social*, Rousseau afirma: "Pero el orden social constituye un derecho sagrado que sirve de base a todos los demás. Sin embargo, este derecho no es un derecho natural: está fundado sobre convenciones".[65]

A igual que Hobbes, Rousseau asegura que los dos principios que establecen el derecho natural son anteriores a la razón, aunque sea el rol de la razón restablecer políticamente tales principios (sin lugar a dudas, Hobbes y Rousseau difieren enormemente en cuanto a la naturaleza de la afección, pues mientras Hobbes argumenta a favor del deseo de autopreservación, Rousseau lo hace en pos de la libertad y la piedad). En el *Segundo discurso*, Rousseau se refiere a la piedad como una "virtud tanto más universal y útil al hombre, cuanto que precede a toda reflexión, y tan natural, que incluso las mismas bestias dan a veces muestras sensibles de ella".[66] Luego afirma: "Tal es el puro movimiento de la naturaleza, anterior a toda reflexión, tal es la fuerza de la piedad natural".[67] En su *Emilio*, Rousseau profundiza sus reflexiones en torno a la piedad: "cuando me siento, por decirlo así, dentro de él, es por no padecer yo lo que no quiero que él padezca. Él me interesa por mi amor, y la razón del precepto se halla en la misma naturaleza, que me inspira el deseo de bienestar en cualquier sitio que sienta mi existencia. De aquí infiero que no es cierto que los preceptos de la ley natural descasen solamente sobre la razón, pues es el amor a los hombres derivado del amor a sí mismo el principio de la justicia humana".[68] Continúa y sostiene que "Hay en el fondo de nuestras almas, pues, un principio innato de justicia y de virtud, conforme al cual juzgamos a pesar de nuestras propias máximas, por buenas o malas nuestras acciones y las de los demás, y a este principio yo le doy el nombre de *conciencia*".[69] De este modo, la conciencia, voz natural que precede a la reflexión, equivale, en términos rousseaunianos, a la

---

[65] Rousseau, *The Social Contract*, edición de Victor Gourevitch (Cambridge: Cambridge University Press, 2003), Capítulo 1, párr. 2, 176.

[66] Rousseau, "Discourse on the Origin of Inequality", en Jean-Jacques Rousseau, *The Discourses and Other Early Political Writtings*, edición de Victor Gourevitch (Cambridge: Cambridge University Press, 1997), Parte I, párr. 36, 152.

[67] Ibíd.

[68] Rousseau, *Emile*, traducción de Allen Bloom (New York: Basic Books, 1979), 235.

[69] Ibíd., 289.

piedad. Es más, para Rousseau "las ideas se adquieren, el sentimiento de la conciencia no".[70] Sin la conciencia, la razón es por sí sola incapaz de incitar a los seres humanos a la acción. La razón, la habilidad de adoptar el punto de vista general (la voluntad general), halla sus raíces en el sentimiento piadoso y en la voz natural de la conciencia. Por lo tanto, la razón es práctica y expresa los intereses generalizados del amor propio individual (*amour de soi*).

La crítica de Arendt a Rousseau se centra en el hecho de que este sustenta los derechos naturales en los principios gemelos de libertad y piedad, característicos de una voluntad subjetiva autónoma. Arendt sostiene que fundamentar los derechos humanos en la voluntad libre y soberana, primero como *amour de soi* independiente y luego como *amour propre* incorrupto, que mantiene su independencia natural como parte de la voluntad general del estado nación, duplica el marco hobbesiano: los derechos humanos son así entendidos en términos de poder y de soberanía. En efecto, Arendt señala que la noción de poder soberano surge de una larga tradición que comienza con San Agustín, para quien, sin lugar a dudas, el problema de ser capaz de actuar o, más precisamente, de la incapacidad de actuar, estriba en una voluntad que se divide a sí misma. El dilema es el siguiente: "Yo quiero y no puedo".[71] Por lo tanto, una voluntad poderosa solo es posible si es una sola consigo misma. Arendt sostiene que la concepción de poder que refiere a la voluntad unificada es, precisamente, la concepción de poder desarrollada por la teoría política moderna, que tuvo serias consecuencias en la formulación moderna de los derechos humanos.

Arendt indica que el giro de Rousseau hacia la voluntad general del estado nación se origina en la severa inestabilidad de los sistemas políticos modernos, producto de la falta elemental de autoridad.[72] Una manera de resolver el problema de la autoridad legítima es hacer de la nación una nación absoluta. La legitimidad del poder y la legalidad de las leyes residiría en la voluntad soberana de la nación: una voluntad general que reflejaría la bondad innata y natural de cada corazón y voluntad individual. San Agustín demostró que una voluntad dividida es impotente; por lo tanto, la unanimidad se vuelve un aspecto obligatorio en pos de un concepto de voluntad general suprema. Así, afirma Arendt, la noción de voluntad general *debe* basarse en el consentimiento unánime: unanimidad de opinión antes que pluralidad de opiniones. La unanimidad de la voluntad general, cuya soberanía absoluta ga-

---

[70] Ibíd., 290.

[71] San Agustín, *The Confessions*, traducción de John Ryan (New York: Image Books, 1960), 196.

[72] Arendt, *On Revolution*.

rantiza la estabilidad de la esfera política, depende de las voluntades individuales que ceden sus intereses particulares y consienten ser regidas por un gobierno cuyo poder se ha vuelto soberano *precisamente porque* los individuos resignaron su propio poder. Como en Hobbes, la existencia de una soberanía absoluta, en la que el origen idéntico de la ley y el poder se materializa, hace que la ley sea poderosa y el poder legítimo. Esto tampoco cambia cuando la soberanía absoluta es la voluntad general del pueblo.

Así, el acto de consentimiento combina el principio de regencia absoluta y los principios nacionales "de acuerdo a los cuales debe existir un representante de la nación como un todo, y donde el gobierno es entendido como un gobierno que incorpora la voluntad de todos los súbditos" (*OR*, 171). Aquí se observa la forma emergente del estado nación soberano. Arendt explica que la comprensión moderna del hombre como un sujeto portador de derechos inalienables es inseparable de la noción de un estado nación que obtiene su poder de la voluntad general y soberana del pueblo. Los derechos humanos, entonces, colisionan con el problema de la emancipación nacional: "sólo la soberanía emancipada del pueblo, del propio pueblo de cada uno, parecía ser capaz de garantizarlos" (*OT*, 291). En este esquema, el poder está siempre asociado a la soberanía y a la unidad, ya sea la soberanía unificada de la voluntad del individuo o la unidad de la voluntad general encarnada en la figura del gobernante. Napoleón es un buen ejemplo de ello: "Yo soy el *pouvoir constituant*" (*OR*, 163).

Arendt sostiene que el problema con este modelo es doble. En primer lugar, los derechos resultan indistinguibles de la soberanía de la voluntad general del estado nación, quedando por fuera aquellos derechos de quienes no son reconocidos como parte de la voluntad general. Esto nos conduce al segundo aspecto del problema: el individuo, para tener derechos, debe ser un ciudadano de la nación. La crítica de Arendt a la forma moderna de entender los derechos inalienables se funda al reconocer que estos derechos estuvieron desde el principio atados a la soberanía nacional. Y, sostiene, ningún grupo vio esto con mayor claridad que aquellos que habían perdido la protección del estado soberano: "Los Derechos del Hombre, supuestamente inalienables, demostraron ser inaplicables (incluso en países cuyas Constituciones estaban basadas en ellos) allí donde había personas que no parecían ser ciudadanas de un Estado soberano" (OT, 293). Al zarpar su embarcación, llamada *The Rights of Man*, Billy Bud gritó: "¡Adiós, Derechos del Hombre!"[73]. Arendt se hace eco de ese grito. Los seres humanos se vuelven singulares y concretos a través del ejercicio de los

---

[73] Herman Melville, *Billy Budd Sailor* (New York: Penguin, 1986), 297.

derechos humanos sujetados por la soberanía estatal, y quienes han sido privados de ellos, se convierten en seres humanos sin trayectoria, "seres humanos en general". La persona abstracta es precisamente una persona despojada de todo derecho humano. En contraste con Burke, Arendt afirma que la abstracción representa la desnudez abstracta de los seres humanos que, como el día en que nacieron, se hallan desnudos, y asegura que fue para escapar de esta "desnudez abstracta" que aquellos al margen del estado "insistieron en su nacionalidad, el último signo de su antigua ciudadanía" (300).

Arendt estaría en desacuerdo con Lefort en que el espacio de la democracia moderna es un espacio en el que la noción de derecho varía de tal manera que se libera de la noción de soberanía. Lefort sostiene que en la democracia moderna el "estado de derecho" (*etat de droit*) se transforma en "derecho de oposición" (*opposition du droit*). La "Declaración de los derechos del hombre y el ciudadano" de 1798 es una declaración de oposición, de resistencia. El estado no puede garantizar este derecho. Asimismo, con esta declaración del derecho de oposición, señala Lefort, sobreviene la disgregación del derecho y el poder. El derecho a oponerse al poder revela que el poder es externo al derecho. En la medida en que la declaración demuestra que el estado ya no es un estado de derecho sino de oposición, el espacio político de la democracia moderna se transforma en un teatro de lucha. El derecho se convierte en el cuestionamiento del derecho; y, porque siempre es puesto en duda, el "nosotros" del pueblo que lo declara también se cuestiona. Lefort expresa que la declaración de los derechos como o*pposition du droit* "nos invita a reemplazar la noción de un régimen gobernado por las leyes, de un poder legítimo, por la noción de un régimen fundado en la legitimad del debate en cuanto a lo que es legítimo y lo que es ilegítimo, un debate que necesariamente no tiene garante ni tiene fin".[74]

En comparación con la experiencia de Arendt como refugiada, el análisis de Lefort resulta demasiado optimista. Si bien Arendt estaría de acuerdo con que la Declaración de los derechos del hombre se opone al estado en nombre de la "buena gente", esto no pone en cuestión la soberanía y legitimidad del "pueblo". Arendt afirma que, contrariamente al estado monárquico, "cuya función suprema era la protección de todos los habitantes de su territorio, fuera cual fuese su nacionalidad, y [el cual] se estimaba que había de actuar como suprema institución legal", el estado moderno fue reducido a "la voluntad del pueblo" y se vio obligado a "reconocer únicamente a los miembros de la nación como ciudadanos, a otorgar derechos civiles y políticos completos sólo a aquellos que pertenecían a la comunidad nacional por derecho de ori-

---

[74] Lefort, *Democracy and Political Theory*, 39.

gen y el hecho del nacimiento" (*OT*, 230).[75] Para Arendt, la declaración establece a los pueblos como los portadores soberanos del derecho. Y, aunque pueda ocurrir que el pueblo debata sus derechos, quienes no sean considerados parte de él no tendrán derecho a hablar. El poder soberano y el derecho permanecen unidos. Al discrepar con Lefort, Arendt estaría de acuerdo con Foucault: la teoría política moderna aún tiene que "cortarle la cabeza al rey".[76]

Aquí comenzamos a observar la compleja relación que Arendt mantiene con la concepción de los derechos humanos de Burke. Lefort critica a Arendt por respaldar la posición de Burke, confinando, por lo tanto, los derechos humanos a las puertas de la ciudad. Luc Ferry realiza la misma crítica, afirmando que Arendt, en conjunto con otros críticos de la modernidad, es "resueltamente incapaz, precisamente debido a la crítica a la subjetividad (...) de pensar en algo semejante a los derechos humanos, una incapacidad que escritores como Strauss o Arendt no tratan de ocultar; basta con leer, por ejemplo, los capítulos sobre los derechos humanos en *Los orígenes del totalitarismo*, donde Arendt se remonta, ciertamente con nostalgia, aunque con resolución, al pensamiento de Edmund Burke".[77] El posicionamiento de Arendt con respecto a Burke es mucho más complejo. Es cierto que Arendt concuerda con la crítica a la noción de derechos naturales de Burke. De hecho, rechaza la Declaración de los derechos del hombre francesa en favor de la Carta de derechos de los Estados Unidos, argumentando que "los primeros estaban destinados a explicitar los derechos positivos y primarios, inherentes a la naturaleza del hombre, a diferencia del status político, y como tales trataron efectivamente de reducir la política a la naturaleza. Las Cartas [*sic*] de los derechos, por el contrario, tenían como objeto instituir controles permanentes y restrictivos contra todo poder político, y presuponían por ende la existencia de un cuerpo

---

[75] Aquí, el "hecho del nacimiento" no es el evento de natalidad, sino el certificado de nacimiento –la certificación de nacionalidad por la que se nos confieren los derechos humanos–.

[76] Michel Foucault, *Knowledge/Power: Selected Interviews and Other Writings*, edición de Colin Gordon (New York: Pantheon Books, 1980), 121. En este ensayo sobre el poder, del año 1976, Foucault escribe: "Lo que necesitamos, sin embargo, es una filosofía política que no se erija sobre la cuestión de la soberanía, ni tampoco, por lo tanto, sobre las cuestiones de la ley y la prohibición. Debemos cortarle la cabeza al rey: en la teoría política eso está aún por hacerse". Se trata de una declaración notable, pues sugiere que aunque Foucault haya leído a Arendt, no prestó suficiente atención. La filosofía política de Arendt tiene como propósito cortar la cabeza del rey; es decir, formular una noción de poder que no esté atada a la idea de soberanía; pensar, por lo tanto, una noción de ley por fuera de la prohibición.

[77] Luc Ferry, *Rights –The New Quarrel Between the Ancients and the Moderns*, traducción de Franklin Philip (Chicago: University of Chicago, 1990), 21.

político" (*OR*, 108-109). El rechazo a la noción de los derechos naturales, sin embargo, no implica necesariamente afirmar que los derechos humanos le pertenecen solo a los ciudadanos de un estado nación en particular. Hemos visto anteriormente que lo que Arendt critica de la formulación moderna de los derechos humanos es, precisamente, que se los concibe como inseparables de la condición de ciudadano, lo que niega desde el principio el aspecto universal de estos derechos. La paradoja para Arendt consiste en que aunque los derechos humanos necesiten siempre de una institución política, tal institución debe establecerse, no obstante, sobre la base de un principio universal de humanidad (la influencia de Montesquieu es aquí evidente). Esto la coloca a una distancia considerable de la declaración de Burke de que el ser humano universal es un ser abstracto y, por lo tanto, que solo existen los derechos de los ciudadanos.

De hecho, Arendt ubica a Burke en el grupo de pensadores precursores del racismo estatal moderno. La insistencia de Burke en circunscribir el derecho a los derechos de los ciudadanos ingleses se vincula peligrosamente con su noción de una "raza de nobles aristócratas". Esto es posible, asegura Arendt, debido a su completo rechazo por el principio de humanidad latente en los derechos humanos. Como hemos observado anteriormente en su crítica a Hobbes, el pensamiento racista se sustenta en este rechazo:

> Hobbes proporcionó, como mínimo, un pensamiento político con el prerrequisito de todas las doctrinas racistas, es decir, la exclusión en principio de la idea de humanidad que constituye la única idea reguladora de la ley internacional (...) Si ya no resulta válida la idea de humanidad, cuyo símbolo más concluyente es el origen común de la especie humana, entonces nada es más plausible que una teoría según la cual las razas cetrinas, amarillas o negras descienden de otras especies de monos, distinta de la antecesora de la raza blanca y que todas juntas están predestinadas por la naturaleza a la guerra entre sí hasta llegar a desaparecer de la faz de la Tierra. (*OT*, 157)

En su análisis sobre pensamiento racial previo al racismo, que incluye un largo apartado sobre Burke, Arendt señala que el corazón de la ideología racial es la negación constante del "gran principio sobre el que se hallan construidas las organizaciones nacionales de los pueblos, el principio de la igualdad y la solidaridad de todos los pueblos, garantizado por la idea de humanidad" (161). La raza, afirma, no marca el origen de la humanidad, sino su fin: "la raza no es, políticamente hablando, el comienzo de la humanidad, sino su final; no es el origen de los pueblos, sino su declive; no es el nacimiento natural del hombre, sino su muerte antinatural" (157). Como hemos observado, para

Arendt, el origen común de la humanidad no estriba en un comienzo naturalista, sino en el comienzo que el evento de natalidad delimita. Paradójicamente, este evento original que confiere el principio universal de humanidad es al mismo tiempo el origen de la singularidad impredecible. En otras palabras, este evento lleva consigo el principio de solidaridad aun cuando da nacimiento a lo singular y lo único. Para Arendt, el principio universal de la humanidad no es un principio abstracto precisamente porque tiene lugar en el evento de natalidad, por medio del que el ser humano, único y singular, aparece en el mundo.

Libertad, agencia y derechos: Ignatieff y Habermas

Antes de retomar la formulación arendtiana del principio de humanidad, debemos considerar primero la manera en que los teóricos contemporáneos de los derechos humanos continúan entendiendo estos derechos como agencia individual y autodeterminación. Para advertir la inmensa originalidad de la contribución de Arendt a esta discusión, es necesario comprender el grado en que los teóricos de los derechos humanos permanecen circunscriptos en la tradición de Hobbes y Rousseau. Aquí recupero *Los derechos humanos como política e idolatría*, de Michael Ignatieff, y *Entre hechos y normas*, un trabajo reciente desarrollado por Jürgen Habermas acerca de los derechos humanos.

En *Los derechos humanos como política e idolatría*, Ignatieff señala con admiración que la "Declaración universal de los derechos" humanos de 1948 "representó la vuelta de la tradición europea a su patrimonio legal natural, una vuelta que pretendía restaurar la agencia, darle a los individuos el coraje cívico para ponerse de pie cuando el estado les ordenó hacer el mal".[78] Sostiene que "los derechos humanos constituyen un lenguaje de empoderamiento individual, y el empoderamiento de los individuos es deseable porque cuando poseen agencia, pueden protegerse a sí mismos de la injusticia. Además, cuando los individuos tienen agencia, son capaces de definir por sí mismos para qué desean vivir o morir".[79] Esta última afirmación revela la proximidad de Ignatieff con la tradición moderna en la que los derechos se entienden como agencia individual y autodeterminación: en tanto que agentes autónomos, los individuos tienen el derecho a determinar cómo desean vivir sus propias vidas. Al mismo tiempo, se entiende al poder en términos de empode-

---

[78] Ignatieff, *Human Rights as Politics and Idolatry*, 5.

[79] Ibíd., 57.

ramiento individual: el lenguaje de los derechos humanos empodera (Hobbes) y contiene (Rousseau) la agencia individual.

Ignatieff indica que en este esquema, la libertad humana es percibida como "negativa", refiriéndose a la idea de libertad inherente a los derechos humanos: "Por agencia me refiero más o menos a lo que Isaiah Berlin llama 'libertad negativa', la capacidad de cada individuo de alcanzar propósitos racionales sin ningún tipo de impedimento. Por racional no hago referencia necesariamente a lo sensato o estimable, sino simplemente a aquellos propósitos que no implican un daño obvio a otros seres humanos".[80] Al vincular los propósitos racionales con la libertad negativa, Ignatieff continúa adoptando, implícitamente, el marco teórico moderno de los derechos humanos; es decir, el marco en el que estos derechos recaen sobre agentes racionales egoístas que conciben la libertad como una ausencia general de obstáculos, aunque no total, en la persecución de sus objetivos. Aunque Ignatieff no reduce, como lo hace Hobbes, el derecho al poder, continúa no obstante adoptando el modelo hobbesiano: los derechos humanos se corresponden con agentes racionales y egoístas cuya libertad es pensada negativamente.

Al final de su análisis, Ignatieff da una última razón para "la defensa secular de los derechos humanos": el sufrimiento humano y nuestro deseo natural de evitarlo, que, sostiene, es "un hecho acerca de nosotros como especie".[81] Este deseo naturalista de evitar el dolor y el sufrimiento acoplado a nuestra "limitada capacidad de empatizar" con el padecimiento de los demás nos proporciona una base normativa mínima para empoderar a los individuos con derechos cívicos y políticos. De este modo, Ignatieff reúne los argumentos fundamentales de Hobbes y de Rousseau: el deseo natural de evitar el dolor, o incluso la muerte, se ensambla con el sentimiento natural de piedad hacia los demás. De manera similar a Rousseau, equipara la piedad con la consciencia libre. Curiosamente, luego de una intensa crítica a la idolatría de los derechos humanos, Ignatieff termina justificándolos sobre la base de la conciencia individual; y si bien está convencido de que este principio negativo de los derechos humanos posee la ventaja de no justificar "la inhumanidad sobre una base fundacional", ignora qué tan limitada en verdad es nuestra empatía. Sumado a esto, pasa por alto cómo esta limitación sirve de soporte para toda clase de crueldad hacia aquellos que se encuentran por fuera de los confines de nuestra piedad o empatía.

Nadie ha reflexionado tan contundentemente sobre los límites de la piedad como Hannah Arendt. En efecto, Arendt afirmaría que

---

[80] Ibíd.

[81] Ibíd., 89.

74

el modo en que Ignatieff ubica los derechos humanos en la agencia individual es lo que lo conduce, en última instancia, a apelar a un sentimiento limitado de empatía, inseparable del comportamiento privado de los individuos condicionados por hábitos y costumbres. Aquí se observa una vez más la influencia de Montesquieu, quien en *El espíritu de las leyes* sostuvo que una nación se mantiene en virtud de las leyes y las costumbres: "Las leyes gobiernan las acciones de los ciudadanos y las costumbres gobiernan las acciones del hombre". Las leyes, alega Arendt, "establecen la esfera de la vida política pública y las costumbres establecen la esfera de la sociedad", y acuerda con Montesquieu en que las naciones comienzan a colapsar cuando la ley se debilita y la única defensa contra el abuso político está constituida por patrones morales de comportamiento, es decir, por hábitos y costumbres: "Siempre y cuando [las costumbres y tradiciones] estén intactas, los hombres, como individuos que viven una vida privada, continúan comportándose de acuerdo con ciertos patrones de moralidad. Pero esta moralidad ha perdido su fundamento. Se puede confiar en la tradición para evitar lo peor sólo por un tiempo limitado. Cada incidente puede destruir las costumbres y la moralidad que no encuentran ya sus fundamentos en la ley; cada contingencia podría amenazar a una sociedad que ya no está resguardada por los ciudadanos" (*EU*, 315). Arendt está de acuerdo con Montesquieu en que hay peligro cuando un cuerpo político se mantiene unido solo gracias a la "fuerza coercitiva de la moralidad", lo que en el caso de Ignatieff constituye el sentido de empatía ligado a la conciencia libre: "Conocemos demasiado bien la velocidad alarmante con la que [los hábitos y las costumbres] se desaprenden y se olvidan cuando nuevas circunstancias demandan un cambio en las tradiciones y en los patrones de comportamiento" (*LMT*, 15). Así, la conciencia de Eichmann "funcionó de la manera esperada durante casi cuatro semanas, después de lo cual comenzó a funcionar en el sentido contrario" (*EJ*, 95). Para Arendt, los derechos humanos son propios de los actores públicos y no de los individuos privados. Por lo tanto, no pueden estar basados en sentimientos morales. Si Ignatieff apela a un sentimiento moral como fundamento de los derechos humanos es porque su marco teórico se rige por la noción de un agente racional, egoísta y privado.

Arendt vería la apelación de Ignatieff a una empatía limitada como la propia evidencia de hasta qué punto nuestros teóricos políticos más prominentes y reflexivos se hallan sumidos en obviedades y espejismos. En su ensayo "Los huevos rompen a hablar", Arendt retoma una historia relatada por Ignazio Silone, en la que un ex revolucionario fue a verlo y en un arranque de fervor le dijo "Uno siempre debe actuar con los demás como quiera que los demás actúen con uno mismo"[82] (en definitiva, esta es la base sobre la que Ignatieff sostiene su afirmación). Para Arendt, esta historia revela la difícil situación en la que se vieron inmersos los que escaparon del "infierno totalitario". Parecen haberse quedado solo con "verdaderos truismos, morales o de otra índole, de los que escaparon hace veinte o treinta años (...) por la sencilla razón de que se encontraron a sí mismos incapaces ya sea de explicar el mundo en el que vivimos o de ofrecer un modelo de acción" (*EU*, 280). Estos truismos morales reemplazan el infierno del totalitarismo por una especie de "filisteísmo banal", que, para Arendt, resulta aterrador. Nuevamente en sintonía con Montesquieu, Arendt sostiene que las costumbres dependen de una tradición intacta que las proteja y que es imposible pretender que el pasado esté "vivo en el sentido de que está en nuestro poder el retornar a él, de que todo lo que tenemos que hacer es escuchar las voces de los muertos" (*OT*, 282). La pérdida de esta tradición en el siglo veinte reduce la moral a perogrulladas impotentes, a clichés y banalidades que de ninguna manera pueden evitar los peligros de un nuevo infierno totalitario y que, con certeza, no pueden erigirse como fundamento de los derechos humanos.

El estudio de Arendt acerca de la piedad en el contexto de la Revolución Francesa resulta ilustrativo para comprender por qué la insistencia de Ignatieff en el sentimiento de empatía por el padecimiento de los demás no solo sustenta los derechos humanos en un truismo moral, sino que también puede ser políticamente peligrosa o incluso acabar en el terrorismo político: "Sean cuales sean teóricamente las explicaciones y consecuencias de las enseñanzas de Rousseau, el eje de la cuestión estriba en que las experiencias reales que subyacen al desinterés rousseauniano y al 'terror de la virtud' de Robespierre no pueden entenderse si no se tiene en cuenta el rol crítico que la compasión desempeñó en las mentes y corazones de aquellos que moldearon la Revolución Francesa y actuaron sobre su curso" (*OR*, 79). Como vimos anteriormente, la piedad para Rousseau es una "virtud natural" que proporciona la base ética para la sociedad, del mismo modo que para Ignatieff la empatía es un "hecho natural" que afecta a la especie humana. Arendt afirma, con el debido respeto a Bernard Flynn, que una sociedad fundada en la "virtud natural" resulta aterradora precisamente porque reduce lo político a lo natural. Tal simplificación, sostiene, es inherentemente violenta. Esto es particularmente cierto para el sentimiento de piedad. La piedad, como Nietzsche se esforzó en demostrar, es un sentimiento y no una pasión. Es un principio reactivo, no activo; su pasividad hace que la acción sea imposible. Además, como cualquier otro sentimiento,

---

[82] Arendt, "The Eggs Speak Up", 279.

la piedad es egocéntrica. En ninguna parte esto es tan claro como en el *Emilio* de Rousseau. La piedad es el sentimiento que protege el *amour de soi* de la corrupción. A través de la piedad, Emilio es capaz de ver en la sociedad de manera equitativa, feliz consigo mismo y aliviado por no ser uno de los prisioneros o mendigos que observa.

El problema para Arendt radica en que la distancia y el ensimismamiento que caracterizan al sentimiento de piedad son tan grandes que este conduce a la glorificación de su propia causa: "Desde los días de la Revolución Francesa, han sido sus sentimientos ilimitados los que volvieron a los revolucionarios tan curiosamente insensibles a la realidad en general y a la realidad de las personas en particular, a quienes no dudaron en sacrificar ante sus 'principios' o el curso de la historia, o ante la causa de la revolución como tal" (90). Lo ilimitado del sentimiento ético es tal que "todo debe estar permitido" para quienes actúan en la dirección revolucionaria: "La ilegalidad del 'todo está permitido' surgió, sin embargo, de los sentimientos del corazón cuya mismísima ilimitación favoreció el desencadenamiento de una corriente de violencia sin límites" (92).

La reducción de lo político a lo natural provoca la violencia de la virtud y le abre las puertas a la dominación de lo social. Dicho de otro modo, el sentimiento de piedad se identifica con los desafortunados, *les miserables*. Dado que *les miserables* se hallaban bajo el yugo de la necesidad, afirma Arendt, la necesidad ingresó al reino de lo político. La revolución se interesó por liberar al hombre de la desgracia y no por liberarlo de la tiranía, mediante la instauración de la justicia. Ese fue el origen de la violencia de Robespierre: "estuvo determinada por las exigencias de liberar al hombre no de la tiranía, sino de la necesidad, y fue impulsada por la inmensidad sin límites de la miseria del pueblo y de la lástima que esta miseria inspiraba". El terror y la violencia fueron producto de la reducción de lo político a la esfera de lo natural, lo que conduce a quebrantar la singularidad de la voz. Cuando estamos hambrientos clamamos a una sola voz; clamamos por pan (94). Políticamente, esto se traduce en problemas. La palabra "pueblo" pierde su pluralidad. Existe, por el contrario, la demanda de que la sociedad sea una sola y que solo hable con una única y desgraciada voz. Y. es esta demanda de unanimidad lo que caracteriza la violencia del sentimentalismo.

Así, para Arendt, el sentimiento de piedad o empatía supone una crueldad inherente. Se trata de un sentimiento y no de una pasión precisamente porque se lo goza en nombre de sí mismo. No está delimitado. No está atado a nada y, por lo tanto, no se rige por ninguna ley. El sentimiento de piedad, en definitiva, no tiene forma; la nación se convierte en un océano de espeso oleaje y de sentidos que imposibilitan la conformación de un espacio político: "fue en verdad el océano de la miseria y los sentimientos oceánicos que ésta despertó los que aunaron fuerzas para ahogar los fundamentos de la libertad" (94). La piedad o empatía, como principio político, no es neutral, razón por la que Ignatieff, acertadamente, lo denomina sentimiento limitado; se identifica con la desgracia y con aquellos que están sufriendo: "Por consiguiente, tiene tanto interés en la existencia de los desafortunados como la sed de poder en la existencia de los débiles" (89). Finalmente, reduce lo político a lo natural. La piedad o empatía, tal como sostienen Rousseau e Ignatieff, es una reacción instintiva ante el padecimiento de los demás. En ninguna parte es esto tan evidente como en el juicio a Eichmann, quien expresó su angustia ante el sufrimiento de los que estaban recluidos en los campos de concentración y relató más de una vez cómo buscó aliviarlo. Esta angustia, señala Arendt, revela que la lástima y la piedad son reacciones naturales e instintivas que afectan a los seres humanos cuando se encuentran ante la presencia del sufrimiento. Fue fácil para Eichmann trasladar estos instintos y dirigirlos hacia sí mismo: "Por esto, los asesinos, en vez de decir: '¡Qué horrible es lo que hago a los demás!', decían: '¡Qué horribles espectáculos tengo que contemplar en el cumplimiento de mi deber, cuán dura es mi misión!'" (*EJ*, 106).

Aunque Arendt rechaza el sentimiento natural como la base de los derechos humanos, argumenta a favor de una dimensión afectiva para el principio de *initium*. Insiste en que este principio está acompañado por el deseo de aparecer. Para Arendt, este deseo es un sentimiento propiamente político, ya que alienta nuestra primera aparición en la pluralidad.

Si bien Habermas no define los derechos humanos sobre una base afectiva, sus discusiones demuestran importancia para nuestro análisis. Este filósofo, al igual que Ignatieff, adopta la formulación moderna de los derechos humanos, pues sitúa la libertad negativa en el centro de estos derechos. La libertad negativa se origina en la agencia individual y posteriormente se generaliza como la voluntad soberana de un pueblo. En su análisis sobre este tipo de libertad, que impregna la "Declaración de los derechos del hombre y del ciudadano", Habermas se refiere con aprobación al Artículo 4: "La libertad política consiste en el poder de hacer todo aquello que no perjudique a otros. El ejercicio de los derechos naturales de cada hombre no tiene otros límites que los necesarios para asegurarle a los demás el libre ejercicio de los mismos derechos; y estos límites sólo pueden ser determinados por la ley".[83] El Artículo 4 define explícitamente los derechos humanos como aquellos

---

[83] Habermas, *Between Facts and Norms*, 82-83.

derechos que protegen al individuo de los abusos sobre su libertad, su vida y su propiedad. Dado que son inalienables, los derechos naturales no tienen otro límite que el resguardo de la libertad del resto de los individuos, límite que establece la ley. Habermas sostiene que "El concepto de derecho individual juega un rol central en la forma moderna de entender la ley. Se corresponde con el concepto de libertad o de libertad de acción individual: los derechos ('derechos subjetivos' en alemán) fijan los límites dentro de los que un sujeto tiene el derecho a ejercer libremente su voluntad. Es decir, definen las mismas libertades para todas las personas físicas o jurídicas, entendidas como sujetos de derechos".[84] Habermas entiende a los derechos como libertades individuales que necesitan ser complementadas con derechos "de un tipo diferente, derechos de la ciudadanía que ya no se orientan a la elección racional sino a la autonomía, en el sentido kantiano".[85] Los individuos deben "abandonar el rol del sujeto privado y asumir, junto a su rol de ciudadano, la perspectiva de miembros de una comunidad jurídica libremente asociada, en la que el acuerdo sobre los principios normativos que regulan la vida social o bien ya se ha consolidado por la tradición o bien puede efectuarse deliberativamente según los procedimientos normativamente reconocidos".[86]

Habermas se halla en un embrollo teórico. Por un lado, aprueba la visión moderna de los derechos humanos, situados en las voluntades de los individuos sujetos de derecho; por el otro, sostiene que la voluntad individual no puede ser comprendida teóricamente en términos de un sujeto moral: "Los rastros del normativismo iusnaturalista moderno se pierden así en un trilema: ni en la teleología de la historia ni en la constitución de la especie humana podemos encontrar el contenido de la razón práctica una vez que su fundamentación filosófica en el sujeto consciente ha sido quebrantada".[87] Habermas, en un cambio de postura, señala que no es el sujeto moderno sino la comunicación racional lo que legitima los derechos humanos. No obstante, no es capaz de renunciar por completo a una noción de derechos basada en la formación autónoma de la voluntad de un pueblo: "La cooriginalidad de la autonomía privada y pública se revela por primera vez cuando desciframos, en términos discursivo-teóricos, el principio de la autolegislación de acuerdo con el que los destinatarios de la ley son simultáneamente los autores de sus derechos. La esencia de los derechos humanos reside, pues, en las condiciones formales de la institucionalización jurídica de aquellos

---

[84] Ibíd., 82.

[85] Ibíd., 33.

[86] Ibíd., 32.

[87] Ibíd., 3.

procesos discursivos de formación de voluntad y opinión, en el que la soberanía del pueblo asume un carácter vinculante".[88] Habermas se pregunta: "¿Cuál es el fundamento de la legitimidad de aquellas normas que pueden ser modificadas en cualquier momento por el legislador?", y responde: "Esta pregunta se torna especialmente atinada en sociedades plurales donde las visiones totalizadoras del mundo y la ética colectiva se han desintegrado, sociedades en donde la moralidad de la conciencia post-tradicional que aún sobrevive ya no proporciona un substituto para la ley natural que alguna vez estuvo basada en la religión y en la metafísica".[89] La respuesta de Habermas es llamativa por su simplicidad: "La teoría del discurso responde a esta pregunta con una respuesta simple y a primera vista improbable: los procedimientos democráticos hacen posible que los temas y aportes, la información y la razón, floten libremente; garantiza un carácter discursivo para la formación de la voluntad política".[90] Para Habermas, el orden jurídico moderno extrae su legitimidad de la autodeterminación, que se constituye no "mediante un contrato social, sino sobre la base de un acuerdo alcanzado discursivamente".[91]

Habermas pretende encontrar los fundamentos de la normatividad jurídica y los derechos humanos, y lo hace en la formación de la voluntad del pueblo soberano: esta se transforma en la base del derecho, legítimo o ilegítimo. Desde una perspectiva arendtiana, Habermas no se aleja demasiado de Rousseau: la voluntad del pueblo constituye aun la voluntad unánime de una nación soberana. Si bien es cierto que Habermas distingue la soberanía popular (que integra a la nación sobre la base de la ascendencia, la tradición y un lenguaje común) de la soberanía estatal (donde la unidad de la nación se alcanza a través de la identidad política del ciudadano), anula esta distinción del mismo modo en que lo hace Rousseau (resulta revelador que al invocar la soberanía del Estado se refiera a la Revolución Francesa). El acuerdo discursivo continúa pensándose en términos de la soberanía de un pueblo que permanece homogéneo. Así, Habermas apela nuevamente a la racionalidad de un "pueblo" autodeterminado. La pesadilla del *Volk* no desaparece en absoluto.

En ninguna parte esto se torna más obvio que en los comentarios finales de *Entre hechos y normas*. Allí, Habermas sostiene que la "solidaridad" característica del acuerdo discursivo se logra "estabilizando las expectativas de comportamiento". Aunque esto podría interpretarse

---

[88] Ibíd., 104.

[89] Ibíd., 448.

[90] Ibíd.

[91] Ibíd., 449.

como un procedimiento regular en la creación de la ley, la discusión que mantiene Habermas en torno a lo foráneo y lo extraño revela que para él la "expectativa de comportamiento" se extiende más allá del legalismo procesal, alcanzando incluso al comportamiento de un "pueblo". Esto se vuelve evidente cuando afirma que "contrario a lo que el modelo de una división moral del trabajo regulada jurídicamente sugiere, los límites sociales de una comunidad política no poseen sólo un sentido funcional. En cambio, regulan la pertenencia de cada quien a una comunidad histórica que comparte su destino y a una forma de vida política que es constitutiva de la identidad del ciudadano".[92] Si bien pareciera que Habermas apunta nuevamente a una noción de soberanía estatal en la que la identidad del ciudadano es estrictamente *política* (es decir, *jurídica*), este no es el caso. Habermas sostiene que los forasteros, los extranjeros desplazados y los apátridas "al menos se han acercado a la condición de ciudadanos debido al sentido que los derechos humanos imprimen sobre estos derechos básicos; estos grupos gozan de la misma protección legal y poseen, según la letra de la ley, similares derechos y obligaciones".[93] Así, la formación de la voluntad política continúa pensándose según la homogeneidad de un pueblo. "La ciudadanía es una respuesta a la pregunta 'Quién soy' y 'Qué debería hacer', cuando se formula en la esfera pública. La pertenencia a una comunidad política estipula deberes particulares detrás de los cuales yace una identificación patriótica. Esta clase de lealtad va más allá de la validez de las obligaciones legales prescritas institucionalmente".[94] Al igual que Rousseau, Habermas reduce la soberanía del estado a la soberanía popular, es decir, a la soberanía de un pueblo que, aunque mantiene obligaciones especiales con los extranjeros e inmigrantes, estas no se extienden a la concesión de derechos. Los derechos, para Habermas, son los derechos de los ciudadanos, y los ciudadanos, a su vez, son habitantes de una nación cuyas expectativas de comportamiento, incluyendo la lealtad e identificación patriótica, constituyen la base de la pertenencia legítima. Si bien Habermas desea eludir este reduccionismo, desde la perspectiva de Arendt resulta inevitable. Basar la legitimidad de los derechos en la formación de la voluntad política, fundada a su vez en el modelo de la voluntad racional y autónoma del individuo, implica continuar reproduciendo la identificación moderna de los derechos humanos con la homogeneidad de un pueblo soberano. Nada cambia cuando la homogeneidad se obtiene mediante un acuerdo discursivo racional: el extraño, el extranjero y el inmigrante no son todavía miembros legítimos del discurso.

---

[92] Ibíd., 512.

[93] Ibíd., 456.

[94] Ibíd., 512.

Peg Birmingham

El principio de initium: *repensando la libertad, el poder y la acción*

En gran parte, Arendt formula el derecho a tener derechos a través de una crítica a la noción de soberanía y no mediante una crítica a la "ficción de la naturaleza humana". Afirma que la noción de soberanía, así como determinada idea acerca del sujeto, respaldan la concepción moderna de los derechos humanos. El análisis de Arendt sugiere que podría ser posible reformular esta concepción si se desarrollan una noción de poder y de derecho que no estén atadas a las ideas de soberanía y de ciudadanía nacional. Su oposición hacia el poder soberano se basa en su rechazo a la visión filosófica dominante de la libertad, que desde San Agustín en adelante ha emplazado la libertad en el centro de la voluntad subjetiva. Su perspectiva de la libertad, en contraste, es política, y no se ubica en el "voy a", sino en el "soy capaz de". Influenciada por Aristóteles, Arendt sostiene que la libertad siempre es la libertad de moverse y es, por definición, terrenal. Señala que la experiencia de la libertad terrenal es la condición para una noción de libertad subjetiva (noción que ella rechaza): "Por lo tanto, a pesar de la gran influencia que el concepto de una libertad interior, no política, ha ejercido sobre la tradición del pensamiento, parece prudente decir que el hombre no sabría nada acerca de la libertad interior si no hubiera experimentado primero la condición de ser libre como una realidad tangible y terrenal" (*BPF, 148*). La libertad, afirma, se "experimenta en el proceso de actuar y nada más". Esta capacidad de actuar y de moverse debe entenderse como la capacidad de comenzar: "La palabra griega *archein*, que abarca los significados de comenzar, de conducir y de gobernar, es decir, las cualidades excepcionales del hombre libre, dan testimonio de una experiencia en la que ser libre y comenzar algo nuevo coincidieron" (166). Tal como la concibe Arendt, la libertad no puede ser separada del poder, es decir, de la capacidad de comenzar. El "soy capaz de" debe comprenderse como la facultad de actuar en el espacio público, de moverse en un espacio de libertad junto a los demás.

Según Arendt, el poder tiene que ser siempre enunciado en plural. Para que exista el poder deben existir otros centros de poder: "El poder llega a existir sólo si los hombres se unen con el propósito de la acción, y desaparece cuando, por el motivo que fuera, se dispersan y se abandonan" (*OR*, 175). La dominación, en contraste, es la pérdida de poder que solo acontece donde existe un poder dominante central. La noción de soberanía puede denotar fuerza, pero no puede nunca denotar poder. El principio de federalismo, afirma Arendt, esclarece este punto. La Unión, tal como la entendieron Madison y Jefferson, no le quitó el poder a los estados, sino que fundó una nueva fuente de poder. Arendt sostiene que si los estados individuales no hubieran existido, la Unión hubiera tenido que constituirlos para tener el poder que tuvo. Esto sugiere que el poder es generado por el propio poder, y que para ser poderoso uno debe relacionarse con otros poderes. Aquí se observa el rechazo de Arendt hacia el modo en que Rousseau identifica la soberanía con el poder. Arendt señala, en cambio, que la acción demanda una pluralidad de actores. Además, el poder debe entenderse como el único "atributo humano que sólo corresponde al espacio terrenal intermedio por el cual los actores se relacionan mutuamente" (175).

El poder, por lo tanto, no solo expresa la capacidad de actuar, sino también el hecho de accionar en conjunto con los demás.[95] Arendt insiste en que "la estructura de poder en sí misma precede y sobrevive toda intención, de manera tal que el poder, lejos de ser un medio para un fin, es en realidad la condición que le permite a un grupo de personas pensar y actuar conforme a la categoría de medios y fines" (151). Esta es la razón por la que Arendt afirma que el terror, que implica la total atomización de lo político, es causado por la presencia de una violencia absoluta en un contexto donde el poder está ausente. El poder, que sólo está presente cuando las personas actúan en conjunto, ha desaparecido completamente. Montesquieu ya había observado este problema: el terror, en definitiva, es potente y autodestructivo porque teme todo tipo de organización, incluso aquella que emerge en su propio seno. Arendt sostiene que la diferencia entre el totalitarismo y la tiranía estriba en que el primero se rebela incluso contra el poder de los aliados (*OV*, 55).

¿Cómo podemos entonces pensar el poder? La forma en que lo concibe Arendt, descentralizado y no soberano, como sinónimo de libertad y de acción pública, permite reformular un principio legítimo de poder. Aquí debemos entender que la visión moderna del derecho es contractual precisamente porque se funda en el pensamiento de Hobbes. Además, la perspectiva contractual del derecho es inseparable del poder entendido como poder soberano. Arendt afirma, sin embargo, que el contrato no es el único fundamento del derecho. El derecho, de igual forma, puede fundarse en un pacto. Aquí Arendt apunta al Pacto del Mayflower, que se firmó antes de la Revolución y, sin embargo, no hacía referencia alguna a las figuras de un príncipe o un rey. El principio de un pacto, o convenio, es la pretensión de poder eximida de toda pretensión de soberanía: "ni la expansión ni la conquista, sino la máxima combinación de poderes" (*OR*,168). En el pacto, señala Arendt, el vínculo tiene el mismo sentido que los romanos le daban al concepto

---

[95] Hannah Arendt, *On Violence* (New York: Harcour, Brace & World, 1970), 44.

de alianza: "una alianza de este tipo concentra la fuerza aislada de los socios aliados y los enlaza en una nueva estructura de poder en virtud de 'sinceras y libres promesas'" (170). Esto difiere en gran medida de la noción de contrato, donde cada individuo resigna su "poder ante una autoridad superior y consiente ser gobernado a cambio de una protección razonable de su vida y de su propiedad" (169). La diferencia entre un pacto y un acto de consentimiento estriba en que el primero se basa en un incremento del poder cuando se reconoce a los demás bajo el principio de pluralidad, en tanto que el segundo se basa en el abandono de ese poder al reconocer un único soberano, inspirado en el principio de unanimidad.

Desde la perspectiva del pacto mutuo, el derecho no se concibe como soberano o dominante ni como mandato o norma impuesta. Arendt sugiere, siguiendo el punto de vista de Montesquieu, que el derecho debe entenderse como regulador de diferentes dominios de poder. De esta manera, hallamos un modo de pensar la multiplicidad del poder en relación con la norma. Para Montesquieu el derecho "jamás perdió por completo su 'significación espacial' original, a saber, 'la noción de una extensión o área en la que el poder constituido pueda ser legítimamente ejercido'" (186-187). Y, dado que las leyes, relativas por definición, no son otra cosa que las relaciones que custodian y preservan diferentes esferas de poder, Arendt sostiene que Montesquieu "no necesitó de una fuente absoluta de autoridad y fue capaz de describir el 'espíritu de las leyes' sin siquiera plantear el confuso dilema de su validez absoluta" (189).

No obstante, Arendt no renuncia al problema de los principios legítimos del poder, y es por eso que se desplaza de la reflexión acerca del poder a la formulación del principio de humanidad, que constituye la base para distinguir las formas legítimas e ilegítimas de poder. Arendt lo logra a través del análisis del evento de natalidad, y al recurrir al triple significado del *arche* griego, que, señala, reúne los significados de principio, comienzo e interés común. El poder y la acción se fundan en el principio de *initium*. Si el poder es sinónimo de libertad y acción y, lo que es más, si aquellos tres términos indican la aparición de un actor en medio de una pluralidad de actores, en un espacio libre, entonces el principio que origina el poder y el hecho político, y que le otorga a la acción su legitimidad, es el principio de lo público: "Debido a su inherente tendencia a exponer al agente en conjunto con el acto, la acción necesita para su total surgimiento el brillo esplendoroso que una vez llamamos gloria, y que sólo es posible en la esfera pública" (180). En la medida en que para Arendt acción y poder son sinónimos, podemos substituir, en el pasaje anterior, un término por otro. Su análisis sugiere que el poder legítimo es precisamente ese poder que

le permite al actor aparecer en el espacio público junto a otros actores. Este es el principio que debería inspirar el surgimiento del espacio político y todas aquellas actividades que se desarrollan en él: demanda que la división del poder sea tal que los actores puedan ser capaces de aparecer y de actuar. El principio de lo público requiere que toda ley civil positiva constituya y regule la división del poder de manera tal que todos los actores se empoderen.

Este principio permite asimismo establecer una noción de derechos que no se base en una concepción de los seres humanos como sujetos soberanos portadores de derechos inalienables. De este modo, Arendt rechaza la ficción de la naturaleza humana. Sin embargo, continúa reflexionando sobre el derecho inalienable del actor, que, para actuar, debe aparecer en un espacio público de libertad. El actor, aún privado del Estado o expulsado de su hogar, jamás puede ser despojado de este derecho fundamental a aparecer, porque el acto primero, es decir, el acto del mismísimo comienzo, el evento de natalidad, reúne en sí su origen y el principio que lo rige.

Cuando el evento de natalidad, que lleva dentro sí el principio de lo público, se reafirma como la ley de la humanidad, exige que el actor tenga el derecho a aparecer, o, como lo expresa Arendt, el derecho a tener derechos. Este derecho no se sustenta en una visión metafísica del ser humano en tanto poseedor de una naturaleza; en cambio, se fundamenta en el evento primordial de la existencia humana: el nacimiento. Nacer es aparecer en el mundo. Esta es la ley de la humanidad que Kant postuló en su ensayo *La paz perpetua* y que Arendt citó en sus escritos: "Los humanos tienen [el derecho a aparecer] en virtud de su posesión conjunta de la Tierra; dado que existen en un mundo, no pueden dispersarse infinitamente y, por lo tanto, deben tolerar la presencia de los demás. El derecho común a vivir en la Tierra (...) le pertenece a los seres humanos en general" (*KPP*, 75). Así, el derecho a tener derechos se inspira en un nuevo principio de humanidad, el principio de lo público, que exige, en virtud del evento de natalidad, que todos los actores tengan el derecho a residir temporariamente sobre la faz de la tierra.

El principio de pluralidad es inseparable del principio de lo público, y quizás incluso resulte tautológico señalarlo. Sin embargo, esclarece la concepción arendtiana de lo público y objeta el comentario de Castoriadis "Stalin apareció". Desde el punto de vista de Arendt, Stalin no apareció. Para Arendt, la "aparición" incluye inherentemente la condición de pluralidad. Como sostiene en *La condición humana*, la aparición significa ser visto y ser escuchado por los demás (*HC*, 50). La condición fundamental para ser humano, afirma Arendt, estriba en que "los hombres, y no el hombre, habitan el mundo" (7). Dicho de otro modo, "la pluralidad es la ley de la tierra". Ser y aparecer son acciones contiguas; y, a su vez, para aparecer se necesita un espectador: "Nada ni nadie existe en este mundo cuyo mismísimo ser no sea un *espectador*. En otras palabras, nada que es, en la medida en que aparece, existe en soledad; todo lo que es está destinado a ser percibido por alguien" (*LMT*, 19, énfasis en el original). Para Arendt, el "mundo" sólo se constituye mediante una pluralidad de perspectivas. Dado que el evento fundamental, el comienzo, lleva su principio rector dentro de sí (el evento de natalidad), el evento de aparición también encierra el principio de pluralidad (y de lo público, que es inherente a él). Violar este principio es un "crimen contra la humanidad". Por esta razón, hacia el final de su libro sobre el juicio de Eichmann, Arendt sostiene que el genocidio es un crimen de estas características.

> Fue cuando el régimen nazi declaró que el pueblo alemán no sólo no estaba dispuesto a permitir ningún judío en Alemania sino que también deseaba hacerlos desaparecer a todos de la faz de la tierra, que un nuevo crimen, un crimen contra la humanidad (en el sentido de un crimen contra el status humano o en contra de la naturaleza de la humanidad), apareció. Expulsión y genocidio, aunque ambos delitos internacionales, deben ser entendidos como cosas diferentes; el primero es un crimen contra los ciudadanos de una nación en tanto que el segundo es un ataque a la diversidad humana como tal, es decir, contra una característica de la condición humana sin la cual la palabra "humanidad" carecería de sentido. (*EJ*, 268-269)

Este pasaje deja en claro que el principio de humanidad, que Arendt anunció en el verano de 1951, incluye el principio de pluralidad y lo que este encierra: el principio de lo público. Aquí se puede observar que Arendt, a pesar de la crítica de Benhabib, sí ha proporcionado una fundamentación filosófica para la noción de crímenes de lesa humanidad. El intento de exterminar físicamente al pueblo judío fue una tentativa de erradicar la pluralidad inherente al principio de humanidad, fue un genocidio, un crimen contra el género humano. Esta es la razón por la que Arendt señala que Eichmann, siendo culpable de este crimen, ya no era apto para vivir entre los seres humanos.

Además, para Arendt, la "aparición" incluye las nociones de discurso y acción. Dar refugio no es suficiente. El principio de pluralidad demanda que exista un espacio público donde uno pueda ser verdaderamente visto y escuchado. De lo contrario, sostiene Arendt, nos convertimos en tontos o necios, en alguien que habla o actúa sin sentido, lo que representa otro tipo de invisibilidad. Asimismo, uno debe ser capaz de iniciar la acción junto a los demás. Se trata de nuestra "libertad de comenzar algo nuevo e inesperado" (*BPF*, 151). Para Arendt, el discurso y la acción, así como la capacidad de comenzar algo nuevo, solo son posibles en un espacio político. De esta manera, el derecho a tener derechos, que se establece por medio del principio de *initium*, en tanto principio de publicidad y pluralidad, es el derecho a existir en un espacio político. Estos principios, quisiera añadir, sustentan los derechos de libertad de expresión y de libre asociación. En este contexto, la referencia de Arendt a Pericles toma relevancia: "Donde sea que vayas, serás una *polis*" (*HC*, 198). Entendido a la luz del derecho a tener derechos, esto significa que, a cualquier parte donde se vaya, uno tiene el derecho a pertenecer al espacio político, donde el discurso, la acción y la capacidad de iniciar al nuevo son posibles. Esto se debe a que cada ser humano es en sí mismo un acto de aparición que sólo puede tener lugar en un espacio público: "Estar privado de eso significa estar privado de la realidad, que, humana y políticamente hablando, es lo mismo que la aparición" (199).

Significativamente, para Arendt, el derecho a tener derechos es mucho más que simplemente un derecho jurídico: es un derecho político fundamental; es el derecho a existir en un espacio político. La distinción de Arendt en *La condición humana* entre la ley como el muro que rodea el espacio político y el propio espacio político resulta útil en este aspecto. El espacio público es un espacio de discurso y de acción, mientras la ley es lo que regula tal acción. El derecho a tener derechos tiene tanto que ver con la representación política y la posibilidad de la acción como con la igualdad formal ante la ley. El error que cometió el pueblo judío durante los siglos dieciocho y diecinueve, sostiene Arendt, fue poner demasiada fe en los derechos jurídicos (la igualdad ante la ley) y olvidarse por completo de aquellos derechos que, efectivamente, le hubieran concedido una entrada al espacio público a través de la representación política. Esta falta de preocupación política, consecuencia directa de la ausencia de derechos políticos, tuvo consecuencias desastrosas.

Al formular un nuevo principio de humanidad, Arendt es capaz de distinguir entre las formas legítimas e ilegítimas de poder y de acción política, sin necesidad de invocar lo ético. El poder, que es sinónimo de actuar políticamente con otros, debe inspirarse en el imperativo categórico de lo político: el principio de pluralidad nos concede una nueva ley para la humanidad, exigiendo que cada actor, en virtud de la natalidad, tenga el derecho de aparecer, de actuar y de existir en un espacio político.

La concepción de Arendt sobre el derecho a pertenecer al espacio público se acerca a la visión de Amartya Sen de los derechos como competencias que son más bien características que poseen las personas y no los bienes. Sen sostiene que los derechos humanos expresan libertades positivas, es decir, lo que una persona puede y debería ser capaz de hacer. La libertad de una persona debe entenderse en términos de una funcionalidad: "la competencia para desempeñarse refleja lo que una persona *puede* hacer".[96] De esta manera, afirma, "la preocupación por las libertades positivas conduce directamente a valorar las competencias de las personas y a valorar instrumentalmente las cosas que perfeccionan estas competencias. La noción de competencia se relaciona estrechamente con la funcionalidad de la persona. Así, esto debe contrastarse con la posesión de bienes, con las características de los bienes que se poseen y con las utilidades generadas".[97]

La noción de libertad de Arendt es muy similar. Basándose en la concepción de Montesquieu sobre la constitución de la libertad política, Arendt afirma que "para él, la palabra 'constitución', en este contexto, ha perdido todas las connotaciones de ser un obstáculo, una limitación y una negación del poder; por el contrario, la palabra indica que el 'gran templo de la libertad federal' debe basarse en la correcta distribución del poder" (*OR*, 150). Sostiene, además, que Montesquieu afirmó que "el poder y la libertad van de la mano, que, conceptualmente hablando, la libertad política no reside en el 'voy a' sino en el 'soy capaz de', y que, por lo tanto, la esfera de lo político debe interpretarse y constituirse de manera tal que ambos se combinen" (150). Aquí Arendt reformula la relación hobbesiana entre derechos y poder. En lugar de concebirlos como términos opuestos, donde el primero es casi siempre reducido al segundo, Arendt defiende una noción de derechos intrínseca al poder político, este último entendido como la pertenencia a un espacio público que garantiza no solo los derechos jurídicos, sino también la representación política, de modo tal que la acción y el discurso sean posibles.[98] Para Arendt, la libertad, en tanto "soy capaz de", es positiva y demanda un espacio público de acción. Al distinguir la libertad individual de la libertad, señala que "todas estas libertades individuales, a las cuales podríamos agregar nuestros propios reclamos por redimirnos de la miseria y el miedo, son, por supuesto, esencialmente negativas;

---

[96] Amartya Sen, *Resources, Values, and Development* (Cambridge: Harvard University Press, 1984), 317.

[97] Ibíd., 324.

[98] En su respuesta al ensayo de Ignatieff, Thomas Laqueur parece continuar esta oposición entre derecho y poder, al sostener que la "guerra fratricida en Sri Lanka no está modificando las perspectivas sobre los derechos humanos sino un abismo entre sus respectivas miradas del estado; y lo que se necesita para el cese de las atrocidades es probablemente la adopción general no de una teoría de los derechos, sino de una perspectiva común sobre el poder y su ejercicio". Citado en: Ignatieff, *Human Rights as Politics and Ideology*, 137. Arendt sostiene que los derechos políticos y el ejercicio político del poder son dos cosas inseparables.

son el resultado de la liberación, pero de ninguna manera constituyen el contenido verdadero de la libertad, que, como veremos luego, es la participación en los asuntos públicos, o la admisión a la esfera pública" (32). Así, la liberación es la condición para la libertad; pero, algo más es necesario para su ejercicio: el espacio público. Refiriéndose a los revolucionarios del siglo dieciocho, Arendt sostiene que "los actos y los hechos que la liberación les exigía, los implicaron en el asunto público, donde, intencionalmente o, con frecuencia, inesperadamente, comenzaron a constituir ese espacio de aparición donde la libertad puede desplegar sus encantos y volverse una realidad visible, tangible" (33).

El derecho a tener derechos, como libertad positiva original, es inseparable de la obligación de la responsabilidad común necesaria para promulgarlo. Para utilizar el ejemplo de Sen, no solo estamos obligados a decirle "sí" a quien le han robado (cuya libertad negativa ha sido violada); también debemos decirle "sí" a los que han sufrido alguna pérdida como consecuencia de una inundación, una sequía o el desplazamiento político (aun cuando ninguna de sus libertades negativas han sido violadas).[99] La responsabilidad por los demás descansa en el corazón de la libertad

Existe, sin embargo, una diferencia importante entre Arendt y Sen acerca de las libertades positivas. Para Sen, siempre están incorporadas. Si bien acuerda con Arendt en que la libertad debe ser entendida como "soy capaz de", resalta las consecuencias de esta perspectiva. "Dependiendo de nuestro tamaño corporal, de nuestro metabolismo o de las condiciones sociales, etc., la traducción de los recursos en la capacidad de hacer cosas varía sustancialmente de persona en persona y de comunidad en comunidad, e ignorar eso significa perderse una importante dimensión general de los problemas morales".[100]

La noción de Henry Shue de "derechos básicos" también se agrega al recuento de libertades positivas. Shue pone como ejemplo el "derecho a la libre asociación", señalando que no es suficiente con tener el derecho; uno debe ser capaz de ejercerlo. Para esto, a su vez, es necesario el derecho a la satisfacción de necesidades vitales tales como alimento, vivienda, salud y educación. Solo una vez realizados estos derechos básicos somos capaces de ejercer las libertades civiles y políticas. Los derechos básicos, al representar nuestras necesidades vitales, "especifican el límite por debajo del cual nadie debe tener la oportunidad de hundirse". Constituyen "un escudo para los indefensos contra algunas de las más frecuentes y devastadoras amenazas de la vida, lo que incluye (...) la pérdida de la seguridad y la imposibilidad

---

[99] Sen, *Resources, Values, and Development*, 314-317.
[100] Ibíd., 323.

de subsistir".[101] Es llamativo que Arendt ignore esta dimensión de la libertad. Si bien es cierto que escribe larga y elocuentemente sobre la libertad y la libertad de moverse, parece olvidarse por completo que el movimiento es siempre un movimiento corporizado. Es este olvido lo que la lleva a realizar una distinción demasiado estricta entre lo político y lo social.

Los Derechos Humanos y el uso público de la razón

En su ensayo "Verdad y política", Arendt sostiene:

> El pensamiento político es representativo; me formo una opinión tras considerar determinado tema desde diversos puntos de vista, recordando los criterios de los que están ausentes; es decir, los represento. Este proceso de representación no implica adoptar ciegamente los puntos de vista reales de los que sustentan otros criterios y que, por lo tanto, miran el mundo desde una perspectiva diferente; no se trata de empatía, como si yo intentara ser o sentir como alguna otra persona, ni de contar cabezas y unirse a la mayoría, sino de ser y pensar dentro de mi propia identidad tal como en verdad no soy. (BPF, 241)

La representación es la actividad de hacer presentes los puntos de vista ausentes; es el trabajo de la imaginación política y requiere de la mentalidad amplia del *sensus communis* kantiano. En la sección final de este capítulo, deseo explorar cómo la temporalidad del presente característica del evento de natalidad actúa sobre la mentalidad amplia y cómo esto nos permite comprender la concepción de Arendt de la representación de la nación o, más precisamente, de la representación del "nosotros". Si se piensa la actividad de hacer presentes los puntos de vista ausentes mediante la temporalidad de la natalidad, resulta imposible imaginar a Arendt formulando una noción de espacio público consensual y colusivo sobre la base de un punto de vista compartido por la comunidad o sus tradiciones, o de cualquier otra cosa similar al interés generalizado de la razón, característico del espacio público habermasiano. La acción de hacer presentes los puntos de vista ausentes impugna el "nosotros" nacional o soberano como constitutivo del espacio público. Arendt insiste en que el espacio público debe entenderse como "igualdad en la más absoluta diversidad" y sostiene que

---

[101] Henry Shue, *Basic Rights: Subsistence, Affluence and U.S. Foreign Policy* (Princeton N.J.: Princeton University Press, 1996), 18.

solo de esta manera "puede la realidad terrenal aparecer verdadera y factiblemente" (*HC*, 57).

La mentalidad amplia, para Arendt, no es empática, no incluye las perspectivas ajenas. No da lugar a la ficción de que uno es capaz de asimilar el punto de vista del otro o de sentirse como en casa en cualquier parte. Al mismo tiempo, al enfatizar las perspectivas posibles de los demás, Arendt propone una noción de espacio político "potencialmente público, abierto a todos" (*KPP*, 43). De este modo, evita conceptualizar un modelo comunitario en el que la acción se reduciría a una voluntad general unánime arraigada en la historia, en la identidad y en las creencias compartidas. La mentalidad amplia adopta el "punto de vista general", que, sostiene Arendt, "no constituye la generalidad del concepto; está, por el contrario, estrechamente conectado con las condiciones particulares de las perspectivas que uno tiene que atravesar para alcanzar el propio 'punto de vista general'" (43-44). Además, Arendt advierte que el punto de vista general no es equivalente a la visión común adoptada por todos en el *sensus communis*, como si se tratase de la voluntad general rousseauniana.

En efecto, en lo que a este aspecto se refiere, la distancia de Arendt con respecto a Rousseau no podría ser mayor. Para Rousseau, la voluntad general está despojada de todo interés particular; es una sola, indivisible y unificada. Para Arendt, el punto de vista general está conformado por una pluralidad de perspectivas que, en conjunto, conforman un mundo común. Cuantos más puntos de vista, más rico y diverso será el mundo:

> Cuantos más pueblos que se relacionen particularmente entre sí existan en el mundo, más mundo habrá para crear entre ellos, y más grande y rico será ese mundo. Cuantos más puntos de vista coexistan en una nación determinada desde la cual ver el mundo que nos cobija y que se presenta por igual a todos, más significativa y abierta será esa nación (...) (*PP*, 176).

Para Arendt, la voluntad general unánime rousseauniana representa el fin del mundo: "Si en una nación se llegara al punto en donde todos vieran y entendieran todo desde la misma perspectiva, conviviendo en completa unanimidad el uno con el otro, el mundo llegaría a su fin en el sentido histórico-político" (ibíd.). Si Rousseau es el pensador ejemplar del estado-nación moderno, las semillas del declive de este último han de hallarse en la noción de voluntad general. La distancia que toma Arendt de esta noción resulta aún más significativa cuando recordamos que para ella el totalitarismo se caracteriza por la máxima "todo es posible", que tiene lugar solo cuando la motivación utilitaria y el egoísmo (representados por el "todo está permitido") ya no dominan la esfera política. Lejos de menospreciar estos dos aspectos en la conformación de un mundo político en común, las reflexiones de Arendt sobre el totalitarismo sugieren que el terror político comienza cuando este interés es abandonado. Esta es la razón por la que, señala Arendt, los marxistas alemanes que se identificaron con el interés de clase fueron una de las expresiones más fuertes de la resistencia contra la ideología nazi.

Aquí debe recodarse que Arendt comienza a cuestionar la concepción moderna de los derechos humanos sobre la base del estatus legal discriminatorio que les fue asignado a los migrantes y refugiados, que, por hallarse fuera de las fronteras de la nación, se encontraban por fuera del alcance de la ley. La crítica de Arendt consiste en que la noción moderna de derechos no comprende ni se adapta a las minorías y a los refugiados que han sido expulsados de los límites de la nación. Con esto en mente, podemos considerar la importancia de su insistencia en que el derecho a tener derechos incluye los tres derechos fundamentales postulados por Kant en *La paz perpetua*: el derecho a visitar tierras extranjeras, el derecho a la hospitalidad y el derecho a una residencia transitoria. Estos derechos fundamentales, que enfatizan en la legalidad del estatus de los refugiados y los migrantes, son pensados sobre la base de una imaginación política que no requiere que el individuo pertenezca a una voluntad nacional ni sus reivindicaciones a la continuación de un pasado auténtico.

La fuerza del pasado, indica Arendt en sus interpretaciones de Kafka, Benjamin y Heidegger, es una anterioridad que continuamente introduce lo extraño en el presente. Pensar la representación política y la mentalidad amplia a través de la temporalidad de la natalidad produce un quiebre temporal en el proceso de representación que tiene como consecuencia una crisis en la significación del espacio público. Así, este se vuelve un espacio disputado, donde el "pueblo de la nación" debe entenderse en términos de lo que Homi Bhaba llama "doble temporalidad": por un lado, a través del *inter-esse* constituido en y por medio de la trama de historias sedimentadas y relatos basados en la tradición ("temporalidad pedagógica"); y, por el otro, a través de la pluralidad de actores sumidos en la actividad de resignificación, desafiando la presencia original del pueblo de una nación ("temporalidad performativa").[102] Bhaba no advierte cuán cercano es su pensamiento a la noción de Arendt de espacio público como un espacio de doble temporalidad. Por el contrario, interpreta la categoría de mímesis en Arendt como una mera repetición de la tradición. Refiriéndose explícitamente al espacio público

---

[102] Bhaba, *The Location of Culture*, 190-192.

arendtiano se pregunta "¿Qué es lo temporal en el modo de existencia de lo político? Arendt recurre a una forma de repetición para resolver la ambivalencia de su argumento. La 'reificación' del agente sólo puede ocurrir, escribe, por medio de un 'tipo de repetición', la mímesis, que, según Aristóteles, prevalece en todas las artes pero le corresponde en realidad al teatro".[103] Así, Bhaba sostiene que Arendt no solo concibe la mímesis como mera repetición sino que basa esta perspectiva en una noción de espacio público en términos de una comunidad construida por medio de la solidaridad consensual. Sin embargo, Arendt piensa la mímesis a partir de su propio modo de entender la temporalidad de la natalidad, lo que significa que, desde su perspectiva, la mímesis nunca es una simple repetición puesto que da lugar a la inauguración de lo nuevo. Además, Arendt rechaza explícitamente la noción de espacio público como comunidad. Para ella, la solidaridad que caracteriza al espacio público se constituye en virtud de la uniformidad de la diversidad absoluta: el disenso y el desacuerdo son inherentes a él. Cuando Arendt afirma que el espacio público se constituye por medio de una unión "donde las personas conviven unas con las otras, ni a favor ni en contra", se refiere a la violencia de la guerra, en la que cada quien es enemigo de un otro. Este tipo de violencia destruye el espacio público. Además, Arendt desestima cualquier tipo de acuerdo consensual, pues rechaza la idea de un espacio público en el que seamos "el uno para el otro". Al igual que Bhaba, su pensamiento político se inspira en una preocupación por las minorías, los refugiados y los marginados políticos. La imaginación política de Arendt desafía la imaginación de las culturas nacionales y sus pretensiones de continuar un pasado auténtico. La temporalidad de la natalidad hace que el espacio público se abra hacia el futuro "desde todos sus lados".

En contraste con Habermas, que enfrenta la tarea de reemplazar la razón privada de los individuos portadores de derechos por la razón pública de los ciudadanos legítimos, la negativa de Arendt a adoptar la noción de los derechos privados constituye al mismo tiempo una negativa a adoptar la noción de la razón privada; dado que, para ella, la razón siempre es pública. Aquí deseo retomar dos preguntas formuladas por Arendt en el primer volumen de *La vida del espíritu*: "¿Qué nos hace pensar?" y "¿Dónde estamos cuando pensamos?". Las respuestas a estos interrogantes están dispersas en varios de sus escritos. No obstante, en ninguna parte se desarrollan tan claramente como en su ensayo "La preocupación por la política en el reciente pensamiento filosófico europeo".[104] Arendt simpatiza con la suposición griega de que es el

---

¹⁰³ Ibíd., 190.

¹⁰⁴ Arandt, *Essays in Understanding*, 428-447.

asombro lo que origina el pensamiento: el verdadero asombro ante lo que es, tal como es, es la condición para el pensamiento. Arendt asegura que la naturaleza de ese asombro ha cambiado dramáticamente en el siglo veinte. En lugar del asombro ante la belleza y el orden del mundo que caracterizó a los griegos de la antigüedad, hoy la condición para el verdadero asombro ante lo que es, tal como es, es el horror de los sucesos políticos contemporáneos.

Las diferencias entre estas dos formas de experimentar el asombro tienen consecuencias significativas en la comprensión del estatus del pensamiento en la actualidad. El *thaumazein* griego era el asombro ante el *kalon*, la belleza de la aparición. Este asombro se extendió a la esfera de lo público. En efecto, la preocupación griega por la virtud, el *kalon k'agathon*, consistía en la pregunta por la aparición pública del actor: "cómo apareció mientras estaba apareciendo" (*LMT*, 131). La inquietud ante la grandeza o la belleza de la aparición se hallaba en la base del deseo de inmortalidad, "la preciosa recompensa por grandes obras y grandes palabras" (131). El asombro ante el *kalon*, ante aquello que es simplemente lo que es, llevaba consigo la temporalidad de la permanencia, de la inmortalidad. De esta manera, antes del surgimiento de la filosofía, la experiencia griega del asombro se orientó hacia el rol del bardo, "quien ayudó a los hombres en pos de la inmortalidad", porque "la historia de las cosas que se hicieron sobrevive al acto" y porque "un pensamiento dicho, si ha sido dicho bien, recorre la inmortalidad" (132).

El asombro ante el horror de los acontecimientos políticos contemporáneos es el asombro en el rostro de la oscuridad. Citando a Heidegger y acordando plenamente con él, Arendt afirma que hoy "la luz de lo público todo lo oscurece".[105] Si el asombro es la condición para el pensamiento y se dibuja en el rostro de la oscuridad, entonces la condición para pensar hoy es una oscuridad esencial, se trata de un pensamiento fundado en las tinieblas de la esfera pública. Lo que hoy nos hace pensar, señala Arendt, es la pérdida de la luz que iluminaba el espacio público. Sería un error pensar que Arendt argumenta a favor de una recuperación de la noción griega de inmortalidad, por un espacio político que haría posible los grandes actos y las grandes palabras. Esta grandeza, el *kalon k'agathon*, se ha vuelto imposible, en virtud de la pérdida de la luz del espacio público. Por consiguiente, la temporalidad del espacio político ya no es la temporalidad de la inmortalidad, puesto que esta solo es posible dentro de una tradición que persiste. El asombro mudo ante el horror verdadero implica la pérdida de esta tradición: el pasado es una pila de escombros que nos

---

[105] Arendt, *Men in Dark Times*, ix.

rodea. Por lo tanto, lo que nos hace pensar no solo es el asombro ante el horror sino también la pérdida de la continuidad, la pérdida de una tradición duradera.

Para responder la segunda pregunta, Arendt se inspira en Husserl, Heidegger, y, posteriormente, en Benjamin y Kafka: "Lo que queda es aún el pasado, pero un pasado *fragmentado*, que ha perdido su certeza (...) Es con estos fragmentos del pasado, con su cambio radical, con lo que he lidiado" (212). La interpretación de Arendt de la parábola de Kafka especifica el lugar que ocupa quien piensa en relación con este pasado fragmentado. El pensador, "Él", camina por los fragmentos, por la brecha entre el pasado y el futuro. Arendt define esta brecha como lo "inesperado"; el tiempo de la crisis. Para ella, esta noción pone en cuestionamiento la forma de la historia que reintroduce y asume una perspectiva suprahistórica. Pensar lo inesperado significa pensar el *krinein*: la historia crítica tal como la entendió Nietzsche en el segundo volumen de sus *Consideraciones intempestivas*. Siguiendo a Heidegger y anticipándose a la deconstrucción y al pensamiento posmoderno en general, Arendt entiende el *krinein* como la perspectiva que distingue, separa y dispersa. Así, "Él", que se mueve a través de la crisis, a lo largo de la brecha entre el pasado y el futuro, se consagra a la actividad del *krinein*: el juicio. Aquí se puede intuir a qué se refiere Arendt cuando indica que "el pensamiento está siempre fuera de orden". Está siempre fuera de orden cuando se lo compara con el curso ordinario de los acontecimientos. Este "fuera de orden" no significa que el pensamiento reclama un objeto trascendental. De hecho, el pensamiento se encuentra inherentemente ligado al mundo terrenal de las apariciones. Esto nos permite comprender por qué para Arendt la banalidad del mal está ligada a la irreflexión, al no pensamiento. Si el pensamiento tiene algo que ver con una crisis del entendimiento, con un estar "fuera de orden" con respecto al curso ordinario de los acontecimientos, entonces nos encontramos ante la situación en la que la irreflexión es precisamente la ausencia de juicio, es decir, la aceptación del curso de los acontecimientos en el que uno está inmerso. Arendt advirtió, ciertamente, que este era el caso de Eichmann.

En sus escritos sobre la *Crítica del juicio* de Kant, Arendt comparte con él su interés por una manera de pensar "para la cual no bastaría estar de acuerdo con uno mismo, sino que consistiría en ser capaz de pensar desde el lugar de los demás"; una manera de pensar que Kant llamó "mentalidad amplia" (*eine erweiterte Denkungsart*) (*BPF*, 230). Arendt señala que la filosofía teórica entera de Kant depende de la interacción entre el entendimiento y la sensibilidad. Aunque el pensador no pueda abandonar la caverna, debe convivir con los demás seres humanos; si bien es él quien esclarece la experiencia, no puede renunciar a ella completamente. Los seres humanos comunes y corrientes pueden explicar y evaluar sus experiencias, y esto establece las condiciones para la igualdad. Para Kant, la razón es una "necesidad humana general" que trasciende la distinción entre minorías y mayorías.

Para Arendt, el pensamiento es intrínsecamente anti-autoritario; resiste la prueba de la comunicación libre y abierta, lo que significa que cuantas más personas participen en ella, mejor. Cuando Kant dice "el uso público de la razón propia" se refiere precisamente a esto: el pensamiento necesita de la compañía de los demás. Arendt señala que esto es también lo que Kant define como libertad política: "El poder externo que priva al hombre de la libertad de comunicar su pensamiento públicamente, lo priva al mismo tiempo de su libertad para pensar" (234). Esto no significa que no se piensa cuando se está solo, sino simplemente que los pensamientos deben poder ser comunicados oralmente o por escrito. Y, parafraseando a la heroína de *La compañía*, de Beckett, "¡Qué ayuda para la compañía sería el pensamiento!". El pensamiento sólo puede llevarse a cabo si está acompañado por la libertad de comunicarse para intercambiar opiniones públicamente, lo que posibilita que cada quien amplíe su mente al incorporar ideas ajenas. Arendt sostiene que el pensamiento no solo depende del uso público de la razón propia, sino que al mismo tiempo "repercute en la vida pública cuestionando a las autoridades y lo aceptado"(KPP, 38). Pensar es juzgar en una *pluralidad* constitutiva del espacio público: "[El pensamiento] necesita la presencia del otro 'en cuyo lugar' se debe pensar, cuyas perspectivas deben tenerse en cuenta y sin el cual jamás tendría la oportunidad de realizarse en absoluto" (*BPP*, 220-221). Una vez más, Arendt se refiere al punto de vista general de la "mentalidad amplia" kantiana. El "lugar" del otro, de los demás, es precisamente el espacio público.

Al discutir la noción de *Selbtsdenken,* de Gotthold Lessing, Arendt deja una nueva pista que esclarece su perspectiva sobre el pensamiento como una actividad terrenal. *Selbtsdenken* es el pensamiento independiente; sin embargo, no refiere a un individuo aislado que mira el mundo a su alrededor con el fin de alcanzar la armonía mediante la deriva del pensamiento. El pensamiento, afirma Arendt, no surge desde el individuo ni es la manifestación de un ego. Esto, no obstante, es otra manera de entender el movimiento deflector del "Él" kafkiano entre el pasado y el futuro: "El individuo (quien, diría Lessing, fue creado para la acción y no el raciocinio) elige tal pensamiento porque descubre en él otra forma de moverse en el mundo de la libertad" (*MDT*, 9). Arendt reflexiona sobre la proximidad entre el pensamiento y la acción. Al igual que la acción, el pensamiento no se ajusta a una relación entre medios y fines, no tiene nada que ver con conclusiones o resultados: está atrapado en los comienzos. Arendt lo aparta de las categorías prescriptivas o de los valores de juicio; advierte que el pensamiento (el juicio) vela por los acontecimientos y que "lo que el acontecimiento esclarecedor revela es un comienzo en el pasado que hasta entonces había estado oculto". Así, no hay necesidad de preguntarse cómo llegamos de la razón privada a la pública, ni de retorcerse las manos pretendiendo definir las normas morales que sustentan las leyes de nuestro espacio público. Para Arendt, aunque el Holocausto haya aniquilado nuestras categorías tradicionales de pensamiento y los valores del juicio se hayan reducido a una pila de escombros, es necesario evitar la desesperación:

> Aunque hemos perdido los criterios con los que evaluar y las reglas bajo las cuales subordinar lo particular, un ser cuya esencia es el comienzo podría contener suficiente origen en sí mismo como para entender sin necesidad de categorías preconcebidas y juzgar sin el conjunto de normas establecidas que conforma la moralidad. Si la esencia de toda acción, en particular de la acción política, es crear un nuevo comienzo, entonces el entendimiento se convierte en la otra cara de la acción, es decir, la clase de cognición, diferente de cualquier otra, por la cual los hombres que actúan (...) pueden asumir lo que sucedió irrevocablemente y reconciliarse con lo que inevitablemente existe. (*EU*, 321-322)

Nuestro comienzo contiene en sí el principio de humanidad que Arendt reformula como un principio de pluralidad o publicidad, siempre en el contexto del *initium* y la natalidad. Este principio de humanidad nos proporciona la "norma" necesaria para guiar toda acción y todo pensamiento. El pensamiento es animado por el principio de lo público más que por una razón privada que debe ser generalizada (lo que causa la perplejidad de Habermas ante la pregunta de cómo obtenemos los derechos del ciudadano a partir de los derechos privados del individuo). Arendt sostiene que los derechos siempre fueron públicos, pues pertenecen a individuos *inherentemente* públicos que conviven en una pluralidad con sus semejantes, en una trama de relaciones de la que no pueden escapar. Como veremos en el capítulo siguiente, esto no significa tildar a Arendt de comunitarista, pues existe también, en el derecho a tener derechos, un principio de unicidad y singularidad.

Capítulo 3: El principio de lo dado: la aparición, la singularidad y el derecho a tener derechos

> Cada hombre, siendo creado en singular, es, por virtud de su nacimiento, un nuevo comienzo; si San Agustín hubiera previsto las consecuencias de estas especulaciones, habría definido a los hombres no como los griegos, como mortales, sino como "natales".
>
> Hannah Arendt,
> *La vida del espíritu, vol. 2, La Voluntad.*

> Sin un escenario, el hombre no puede vivir. El mundo, la sociedad, está simplemente demasiado bien preparada como para proporcionar otro si una persona se atreve a perder el natural, otorgado en su nacimiento, en el altillo.
>
> Hannah Arendt,
> *Rahel Varnhagen, vida de una mujer judía*

Para Arendt, nuestra capacidad de comenzar es la última promesa que queda ante los horrorosos acontecimientos del siglo XX. La noción agustiniana de comienzo, o de natalidad, se encuentra presente en toda su obra posterior a *Los orígenes del totalitarismo*, anunciando sus conceptos claves de acción, libertad y poder. Estas tres nociones poseen en común la base ontológica del evento de natalidad: nuestra libertad y nuestra capacidad de actuar son el resultado de nuestro nacimiento, el *initium*.

Extrañamente, las distinciones políticas que Arendt extrae de la concepción de san Agustín del evento de natalidad parecen evitar todo aquello que, por lo general, está asociado a él, principalmente aquello que refiere a la corporización. Arendt parece utilizar la visión de san Agustín del ser humano como principiante como una base para distinguir lo público de lo privado, la libertad de la necesidad y la acción del trabajo. Todas estas distinciones hallan su fundamento en la distinción previa que Arendt formula entre *zoe* (vida) y *bios politikos* (vida política). Su afirmación de que cada ser humano posee la misma capacidad de comenzar algo nuevo en virtud de su nacimiento constituye el principio conforme el cual Arendt separa la esfera de la igualdad que caracteriza al *bios politikos* del *zoe*, donde las diferencias corporizadas necesariamente reinan. Esta observación es bien conocida y ha sido mencionada por muchos de los lectores de Arendt.

Aquí, sin embargo, quiero dirigir la atención a una interpretación previa de la concepción de san Agustín de natalidad formulada en *Los origines del totalitarismo*, una interpretación que Arendt nunca desarrolla por completo pero que apunta a otra dimensión de este evento. Esta otra dimensión se apoya en la ratificación de todo aquello que ella, posteriormente, parece descartar con respecto al espacio político, poniendo en duda la estricta distinción entre *bios politikos* y *zoe*, y sugiere, además, que la pluralidad que Arendt entendía como *conditio sine qua non* de la vida política se infunde con una diferencia inextirpable o extrañeza que es parte constitutiva del derecho a tener derechos. En síntesis, con esta interpretación, Arendt indica que el *zoe* debe ser incluido en el *bios politikos*, y que excluirlo significaría cometer un acto de violencia antiético hacia la existencia del espacio público y el derecho a tener derechos.

Lo dado y los Derechos Humanos

En la segunda parte de *Los orígenes del totalitarismo*, en la conclusión de su análisis sobre el imperialismo, Arendt describe a los refugiados desnacionalizados que, al haber sido despojados de su condición política de ciudadanos, perdieron asimismo toda posibilidad de recurrir a los derechos humanos. En una circunstancia en la que la declaración de los derechos humanos debería haber proporcionado alguna solución, ocurrió precisamente lo contrario: "Si un ser humano pierde su status político, según las implicaciones de los derechos innatos e inalienables del hombre, llegaría exactamente a la situación para la cual están concebidas las declaraciones de semejantes derechos generales. En la realidad, el caso es necesariamente opuesto" (*OT*, 300). Es en este contexto que Arendt acude a san Agustín:

> El ser humano que ha perdido su lugar en una comunidad, su status político en la lucha de su época y la personalidad legal que hace de sus acciones y de parte de su destino un conjunto consistente, queda

abandonado con aquellas cualidades que normalmente sólo pueden destacar en la esfera de la vida privada y que deben permanecer indiferenciadas, simplemente existentes, en todas las cuestiones de carácter público. Esta simple existencia, es decir, todo lo que nos es misteriosamente otorgado por el nacimiento y que incluye la forma de nuestros cuerpos y el talento de nuestras mentes, sólo puede referirse adecuadamente a los imprevisibles azares de la amistad y de la simpatía, o a la enorme e incalculable gracia del amor; como dijo Agustín: "Volo ut sis" (quiero que seas lo que eres), sin ser capaz de dar una razón particular para semejante afirmación suprema e insuperable. (301)

Aquí Arendt apunta a otra dimensión del evento de natalidad que parece contradecir su última referencia a san Agustín en *Los orígenes*. Más que enfatizar en la natalidad como capacidad de actuar y de comenzar algo nuevo, Arendt pondera la idea de que el evento de natalidad también encierra aquello que es dado (misteriosamente dado) y que no puede cambiarse. Si bien sostiene que "lo dado" se expresa generalmente sólo en el ámbito privado, no lo excluye de los asuntos del espacio público. De hecho, afirma que aquellas cualidades que constituyen lo dado "deben permanecer indiferenciadas, simplemente existentes, en todas las cuestiones de carácter público". Así, insiste en que lo dado debe seguir apareciendo, indiferenciadamente, en el espacio público.

Arendt desarrolla el concepto de "lo dado" en tres momentos posteriores en su obra. En primer lugar, en *La condición humana*, inmediatamente después de haber reflexionado sobre la pluralidad, *conditio per quam* de toda vida política, Arendt se remite al libro del Génesis: "Pero en su forma más elemental, la condición humana de la acción está implícita incluso en el Génesis ('Él los creó varón y hembra'), si entendemos que esta historia de la creación del hombre se distingue en principio de la que nos dice que Dios creó originalmente el Hombre, a 'él' y no a 'ellos', con lo que la multitud de seres humanos se convierte en resultado de la multiplicación" (HC, 8). Arendt subraya este punto en una nota al pie:

Así, es muy característico de la diferencia entre la enseñanza de Jesús de Nazaret y la de San Pablo el hecho de que Jesús, al discutir la relación entre hombre y mujer, se refiere al Génesis, I. 27: "¿No habéis leído que al principio el Creador los hizo varón y mujer?" (Mateo, XIX. 4); mientras que San Pablo en una ocasión similar insiste en que la mujer se creó "del hombre" y de ahí "para el hombre", si bien atenúa en cierto modo la dependencia: "ni la mujer sin el varón ni el varón sin la mujer". (8n)

Al señalar que Jesús vincula la fe con la acción mientras que Pablo lo hace con la salvación, Arendt sugiere que en el centro de la pluralidad, que considera la característica principal de lo político, se encuentra lo dado de la diferencia, y que esta diferencia tiene mucho que ver con la natalidad.

En segundo lugar, en la conclusión de su ensayo "La filosofía y la política", en la que sostiene que el origen de la filosofía política estriba en aceptar con "mudo asombro el milagro del universo, de los hombres y del ser", Arendt cita nuevamente el Génesis, I. 27, "el milagro de que Dios no creó al hombre, sino que 'Él los creó varón y hembra'. Se debería aceptar algo más que la resignación de la debilidad humana, el hecho de que 'no es bueno para el hombre estar solo'".[106] Aquí, nuevamente, Arendt pide la aceptación *política* del "milagro de lo dado", afirmando que la aprobación de esta diferencia no es motivo de resignación sino que constituye la condición de la capacidad humana de actuar.

Por último, en una carta a Gershom Scholem, en respuesta a la acusación de tener "un corazón de piedra" hacia su propia judeidad, Arendt escribe: "La verdad es que jamás he pretendido ser otra cosa que lo soy o existir de una manera diferente a la que existo, y nunca me sentí tentada en tal dirección. Como si hubiera dicho que yo era un hombre y no una mujer, en otras palabras, una especie de locura (...) Existe algo así como una gratitud básica por todo lo que es tal como es; por lo que ha sido *dado* y por lo que no fue, no pudo ser, hecho; por las cosas que son *physei* y no *nomoi*" (JP, 296).[107] Para Arendt, lo corpóreo, incluyendo las diferencias de género así como también las diferencias étnicas, como el ser judío, se hallan comprendidas en el "nacimiento de lo dado". Estas constituyen el *physei* y no el *nomoi*. Negar lo dado constituiría una forma de demencia. Arendt sugiere además que lo dado habita en el corazón de la pluralidad y es la condición para la acción humana. Lo dado contiene la demanda ética por la aceptación y la gratitud incondicionales, *amo: volo ut sis.*

Así, Al reflexionar sobre el origen de lo dado, Arendt sostiene que la tradición política occidental ha tenido, desde sus comienzos, una profunda desconfianza ante este aspecto de la existencia, relegándolo ligeramente a la esfera privada:

---

[106] Hannah Arendt, "Philosophy and Politics", en *Social Research* 57, No. 1 (Primavera de 1990), 103.

[107] Esta carta, escrita en julio de 1963, es la respuesta de Arendt a la carta de Scholem de junio de 1962, en la que critica ferozmente el contenido de *Eichmann in Jerusalem*. Scholem sostiene que el tono del texto de Arendt muestra una falta de *herezenstakt*, es decir, de un sentimiento cálido hacia sus compañeros judíos. Véase Hannah Arendt, *The Jew as Pariah*, 242.

> Desde los griegos sabemos que una vida política altamente desarrollada alberga una arraigada suspicacia hacia esta esfera privada, una profunda hostilidad contra el inquietante milagro contenido en el hecho de que cada uno de nosotros esté hecho como es (singular, único, inalterable). Toda esta esfera de lo simplemente otorgado, relegada a la vida privada en la sociedad civilizada, constituye una amenaza permanente a la esfera pública porque ésta está tan consecuentemente basada en la ley de la igualdad como la esfera privada está basada en la ley de la diferencia y de la diferenciación universales. (*OT*, 301)

La sugerencia de Arendt de que lo "dado" es relegado a la esfera privada no por su estatus privativo en comparación con la realidad garantizada por la luz del espacio público, sino debido a un antiguo y arraigado resentimiento de occidente hacia lo singular y lo único, resulta llamativa. Lo dado, entendido como aquello que es "singular, único e inalterable", es visto como una amenaza constante para la esfera pública, cuyas bases estriban en la ley de la igualdad. Lo milagroso, y por lo tanto lo inefable, se convierte en el trasfondo de la vida política: "El oscuro trasfondo de lo simplemente dado irrumpe en el escenario político como el extranjero que en su evidente diferencia nos recuerda las limitaciones de la actividad humana, que son idénticas a las limitaciones de la igualdad humana". El extranjero, dirá Arendt, "es el símbolo pavoroso del hecho de la individualidad como tal, y denota aquellos ámbitos que el hombre no puede cambiar y en los que no puede actuar y a los que, en consecuencia, tiende claramente a destruir" (302).

Si bien en *La condición humana* Arendt afirma que es el espacio político con sus fronteras legales lo que mantiene a raya la violencia, en el pasaje anterior señala que es el mismo espacio político el que tiende a destruir aquello que no puede controlar o cambiar: "Cuanto más desarrollada está una civilización, cuanto más evolucionado el mundo que ha producido y más a gusto se sienten los hombres dentro del artificio humano, más hostiles se sentirán respecto de todo lo que no han producido, de todo lo que simplemente es y que misteriosamente se les ha otorgado" (301). No hay que olvidar que estas observaciones sobre la destrucción política del extranjero tienen lugar hacia el final de una larga reflexión sobre el imperialismo, en la que Arendt describe cómo el ideal de la humanidad universal de la ilustración falló por completo en el momento en que los imperialistas europeos sembraron el horror en África. Arendt concluye que la "lucha por África" reflejó el corazón oscuro y destructivo de la política europea que posteriormente fue desatada sobre la propia Europa y sobre aquellos pueblos "extranjeros" que la habitaban. Y, tampoco olvidemos que estas observaciones sobre la tendencia de la política occidental a destruir el "milagro perturbador de lo dado" (lo extranjero) son hechas en las conclusiones de su análisis sobre el declive del estado-nación y los derechos del hombre, sugiriendo que su referencia a la "corriente subterránea de la historia occidental [que] finalmente ha emergido a la superficie y usurpado la dignidad de nuestra tradición" bien podría ser la corriente del pensamiento político occidental que no pudo reconocer la dignidad de lo extranjero, de lo otro, de lo diferente. Arendt indica que es la indiferencia hacia lo dado de la existencia humana lo que motiva el imperialismo y, paradójicamente, conduce al exterminio del espacio político moderno y de los derechos humanos en él insertos Por último, no nos olvidemos que Arendt llega a la conclusión del "milagro perturbador de lo dado" en su condición de refugiada, una extranjera "indiferenciada" que es abandonada solo junto a su simple existencia como humana y que, en consecuencia, debe huir por su vida.

Con todo esto quiero decir que Arendt es consciente de la violencia que pervive en el espacio político occidental, una violencia excluyente que aparta lo dado, el ámbito de la simple existencia indiferenciada, de los límites de la política. Como sugiere su análisis de *El corazón de las tinieblas*, esta violencia original recorre el espacio político a medida que, en nombre de la política, se va extendiendo sobre la mera existencia indiferenciada. Al mismo tiempo, su análisis sobre la racialización del espacio político moderno señala que esta violencia que recorre el espacio político occidental es de tal modo consustancial con la política de occidente, que el estado-nación moderno, constituido en virtud del poder soberano de un "pueblo", reduce a algunos de sus miembros a simples existencias indiferenciadas. Lo hace con el fin de expulsarlos no solo de sus propios límites, sino de la faz de la tierra. El genocidio, predice Arendt en 1963, va a continuar siendo la violencia política dominante en el mundo contemporáneo.[108]

Resulta extraño que Arendt no profundice estas reflexiones sobre el evento de natalidad y el nacimiento de lo dado, con su implícita demanda de aceptar el surgimiento del "milagro perturbador", *amo: volo ut sis*. Prefiere insistir en la natalidad como la capacidad de comenzar o representar algo nuevo. Este énfasis en la natalidad como comienzo inspira su análisis de lo público y lo privado en *La condición humana*, donde *parece* reproducir el resentimiento y rechazo occidental hacia lo dado. Arendt iguala lo dado al *zoe*, la vida, que luego relega al ámbito de lo privado, al terreno de la necesidad, así como también parece apartarlo del espacio político con un énfasis en la libertad, la acción y el milagro de los nuevos comienzos; como

---

[108] Véase Hannah Arendt, *Eichmann in Jerusalem: A Report on the Banality of Evil* (New York: Penguin Books, 1963), 269, 273.

si ella hubiera caído ciegamente en la corriente subterránea de la historia occidental de la que advirtió a sus lectores en el prefacio a la primera edición de *Los orígenes*.

Sin embargo, la cuestión es más compleja, porque Arendt, de hecho, ha elaborado a lo largo de su obra dos nociones de "lo dado" diferentes y en ocasiones enfrentadas. La primera refiere a lo mencionado arriba, al "milagro perturbador de lo dado". Arendt desarrolla por primera vez esta idea en su tesis doctoral, publicada como *El concepto de amor en San Agustín*, continúa elaborándola en *Los orígenes del totalitarismo* y vuelve a ella en ambos volúmenes de *La vida del espíritu*. En estos escritos, lo dado, la simple existencia indiferenciada (*zoe*), es entendido como "lo dado de la propia aparición" y como tal debe ser gratuita y gratuitamente aceptada. Este es el sentido de lo dado que Arendt tiene en mente cuando sostiene en *Los orígenes del totalitarismo* que el *zoe* ha sido ofendido, violado y, en definitiva, excluido del espacio político occidental. La segunda y mucho más conocida noción de "lo dado" se encuentra desarrollada en *La condición humana* y en *Sobre la revolución*. Más que ser relegado a la esfera privada por el espacio político, el *zoe* se convierte aquí en el espacio privado, identificado *ipso facto* con la vida *natural* y las necesidades de lo corpóreo, y, por lo tanto, vinculado con lo doméstico u *oikos*. El acuerdo de Arendt con los griegos en que la violencia podría adecuarse al *zoe* en el dominio público resulta llamativo: "Debido a que todos los seres humanos están sujetos a la necesidad, tienen derecho a ejercer la violencia sobre otros; la violencia es el acto prepolítico de liberarse de la necesidad en pos de la libertad del mundo" (*HC*, 31).

Deseo señalar, no obstante, que deberíamos tener cuidado a la hora de permitir que la segunda concepción de Arendt sobre el *zoe* y las consecuencias políticas que esta conlleva ocupen un lugar predominante en su pensamiento. Por el contrario, lo que debemos resaltar es su *constante* preocupación por la concepción de la vida (*zoe*) como "milagro perturbador de lo dado". Esto posibilita una visión muy diferente sobre el segundo sentido del *zoe*, una visión que la propia Arendt nunca desarrolló explícitamente. Su análisis del *zoe* y el *bios politikos* en *La condición humana*, y especialmente su crítica a lo social como substituto de lo político y lo privado, pueden entenderse de otra manera si se piensan sobre la base de la insistencia de Arendt en la aceptación indiferenciada de lo dado y de su señalamiento de que el espacio político occidental se caracteriza no por reivindicar esta dimensión de la natalidad, sino por ejercer violencia sobre ella. Si retomamos la interpretación de Arendt sobre la concepción de natalidad de san Agustín, desarrollada en su tesis doctoral, observaremos un constante interés por el doble milagro del evento de natalidad: el milagro de lo dado y el milagro del comienzo. Esto es de vital importancia en la formulación del derecho a tener derechos, dado que este doble *principium* indica que Arendt reconsidera la exclusión de lo dado, la expulsión de la simple existencia indiferenciada del espacio político, e insiste en que tal exclusión puede superarse de manera tal que lo dado ocupe un lugar legítimo en el dominio político. Esto tendrá, a su vez, una gran relevancia en la tarea de repensar su conceptualización del *zoe*, tanto en *La condición humana* como en *Sobre la revolución*.

Arendt y san Agustín: el nacimiento de lo dado

En esta reflexión sobre el "nacimiento de lo dado" es importante evitar la conclusión de que para Arendt la simple existencia indiferenciada es algo fijo o inalterable. Al definir lo dado como *physei*, Arendt no invoca una noción de lo natural o de la naturaleza humana como sustancia, u *ousia*. Al rechazar el concepto de naturaleza fija o esencia, Arendt demuestra hasta qué punto ha sido influenciada por san Agustín, en la medida en que la concepción agustiniana de lo divino y del ser humano supone un alejamiento de la noción aristotélica de sustancia.

En el *Tratado sobre la Santísima Trinidad*, san Agustín proporciona el análisis más completo de su concepción de sustancia. Comienza afirmando que, en el caso del ser supremo, ser y existir es lo mismo: "en Él [Dios], ser no es una cosa y vivir otra (como si Él pudiera existir sin vivir); ni vivir es una cosa y comprender otra (como si Él pudiera vivir sin comprender); ni, por último, comprender es una cosa y ser feliz otra (como si Él pudiera comprender sin ser feliz)".[109] Para el ser supremo, la esencia es coextensiva a la realidad entera. San Agustín se pregunta cómo puede esta sustancia absoluta ser uno y muchos al mismo tiempo. ¿Cómo explicar la trinidad? Si Dios es una sustancia pura sin accidentes, ¿cómo puede el Hijo ser uno con Dios y aun así haber sido creado por él? Si el Hijo fue creado, ¿cómo puede Él ser uno con el Padre? Y si Él no es uno con el Padre, ¿no nos hallamos entonces ante dos sustancias?, ¿no se derrumba así el concepto de Trinidad? San Agustín trata de esclarecer el dilema apelando a las categorías aristotélicas de relación y de sustancia, replicando así el argumento de que es la sustancia lo que no cambia.

Ahora bien, san Agustín no comparte la concepción aristotélica de la categoría de relación. Como es bien sabido, Aristóteles incluye

---

[109] San Agustín, *On the Trinity*, traducción de Stephen McKenna (Washington, D.C.: Catholic University Press, 1963), 1.12.26.

la relación en el dominio de los accidentes. No obstante, se pregunta san Agustín, si no hay nada accidental en la sustancia suprema, ¿cómo explicamos la *relación* entre el Padre y el Hijo? Y, afirma: "No se trata aquí de un accidente, porque el uno es siempre el Padre y el otro es siempre el Hijo".[110] La inmutabilidad de Dios requiere de la ausencia de los accidentes. Así, cualquier relación que pertenezca a la sustancia del ser supremo puede ser en sí misma sustancial o inalterable.

Esto acarrea otra dificultad en cuanto a las relaciones de la Trinidad. Si la relación es en sí misma sustancial, ¿no hablamos entonces de dos sustancias, Padre e Hijo, ambos inmutables e inalterables, y negamos así la unicidad del Ser Supremo? San Agustín afirma que la relación entre el Padre, el Hijo y el Espíritu Santo es una relación cuyos atributos no le pertenecen a cada persona de la trinidad por separado, sino a la Trinidad como un todo. Por lo tanto, existe por un lado una sustancia, y, por el otro, tres personas en una relación no accidental. "Por consiguiente, aunque el Padre no sea el Hijo ni el Hijo sea el Padre, o aunque uno haya sido engendrado y el otro no, no dejan de ser una esencia, dado que la relación entre ellos solamente se da a conocer por estos nombres".[111] En este punto, se puede observar que san Agustín ha modificado significativamente las categorías aristotélicas de relación y de sustancia; ha formulado una relación que, si bien no es accidental ni está sujeta al cambio, no es simplemente sustancial, es decir, inherente a sí misma; san Agustín insiste en una noción de sustancia cuya relación es parte de su esencia.

Esta idea de una relación no accidental con la sustancia se extiende a su concepción del ser humano. Dado que este es una imagen del ser divino, también se compone por una trinidad: "Así como existen dos cosas, el espíritu y su amor, cuando se ama a sí mismo, también existen dos cosas, el espíritu y su conocimiento, cuando se conoce a sí mismo. Por tanto, el propio espíritu, su amor y su conocimiento, constituyen una especie de trinidad".[112] El espíritu, la voluntad y el conocimiento son sustanciales e integran al mismo tiempo una relación mutua: "Estos tres, por consiguiente, son maravillosamente inseparables entre sí, y cada uno de ellos es una sustancia, y todos juntos son una sustancia o esencia, aunque los términos propios expresen una relación común".[113] San Agustín demuestra que la experiencia humana comprende dos trinidades. En primer lugar, la trinidad de la persona exterior, que incluye objetos visibles (cuerpos en la naturaleza), el sentido de la visión

---

[110] Ibíd., 5.5.6.

[111] Ibíd., 7.2.3.

[112] Ibíd., 9.4.4.

[113] Ibíd., 11.2.2.

(que pertenece al propio cuerpo humano) y la atención del espíritu (la voluntad); en otras palabras, la trinidad de la sensación. En segundo lugar, la trinidad de la persona interior, compuesta por la memoria, el entendimiento y la voluntad, es decir, la trinidad de la cognición. Aunque el ser humano experimenta ambas trinidades como una y como muchas, esta fragmentación expresa la unidad de la criatura finita y se debe precisamente a la vida a través del tiempo del ser creado, dado que en lugar de la simultaneidad, el ser humano, en su finitud, advierte la sucesión. Aquí lo más importante es la concepción agustiniana del ser finito como una sustancia que incluye a la relación como parte de su definición. La persona, aunque absoluta (*in se persona dicitur*), también es en esencia un ser relacionado con los demás (*ad alium*), abierto a los demás y definido como tal según esta misma relatividad. Esto rompe radicalmente con el concepto tradicional de persona como sustancia; indica que la persona depende de otros para existir. San Agustín entiende las relaciones como atributos esenciales: el verdadero ser de la persona implica necesariamente un vínculo con el mundo y con los demás en el mundo.

Influenciada profundamente por la noción de persona de san Agustín, Arendt destaca que los seres humanos "no están simple sino precisamente relacionados con algo más (...) Cuando la vida es vista en su mutabilidad como algo que existe y desaparece, y por lo tanto como algo que no es en su totalidad ni en su totalidad deja de ser, existe en el modo de relación" (*LSA*,52-53). Así, cuando Arendt sostiene que el nacimiento de lo dado es el nacimiento de lo único, de lo singular y de lo inalterable, no se refiere a lo dado como una sustancia o naturaleza inmutable, otorgada de una vez y para siempre. Arendt sigue los pasos de san Agustín y afirma que el carácter de esta relación depende de lo que la persona quiere o desea en el mundo.

> Pues el amante jamás está separado de lo que ama; él mismo le pertenece al amado. Por lo tanto, en *cupiditas* o en *caritas*, nosotros mismos decidimos sobre nuestra morada, si deseamos pertenecer a este mundo o a un mundo por venir, pero la facultad que decide es siempre la misma. Dado que el hombre no es autosuficiente y que en consecuencia desea siempre algo externo a él, la cuestión de quién sea cada hombre sólo es resoluble por el objeto de su deseo y no, como pensaban los estoicos, por la supresión del propio impulso desiderativo. (18)

La búsqueda de lo mundano cambia lo que una persona es, la transforma en un ser terrenal: "En *cupiditas*, el hombre acepta la suerte que lo hace perecedero. En *caritas*, cuyo objeto es la eternidad, el hombre se transforma en un ser eterno, imperecedero. El hombre como tal no

puede ser definido, y tampoco su esencia, puesto que siempre desea pertenecer a algo que le es extrínseco y muta en consecuencia" (18). Así, tanto para san Agustín como para Arendt, no existe una naturaleza humana fija, asignada de una vez y para siempre; por el contrario, los seres humanos siempre son transformados por los objetos de su deseo.

Si Arendt, siguiendo a san Agustín, le niega una "naturaleza" al ser humano, ¿qué entiende entonces por "el nacimiento de lo dado" en tanto que *physis*? Además, ¿por qué lo dado necesita ser afirmado políticamente? En lugar de pensar la *physis* como naturaleza, resultaría más esclarecedor para la comprensión del pensamiento de Arendt entenderla en términos de *arche*, u origen de la existencia humana. Pues el *arche* le da a la existencia humana su cualidad singular, única e inalterable y, al mismo tiempo, infunde esta existencia con lo inextirpable, originariamente dado, con aquello que no se sujeta al *nomos*. En su tesis doctoral, Arendt afirma que para san Agustín "el hecho decisivo que determina que un hombre sea un ser consciente, que cuente con la capacidad para recordar, es el nacimiento o 'natalidad', es decir, el hecho de haber entrado al mundo por medio del nacimiento. El hecho decisivo que define al hombre como un ser desiderativo es la muerte o la mortalidad, la certeza de que abandonaremos el mundo con la muerte" (51-52). Sobre la base de estas dos experiencias, natalidad y mortalidad, san Agustín distingue dos afecciones que inspiran al ser humano.

Por un lado, nuestra mortalidad, acompañada por el miedo y la insuficiencia, manantiales del deseo; por el otro, la natalidad, acompañada por la gratitud, fuente de la memoria: "La gratitud por el don absoluto de la vida es la fuente del recuerdo, pues la vida es valiosa aún en la memoria" (52). Aquí, Arendt cita a san Agustín: "Eres ahora desdichado y aún así no quieres morir por ninguna otra razón, deseas vivir".[114] Nuestra gratitud resulta entonces de un comienzo que, si bien trasciende la memoria, es la fuente de todo recuerdo. Para san Agustín, lo dado en nosotros y nuestra gratitud por la existencia es la fuente u origen de nuestras búsquedas y de nuestros cuestionamientos. Arendt apoya esta postura distanciándose de Heidegger:

> Ya que nuestras expectativas y deseos son impulsados por lo que recordamos y guiados por un conocimiento previo, es la memoria, y no la expectativa (como por ejemplo la expectativa de la muerte en la propuesta de Heidegger) lo que le da unidad e integridad a la existencia humana. Al sostener en el presente el pasado y el futuro, es decir, la memoria y la expectativa que de ella se deriva, es el

---

[114] San Agustín, *Free Choice of the Will*, traducción de Anna S. Benjamin y L. H. Hackstaff (New York: Macmillan, 1989), III.6.64.

> presente mismo en el que coinciden lo que determina la expectativa
> humana; es el presente mismo en el que coinciden lo que determina
> la existencia humana. (56-57)

Es el ser-hacia-el-nacimiento lo que posibilita la unidad o totalidad de la existencia humana, acompañado por la gratitud de lo dado. Paradójicamente, este ser-hacia-el-nacimiento no produce un ser humano resuelto, sino uno cuyo ser se cuestiona. "En síntesis, el hombre inicia la búsqueda de su propio ser diciéndose 'me he vuelto un problema para mí mismo'. La búsqueda de su ser propio surge de su condición de ser creado y de estar dotado de una memoria que le dice que no se hizo a sí mismo" (57). La gratitud por lo que ha sido dado no solo tiene prioridad ontológica sobre el temor a la muerte, sino que también apunta al origen del cual el deseo, la memoria y el cuestionamiento emergen.

El recuerdo que nos anuncia nuestra dependencia de algo externo a nosotros mismos surge del hecho de encontrarnos en el mundo; este "encontrarse" marca lo dado de la existencia con una extrañeza inextirpable que hace del mundo un desierto para los seres humanos. No somos el principio de nuestro propio ser y, al mismo tiempo, permanecemos alejados de él. Además, el hecho de existir en el mundo es previo a cualquier tipo de amor, pues le da origen; la gratitud de hallarse en él antecede toda actividad. Arendt sugiere que nuestra capacidad de *initium*, de comenzar algo nuevo, depende de aquello que ha sido dado con anterioridad. Esta prioridad de la gratitud y de la aceptación también se ajusta a la relación con el prójimo: "No es el amor lo que me revela el ser de mi prójimo. Lo que a él le debo ha sido decidido de antemano en función de un orden que el amor sigue pero no ha establecido" (42).

Arendt desarrolla la concepción agustiniana del yo como una pregunta que surge de la dispersión del ser humano "en la diversidad del mundo y se pierde en la interminable multiplicidad de la información mundana" (23). En su tesis doctoral, asegura que san Agustín no es un pensador que busque superar esta dispersión en el repliegue a la autosuficiencia o al territorio interior del yo:

> Pues cuanto más se replegó sobre sí y recogió su yo en la dispersión
> y confusión del mundo, más "se convirtió en un interrogante para sí
> mismo". Por lo tanto, de ninguna manera se trata de un simple retiro
> lo que San Agustín opone a la pérdida del yo, sino más bien una
> vuelta hacia la pregunta misma y hacia el hallazgo de que el yo es
> más impenetrable aun que las "obras ocultas de la naturaleza". (25)

Arendt señala que cuando san Agustín sostiene que Dios es "la esencia del corazón" descubre una alteridad radical que coloca al yo "en el corazón de la persona, el que está en mí pero no soy yo". Tanto para san Agustín como para Arendt, el deseo y las preguntas surgen de la doble negación que caracteriza lo dado de la existencia humana en el tiempo: "Este imaginarse fuera del mundo descansa sobre una doble negación en la que la vida tiene lugar. Y esta doble negación (el 'no todavía' y el 'ya no más') significa exactamente lo mismo que 'antes' y 'después' del mundo" (70). El antes o no todavía constituye una relación preexistente que, si bien no puede ser recordada, es la fuente de todo recuerdo: "la nada a partir de la cual la existencia humana es creada. Y la vida debe ser un retorno constante hacia su propio origen, el 'no todavía', por medio del cual se vuelve positiva y relevante" (71).

Este origen creador que no puede ser recordado o recuperado por el deseo da surgimiento, sin embargo, a la memoria, al anhelo y a la intención. Estos tres elementos están impregnados de este origen generativo que no puede ser explícitamente conocido o poseído. Se podría incluso sostener que las *Confesiones* han de leerse en su totalidad como el recuerdo y el deseo de un origen que, si bien es valorado y añorado, es imposible recobrar; se trata de un origen que da lugar a un yo dividido, heterogéneo y siempre relacionado con algo distinto de sí. Lo dado debe afirmarse ética y políticamente, aunque, para ambos pensadores, jamás pueda fundamentarse.

Habiendo llegado a este punto, deseo detenerme en la respuesta de Arendt a Gershom Scholem, en la que afirma que el hecho de que ella sea mujer constituye una *physis* que sería una locura negar. Aquí, Arendt sigue a san Agustín al señalar la dualidad inaugural del origen. San Agustín argumenta en pos de un doble origen, tanto divino como filial. Al mismo tiempo, su análisis sobre el Espíritu Santo en el marco de la discusión sobre la Trinidad apunta a un tercer aspecto integral que queda relativamente sin desarrollar, pues solo sugiere que el Espíritu Santo es gracia o amor. Arendt coincide con la noción de un origen doble de la humanidad: "Cuando San Agustín se pregunta por el origen de la raza humana, la respuesta, antes que el propio Dios, es que tal origen se halla en el ancestro que todos tenemos en común (...) En este segundo sentido, el hombre pertenece a la humanidad y a este mundo por medio de la creación (...) El ser del hombre es concebido como una derivación de un origen dual" (112). Si bien Arendt no propone el origen divino de la humanidad, sí sostiene que el evento de natalidad es doble: "Él los creó varón y hembra". Como observamos anteriormente, rechaza la interpretación paulina del Génesis, en la que en el principio solo existía Adán, en favor de una noción del origen que contemplase la diferenciación sexual. En la interpretación de Arendt, el origen es necesariamente doble.

Si Adán es la dimensión universal de la humanidad, entonces Eva constituye la dimensión de lo singular y lo único. Ella es el origen de lo extraño y lo extranjero intrínseco a cada ser humano en su singularidad. Incluir lo femenino como el aspecto extraño que integra el doble origen esclarece la discusión de Arendt acerca de la relación con el prójimo:

> El amor alcanza a todas las personas de la *civitas Dei* así como la interdependencia alcanzó de la misma manera a todos en la *civitas terrena*. Este amor convierte las relaciones humanas en relaciones definidas y explícitas. Al provenir del pensamiento sobre el peligro experimentado conscientemente ante la presencia de Dios, es decir, en absoluta soledad, este amor (*diligere invicem*) también empuja a la otra persona a un total aislamiento. Así, el amor no regresa a la humanidad, sino al individuo, así sea a cada individuo. (111)

A través de lo femenino (el *principium* de lo extraño y lo único) se puede amar al prójimo en su singularidad. A través de Adán, los seres humanos comparten universalmente su humanidad. Por medio de Eva, cada uno está relacionado con el otro en su "absoluta soledad", es decir, en su extrañeza, diferencia e unicidad. Así, este otro extraño y singular, mi prójimo, se halla constantemente en peligro y necesita continua atención y aprobación, *Amo: Volo ut sis*.

Las *Confesiones* sugieren que solo a través de lo femenino (más específicamente de lo maternal) uno es capaz de redescubrir un vínculo *singular* con lo divino y con el prójimo. La figura de Mónica resulta central en este escrito, pues indica que solo a través de lo femenino, de su angustia y de *sus palabras*, el yo experimenta la sensación de perpetuo cuestionamiento que caracteriza el estado abyecto de la finitud humana.[115] Mónica no está confinada al hogar; emprende constantemente nuevos viajes a países extranjeros. San Agustín recupera su última conversación con su madre, en Ostia, mientras descansaban antes de viajar a África: "Cuando preguntó, '¿Qué es lo que me queda por hacer en este mundo?', dejó en claro que no tenía deseos de morir en su propia tierra".[116] Mónica se mueve continuamente (Cartago, Roma, Milán, Ostia). En las *Confesiones*, lo maternal no constituye una imagen de descanso, serenidad, domesticidad; Mónica no tenía una residencia fija. En su figura, el origen femenino que acompaña la existencia humana es catalogado como extraño, foráneo, errante. Mónica no muere en su cama, sino en una tierra extranjera y desconocida, y rechaza incluso volver a su tierra natal para ser enterrada.

---

[115] Mónica es la figura que ejemplifica la afirmación de Kristeva acerca de la centralidad de la psiquis materna en su singularidad y unicidad en la transformación espiritual del yo. Véase *Augustine and the Limits of Politics* (Notre Dame, Ind.: Notre Dame University Press, 1995), 47.

[116] San Agustín, *The Confessions*, IX. 11.2.

Así, es el aspecto femenino del origen lo que hace que cada ser humano sea una presencia singular, ignota y extranjera que habita en la pluralidad. O, para decirlo de otro modo, es en *el verdadero centro de la pluralidad* y de la acción humana donde reside lo dado de lo extraño, de lo único y de lo diferente: "Él los creó varón y hembra". Como ha señalado Arendt más de una vez, en el corazón de la pluralidad habita la diferencia y no la simple repetición. Esta diferencia sexualmente corporizada es la condición para toda acción. Además, el análisis de Arendt sugiere que el *zoe*, la vida, no es algo que pueda ser domesticado y confinado al *oikos*; por el contrario, el *zoe* es aquel elemento impropio, distinto e indomable del espacio político. Si Mónica representa la figura de la vida femenina (*zoe*), entonces sus andanzas ubican este elemento extraño e indomable en el mismísimo corazón del espacio público.

Physis: sobre lo dado de la aparición

La alusión de Arendt a la simple existencia indiferenciada y a su relación con el dominio político en *Los orígenes del totalitarismo* esclarece el rol que desempeña lo dado en el derecho a tener derechos. Arendt se refiere a lo dado como "aquellas cualidades que normalmente sólo pueden destacar en la esfera de la vida privada y que deben permanecer indiferenciadas, simplemente existentes, en todas las cuestiones de orden público" (*OT*, 302). Cabe recordar que Arendt no excluye lo dado del espacio político; sostiene, por el contrario, que debe permanecer "indiferenciado" en todos los asuntos de carácter público, "simplemente existente, sin reservas ni restricciones de ningún tipo". Es más, lo dado puede ser restringido en la vida privada sin trasgresión alguna, pero jamás en la esfera pública. Lo dado, y, más específicamente, las diferencias corporizadas no deben restringirse políticamente. Lo contrario supondría politizar la corporeidad en el más peligroso de los modos, siendo la racialización del cuerpo el abuso más discutido en sus análisis.[117]

Arendt sugiere que lo dado, entendido como simple existencia indiferenciada, es lo que posibilita la radical impredecibilidad de lo nuevo.

---

[117] En *Homo Sacer*, Giorgio Agamen escribe, "Arendt no establece ninguna conexión entre su investigación en The Human Condition y el perspicaz análisis que previamente le había dedicado al poder totalitario (que también carece de una perspectiva biopolítica)". Homo *Sacer: Sovereign Power and Bare Life*, traducción de Daniel Heller-Roazen (Stanford: Stanford University Press, 1998), 4. Estoy en desacuerdo: el análisis de Arendt de la racialización del pueblo judío es un estudio extenso sobre las maneras en que la biopolítica actúa en el espacio político moderno. Sostengo además, que la crítica que formula Arendt de la emancipación política de la burguesía –la liberación de lo económico en lo político– puede leerse asimismo en términos de biopolítica.

Nuestra capacidad de comenzar algo, el *initium*, afirma, es diferente del *liberum arbitrium*, o libre albedrío, "que decide entre cosas igualmente posibles y otorgadas a nosotros, por así decirlo, en *statu nascendi,* como meras potencialidades, mientras que el poder de dar inicio a algo verdaderamente nuevo no podría ser precedido correctamente por una potencialidad que figuraría luego como una de las causas del acto consumado" (*LMW*, 126). Arendt destaca esta cuestión. El *initium* no es la realización de una potencialidad: "La concepción aristotélica de la realización como algo que crece necesariamente de una potencialidad anterior sería verificable sólo si fuera posible invertir el proceso desde la realización hacia la potencialidad, al menos mentalmente; pero esto no puede hacerse; todo lo que podemos decir de lo real es que obviamente no fue imposible; pero jamás podremos probar que fue necesario sólo porque nos es imposible imaginar ahora un estado de cosas en el que lo real no haya acontecido" (139). Arendt ya ha insistido en que el ser humano es *initium*, un principiante, y llega a la misma conclusión en cuanto a la potencia y al acto: cada ser humano individual no es una potencialidad que pueda realizarse o restringirse de una manera u otra. En tanto que *initium*, cada uno de nosotros conforma desde el principio una existencia indiferenciada. Cada uno de nosotros *es*, y todo lo que se puede decir es que nos es imposible no ser. En el *initium* reside lo dado de una existencia manifiesta, desprovista de adornos.

Esta concepción inspira a Arendt en su interpretación de "La sentencia de Anaximandro" de Heidegger, trabajo que lee en términos de una extensa reflexión sobre la *physis* como lo dado. Al analizar este escrito, Arendt se interesa particularmente en la noción de desocultamiento:

> Es propio de los seres provenir de un ser oculto y partir hacia él. Lo que difícilmente pueda haber causado, pero con certeza facilitó, esta transformación, es el hecho de que los griegos, en especial los presocráticos, concebían comúnmente el Ser como *physis* (naturaleza), cuyo significado original deriva de *phyein* (crecer), es decir, salir a la luz de las tinieblas. Anaximandro, indica Heidegger, pensó la *genesis* (surgimiento) y el *phthora* (declive) en términos de *physis*, "como formas luminosas de surgir y de menguar". (190)

Physis equivale a *genesis*, una aparición impredecible. Arendt considera a esta génesis como una "causalidad contingente" en la que el *aitia*, los poderes constitutivos del aparecer, son las causas impredecibles de la aparición. Posteriormente, destaca la oración que sigue: "en la medida en que se revela en los seres, el Ser se repliega". Aquí, su énfasis recae sobre el abandono original de la propia aparición.

Dicho de un modo más preciso, la *physis es* también abandono. Arendt describe la manera en que el *aitia* compone una relación ontológica totalmente diferente con aquello que aparece. O, para expresarlo con mayor contundencia: no existe ninguna relación ontológica entre el poder que potencia al ser y su aparición real. El surgimiento de la *physis* no involucra una relación de potencialidad y realidad. Siguiendo a Heidegger una vez más, Arendt sostiene que "el ir y venir, el aparecer y desaparecer, de los seres siempre comienza con una revelación, un *ent-bergen*: la pérdida del refugio original (*bergen*) que había sido otorgado por el Ser" (190). Esta pérdida no significa la suspensión del Ser ni supone su abandono. Pensar la *physis* (el llegar-a-ser de la aparición) sin ninguna relación con el Ser en forma de potencialidad –ni siquiera en la forma extrema de *su* abandono– es pensar el dejar-ser de la aparición como tal. El sentido radical de "lo dado" estriba en que no existe ninguna relación con el Ser, pues el Ser es la relación. Arendt cita a Heidegger: "Probablemente, Anaximandro habló de la *genesis* y el *phthora* [generación y declive] (...) [es decir,] de la *genesis estin* (que es la forma en que me gustaría interpretarlo) y del *phthora ginetai*, 'al-llegar-a-ser es', y 'al morir llega a ser'" (190). La *physis* como *genesis estin* (la génesis de la existencia) representa la aparición de la propia aparición. Esto pone en evidencia el hecho de que el evento de natalidad es un origen autogenerativo, en la medida en que no se puede señalar algo más primordial, algo pre-original, que explique su surgimiento. Cada ser llega a sí y comienza a irse desde sí en el *phyein*. Ese es el sentido radical del abandono: el evento originario no presupone nada más que su propia existencia, y no deriva de ninguna otra cosa. Así, el evento originario, en tanto que autogeneración, equivale al acto del comienzo. No existe una potencialidad constitutiva "detrás de la aparición". Procede de la nada, se trata de un comienzo *absoluto*.

Giorgio Agamben se propuso recientemente demostrar la problemática relación de la potencialidad y la realidad, en particular su vínculo con la identidad nacional y la soberanía: "Asumir mi ser-como-tal, mi manera de ser, no es asumir esta o aquella condición, este o aquel carácter, virtud o vicio, riqueza o pobreza. Mis atributos y mi *ser-así* no son las cualidades de una sustancia (o de un sujeto) que permanece detrás de ellas y de lo que en verdad yo sería. Jamás soy *esto* o *aquello*, siempre soy *así, como tal. Eccum sic*: absolutamente. No una posesión, sino un límite; no una presuposición, sino una exposición".[118] La aparición significa, ante todo, un estar expuesto en el mundo. Esto nos remite al primer sentido arendtiano de lo "público"

---

[118] Agamben, *The Coming Community*, traducción de Michael Hardt (Minneapolis: University of Minnesota Press, 2005), 96.

en *La condición humana*: "Para nosotros, la aparición –algo que ven y oyen otros al igual que nosotros mismos– constituye la realidad" (*HC*, 50). Arendt entiende la aparición como vida, como un "estar entre los hombres" (*inter homines esse*), y la distingue de la muerte: esa extirpación del mundo de la aparición (51). Solo el segundo sentido de lo "público" denota un "mundo común". Con anterioridad a la publicidad inherente al "mundo común" y distinta a ella, existe lo singular, la vida única que aparece como tal, aunque siempre vivida entre otros seres humanos. La aparición, por definición, es *terrenal*, aunque no es sin embargo una aparición común; para Arendt, esta se construye a través de los intereses comunes, el *inter-esse*, de una pluralidad de seres humanos. El sentido divergente de lo "público" estriba en la diferencia entre *inter homines esse* (existir entre los hombres) e *inter-esse homines* (existir junto a los demás). Solo esto último es propiamente intersubjetivo y político.

Todo lo que es, está dado, indiferenciadamente dado. Una vez hecho este énfasis, Arendt formula entonces una segunda ley, coetánea con la ley de la pluralidad: "Todo lo que conocemos ha nacido, ha emergido, de una oscuridad previa, hacia luz del día y persigue su propia *ley* en tanto perdura" (*LMW*, 191, énfasis mío). El *genesis estin* contiene su propia ley, que es la ley del devenir que reina sobre el abandono de la existencia. Arendt, siguiendo a Heidegger, sostiene que a medida que lo finito comienza, nos hallamos a la deriva en el dominio del llegar-a-ser: "En el comienzo, el Ser se revela ante el ente, y esta revelación origina dos movimientos opuestos: el ser se repliega hacia sí mismo y los entes permanecen 'a la deriva' para constituir el 'reino (en el sentido del reino del príncipe) del error'" (192). Agamben lo denomina lo "Irreparable", un término que captura adecuadamente el sentido de errancia y deriva de la existencia: "Lo Irreparable no es esencia ni existencia, sustancia o atributo, posibilidad o necesidad. Propiamente, no es una modalidad del ser, sino el propio ser dado en modalidad, es decir, en sus modalidades. No se trata de si es *así*, sino más bien de *sus* así".[119] Como hemos observado previamente, para Arendt, de acuerdo con sus interpretaciones de la obra de san Agustín, la existencia humana es "irreparable" en la medida en que es injustificable. A la deriva y separados de todo poder o fundamento soberano y constitutivo, no nos encontramos, sin embargo, sin ley. La ley del devenir (*physis*) es la ley o norma de lo anárquicamente dado. En su concepción del *genesis estin*, Arendt advierte la relevancia que le otorga Heidegger al reino del príncipe, el dominio de lo político, como el reino donde esta ley impera. La ley de la pluralidad equivale a la ley de lo dado, la *physis*.

---

[119] Ibíd., 91.

Hacia el final de sus reflexiones sobre "La sentencia de Anaximandro", Arendt retoma una idea que da comienzo, en el primer volumen de *La vida del espíritu*, a sus discusiones sobre la aparición: el instinto de autopreservación no es fundamental para nuestra aparición. La ley del devenir que gobierna lo dado no es la ley de la autopreservación que coincide con el deseo de persistir; por el contrario, la ley del devenir es la ley de lo dado y, por extensión, de la gratitud y del placer. Arendt concuerda con la crítica que tanto Heidegger como Nietzsche formulan contra la voluntad soberana, que en su anhelo de persistir y autopreservarse, rompe con la ley del devenir: "La voluntad como destructora aparece aquí, también, aunque no por su nombre; es el 'deseo de persistir', la 'resistencia', el excesivo apetito del hombre por 'aferrarse a sí mismo'. Así, los hombres hacen algo más que simplemente errar". Arendt insiste en que la persistencia representa "una insurrección en pos de la simple perpetuación", contraria al orden (*dike*), ya que crea el desorden (*adikia*) que ingresa en el "reino de la errancia" (193). El desorden constituye la rebelión deliberada contra el devenir en favor de alguna especie de persistencia soberana. *Adikia* significa rebelarse contra la aparición legítima de lo dado en favor de una voluntad soberana insurrecta que pretende imponerse. El orden, o la legitimidad de lo dado, se restaura a partir de nuestra capacidad de decirle "Sí" al *genesis estin*. Arendt sostiene que no existe mayor afirmación que "'*Amo: volo ut sis*', 'te amo: quiero que seas lo que eres' —pero no 'quiero poseerte' o 'quiero gobernarte'" (136). Por lo tanto, en el corazón del *initium* yace la incondicional afirmación de lo dado —*Amo: volo ut sis*—.[120] Este es también el pensamiento de Agamben: "En cada cosa se afirma simplemente el *así, sic*, más allá del bien y del mal. Pero el *así* no sólo cobra sentido en este o en aquel modo, con esas determinadas propiedades. 'Que así sea' significa 'dejar que el así sea'. En otras palabras, significa 'sí'".[121]

Aquí Arendt procede nuevamente a partir de la estratificación original del evento de natalidad, en el que dos principios (*principia*)

---

[120] El análisis de Kristeva sobre esta dimensión del "nosotros" en *Strangers to Ourselves*, así como en Hannah Arendt, esclarece las observaciones de Arendt al respecto. Kristeva escribe: "Habrá un posible nosotros sólo gracias a esa separación que todos los vagabundos están ansiosos por descubrir dentro de sí y en los demás, luego de reconocerse a sí mismos en Cristo. Pablo no sólo es un político, es un psicólogo, y si la institución que él establece es también política, su eficacia descansa en la institución psicológica de su fundador. Se basa en la lógica del deseo por medio del que uno es conducido a identificarse con un cisma que ya no está peligrosamente establecido (...) pero que, gracias a Cristo, se experimenta como una transición hacia la liberación espiritual desde y dentro de un cuerpo concreto" (82).

[121] Agamben, *Homo Sacer*, 102.

diferentes emergen sin coincidencia: el principio de comienzo (*initium*) y el principio de lo dado. Cada uno de ellos da lugar a una relación diferente. El primero constituye una relación de pluralidad; el segundo, de unicidad y singularidad. En tanto que el primero es una relación con el mundo común, que se constituye a través del *inter-esse* que integra y separa la pluralidad característica de un espacio público, el segundo representa una relación de *disyunción* entre la aparición única de lo singular y esta pluralidad. La estratificación del evento de natalidad hace imposible cualquier intento de establecer una identidad a partir de ella. Nuevamente, este es el motivo por el que Arendt insiste en que lo "común" debe entenderse como una "igualdad en la más absoluta diversidad". Esto se debe a la propia alteridad de la pluralidad: "En el hombre, la otredad, que comparte con todo lo que es, y la diferencia, que comparte con todo lo que vive, se convierten en unicidad, y la pluralidad humana es la paradójica pluralidad de los seres únicos" (*HC*, 176). Esta "paradoja" indica que la pluralidad no puede ser reducida a una "multiplicidad numérica". No puede pensarse como una identidad cerrada, ni reducirse a una totalidad. El evento de natalidad contiene esta paradoja: la alteridad propia del *principium* de lo dado emerge junto al *initium* inherente a la pluralidad. Esta paradoja se origina en el evento inaugural que posibilita una relación no coincidente, originaria y disyuntiva, entre ambos principios, inseparables aunque diferentes.

Así como Arendt critica explícitamente la soberanía desde el punto de vista del *initium*, con su inherente capacidad de poder y acción, también critica la soberanía desde el punto de vista del principio de lo dado, con su incondicional reclamo por la aceptación de la singularidad indiferenciada. Mientras que el *initium* pone en duda cualquier demanda de soberanía porque siempre debe ser dicho en plural, el principio de lo dado impide cualquier tipo de pretensión de soberanía (particularmente de la soberanía estatal) porque es precisamente aquello que siempre queda por fuera de cualquier tipo de identidad (incluso de la identidad nacional) que podría llegar a disputar la hegemonía sobre la existencia indiferenciada. Aquí emerge otro sentido del derecho a tener derechos: el derecho a lo dado, a la simple existencia indiferenciada, el derecho de aparecer en el espacio político y de pertenecer a él. Esta es la perspectiva de Agamben cuando asegura que la singularidad indiferenciada es algo que la soberanía estatal nunca ha podido reconocer: "El Estado, como ha observado Alain Badiou, no se funda en un lazo social, del cual sería su expresión, sino más bien en la disolución, la desvinculación que él prohíbe. Para el Estado, por lo tanto, lo que importa nunca es la singularidad como tal, sino que se la incluya en alguna identidad (cualquiera sea); sino que la posibilidad de que *lo que sea* emerja sin una identidad es una amenaza que el Estado no puede aceptar".[122] Arendt se refiere a esta singularidad sin identidad en sus reflexiones sobre "lo dado", eso que la política occidental nunca ha acogido o aceptado dentro de sí. Lo dado, en otras palabras, ha sido el principal enemigo del Estado. Agamben afirmará que "un ente radicalmente desprovisto de cualquier identidad representable sería absolutamente irrelevante para el Estado. Esto es lo que, en nuestra cultura, el dogma hipócrita de la sacralidad de la vida humana y las vacuas declaraciones de los derechos humanos tienen el propósito de ocultar. *Sagrado* aquí sólo puede significar lo que el término significaba para el derecho romano: *Sacer* era aquel que había sido excluido del mundo humano y quien, aunque no podía ser sacrificado, podía ser asesinado sin cometerse homicidio."[123] A esto se refiere Arendt en su ensayo "El judío como refugiado", cuando indica que los judíos deben aferrarse con lealtad a una u otra existencia nacional: "Si comenzamos a decir la verdad de que no somos sino judíos, nos expondríamos al destino de los seres humanos que, carentes de la protección de una ley específica o convención política, no son, precisamente, otra cosa que humanos. No podría imaginar una actitud más peligrosa" (*JP*, 65). El peligro lo constituye el "asesinato elemental", un asesinato por fuera de la estructura legal, que Arendt distingue del mero "asesinato" como crimen que debe sancionarse. Refiriéndose a quienes no son sino "seres humanos al desnudo", Arendt asegura que "Hoy, la verdad ha vuelto a casa: no existe protección en el cielo o en la tierra contra el 'asesinato elemental', y un hombre puede ser expulsado de los refugios y de los lugares que alguna vez estuvieron abiertos para todos" (90). Es así que el Estado pudo asesinar judíos sin ser visto como un estado asesino porque estos ya habían sido reducidos a simples humanos indiferenciados y, como tales, se los desterró por completo del mundo humano (*OT*, 442).

Esto último explica los pasajes ambiguos que Arendt desarrolló en su tesis sobre la creencia (*credere*) de san Agustín en el prójimo y sobre su propia insistencia en el amor a su aislamiento. Para una pensadora usualmente asociada con la pluralidad esto resulta desconcertante, incluso contradictorio, a no ser que tengamos en cuenta su énfasis en la relevancia política del *genesis estin*. Con respecto a la ratificación del aislamiento del prójimo, Arendt escribe "Esta interdependencia demuestra el dar y recibir recíproco en el que las personan conviven. La actitud de los individuos hacia los demás se caracteriza por la creencia (*credere*), a diferencia de todo conocimiento real o potencial. Comprendemos toda historia, es decir, todos los actos humanos y temporales,

---

[122] Ibíd., 65.

[123] Ibíd., 65-66.

al creer —esto es, al confiar, pero jamás al entender. Esta creencia en el otro es la creencia en que él probará lo que es en nuestro futuro en común. No obstante, esta creencia, que surge de nuestra mutua interdependencia, antecede cualquier prueba posible" (*LSA*, 101). El otro nunca podrá probarse a sí mismo en nuestro futuro común porque ninguna prueba o justificación puede ser proporcionada. Y, sin embargo, la creencia en el otro sigue existiendo, una mutua interdependencia que no puede fundamentarse. Arendt se refiere a esto como la "comunidad indirecta" de individuos plurales, aunque aislados: "El amor se extiende a todas las personas en la *civitas Dei*, así como la interdependencia se extendió a todos en la *civitas terrena*. Este amor define y explicita las relaciones humanas. Procedente del pensamiento sobre el peligro que se experimenta en la presencia de Dios, es decir, en absoluta soledad, este amor (...) también descansa sobre la otra persona en absoluta soledad. Este amor no vuelve a la humanidad, sino al individuo: a cada individuo. En la comunidad de la nueva sociedad la raza humana como tal no corre peligro, pero sí cada individuo" (111).

Aquí Arendt presenta la idea que luego desarrolla en *Los orígenes del totalitarismo* y en sus *Escritos Judíos*: no es la raza humana la que está en peligro, sino cada individuo que la compone (entender la humanidad como raza es precisamente el problema de una "biopolítica" que busca clasificar el *zoe* mediante todo tipo de categorías, en especial como raza). Cada individuo, en tanto que existencia indiferenciada aislada, carente de una identidad representable, se encuentra en peligro en un estado político que se caracteriza por la incapacidad de admitir el asesinato de quienes no son sino simples seres humanos. Estos individuos viven sin una identidad reconocible; viven en el desierto, en soledad. Se trata de cada uno de nosotros inmersos en lo indiferenciadamente dado, aquello que hace de cada persona un extraño: "Cada persona necesita reconciliarse con el mundo en el que ha nacido como extraño y en el cual, en función de su distintiva unicidad, siempre permanece como extraño" (*EU*, 308). El aislamiento de cada individuo constituye su inherente extrañeza. Así, Arendt, la filósofa de la pluralidad, escribe: "El amor al prójimo abandona al propio amante a la soledad absoluta y el mundo continúa siendo un desierto para la existencia del hombre. Es en la consumación del mandamiento de amar al prójimo que esta soledad se realiza y no se destruye" (*LSA*, 94). Hay algo de profético en la importancia que Arendt le otorga a este aspecto del pensamiento de san Agustín, justo antes de los eventos que convirtieron literalmente al mundo en un desierto y condujeron a la destrucción del asilamiento de cada ser humano. Pareciera como si ya en su tesis sobre san Agustín, escrita en 1929, Arendt hubiera llegado a la inesperada conclusión de que este mandamiento de amar al prójimo en su soledad, en su unicidad indiferenciada, estaba a punto de ser violado en la más inimaginable de las formas; como si hubiera entendido que el estado en el que vivía estaba a punto de emprender la última insurrección contra esta ley en *caritas* de amar al prójimo en su indiferenciada distintividad.[124]

Para Arendt, el *genesis estin*, el origen inaccesible que contiene su propia ley, no es plenamente anterior al mundo. El *genesis estin*, la aislada existencia indiferenciada, infunde la pluralidad propia del espacio político. La natalidad y la mortalidad no son *simplemente* acontecimientos naturales. Aquí es importante regresar a sus reflexiones en *La condición humana*:

> La naturaleza y el cíclico movimiento en el que ésta obliga a entrar a todas las cosas vivas, desconocen el nacimiento y la muerte tal como los entendemos. El nacimiento y la muerte de los seres humanos no son simples casos naturales, sino que se relacionan con un mundo en el que los individuos, entidades únicas, no intercambiables e irrepetibles, aparecen y parten. Nacimiento y muerte presuponen un mundo que no está en constante movimiento, pero cuya cualidad de durable y de relativa permanencia hace posible la aparición y desaparición. (*HC*, 96-97)

Aquí Arendt nuevamente sugiere que la aparición, la vida del individuo, no puede separarse de la vida biológica, pues la primera es al mismo tiempo su vida biológica y algo más, en la medida en que la corporización de la aparición de la vida del individuo forma parte del mundo:

> Sin embargo, la palabra «vida» tiene un significado por completo diferente si la relacionamos con el mundo y deseamos designar el intervalo entre nacimiento y muerte. Limitada por un principio y un fin, es decir, por los dos supremos acontecimientos de aparición y desaparición del mundo, sigue un movimiento estrictamente lineal, llevada por el motor de la vida biológica que el hombre comparte con otras cosas vivas y que retiene para siempre el movimiento cíclico de la naturaleza. (97)

Particularmente importante resulta este pasaje para comprender el vínculo entre la "vida" y el evento de natalidad. Arendt sostiene,

---

[124] Aquí, el análisis de Kristeva de la *caritas* esclarece la declaración de Arendt. En *Strangers to Ourselves*, escribe: "Las diferencias en el amor no deben borrarse sino perdonarse (...) Las diferencias entre los dignos y los indignos, los fieles y los infieles, los buenos y los malos, —e incluso los herejes— no deben reconciliarse sino reunirse a través de la posibilidad de aceptar lo que es dado. El pelegrino da y recibe; su vagabundeo, habiéndose convertido en un don, es un entusiasmo: se lo conoce como caritas" (traducción de Leon S. Roudiez [New York: Columbia University Press, 1992], 84).

en los inicios de *La condición humana*, que este evento rompe con la temporalidad natural –es decir, la temporalidad cíclica–. Como lo dado de la aparición, la vida biológica siempre ha sido terrenal, aunque no pública, en el sentido de pertenecer a un mundo en donde nuestros intereses comunes (*inter-esse*) conforman lo público. Si bien el milagro de lo dado es un milagro terrenal, resiste una categorización de la misma índole. Lo dado de la aparición, la vida, es el *inter homines esse*. Arendt desarrolla esto en sus reflexiones sobre el surgimiento y el declive de la vida, lo que no es, insiste una vez más, un fenómeno meramente natural: "Sólo dentro del mundo humano, el cíclico movimiento de la naturaleza se manifiesta como crecimiento y decadencia. Como el nacimiento y la muerte, tampoco ésos son casos naturales; no tienen sitio en el incesante, infatigable ciclo en el que toda la familia de la naturaleza gira a perpetuidad. Sólo cuando entran en el mundo hecho por el hombre, los procesos de la naturaleza pueden caracterizarse por el crecimiento y la decadencia" (97-98). Arendt critica a Marx por ignorar la terrenalidad propia del *zoe* en su concepción del trabajo y sostiene que entiende lo dado de la aparición corporizada como algo natural, algo fisiológico cuyo trabajo es visto entonces como un excedente natural:

> Cuando Marx definió el trabajo como "el metabolismo del hombre con la naturaleza", en cuyo proceso "el material de la naturaleza se adapta mediante un cambio de forma a las necesidades del hombre", de manera que "la labor se ha incorporado a su circunstancia", indicaba con claridad que "hablaba fisiológicamente" y que el trabajo y el consumo no son más que dos etapas del ciclo de la vida biológica que se repite incesantemente. El consistente naturalismo de Marx descubrió el "poder del trabajo" como el modo específicamente humano de la fuerza de la vida, que es capaz de crear un "excedente" como la propia naturaleza. (98-99,108)

La frase de Arendt "el crecimiento no natural de lo natural", que denota las formas en que lo político se ha entregado cada vez más a lo natural, no se refiere a la aparición pública de lo dado en su existencia indiferenciada; en cambio, su crítica al crecimiento no natural de lo natural en el espacio público es una condena a los modos en los que la corporización es reducida políticamente a lo natural.

En ninguna parte queda tan expuesto este reduccionismo como en los análisis de Arendt sobre el racismo y su terrible desenlace en los campos de concentración. Para Arendt, el racismo es la herramienta central que utiliza el imperialismo para promover la expansión de su poder económico y político. La aparición de lo dado, tanto en África como en Europa, fue reducido a la simple vida biológica y natural. Así, el poder del imperialismo representa para Arendt un biopoder, un poder que canaliza las doctrinas raciales para destruir la terrenalidad inherente al *zoe*. Mediante el biopoder del imperialismo, la vida se reduce a mera vida biológica y, por consiguiente, se le niega la aparición en el espacio público. El resultado final, señala Arendt, son los campos de exterminio, aquellas "fosas del olvido" donde confluyeron los "cadáveres vivos", expulsados no solo del espacio público sino también del mundo.

Es debido a su experiencia con el racismo y con los campos de concentración que Arendt pugna por afirmar políticamente lo dado de la aparición corporizada, presente en el corazón del espacio político: único, inalterable, singular y, en última instancia, extraño a todas y a cada una de las identidades representables. Para Arendt, el resentimiento contra lo dado, y su destrucción, caracterizan el espacio político de Occidente *desde sus inicios*. Debido a que el derecho a tener derechos incluye el principio de lo dado, entendido como la aparición de la existencia indiferenciada y no representacional, es que puede ser considerado como el derecho de aparecer de cada individuo concreto que, como tal, permanece intrínsecamente extranjero y extraño, aislado de cualquier identidad grupal. De esta manera, la insistencia de Agamben en que la noción de refugiado se separe de la noción de derechos humanos es errónea y no es algo que la propia Arendt aprobaría, aunque Agamben señale lo contrario.[125] Para Arendt, la aparición del refugiado en lo dado e indiferenciado conlleva inmanentemente una reivindicación del derecho a tener derechos. Este derecho no es un derecho sagrado conferido desde el más allá; es un derecho humano que emerge del evento de natalidad. Se trata, por así decirlo, de un derecho de nacimiento pero no de un derecho natural; requiere que la existencia humana indiferenciada pertenezca legítimamente al espacio político y que sea protegida en él.

No obstante, este derecho supone que el ente foráneo, extraño y no representacional puede ser asesinado. El ser humano posee derechos inalienables —los derechos del extraño, del extranjero— no a causa de una naturaleza sustancial (para Arendt, y para san Agustín, el yo está marcado por una heterogeneidad fundamental y una afinidad con el mundo), sino al propio evento de natalidad. Políticamente, esto significa que no se puede separar el *bios politikos* del *zoe*.

En *La especie humana*, Robert Antelme proporciona una explicación de lo "casi biológico", que pone de manifiesto el límite que el totalitarismo pretende instalar al reducir la vida humana a una simple falla biológica. Al describir sus años como prisionero político en Buchenwald y Dachau, impugnada su aparición como ser humano, escribe:

---

[125] Agamben, *Homo Sacer*, 134.

> El cuestionamiento de nuestra cualidad de hombres da lugar a una pretensión casi biológica de pertenencia a la especie humana. Sin embargo, nos ayuda a reflexionar acerca de las limitaciones de nuestra especie, de su distancia con la "naturaleza" y de su relación con ella, es decir, sobre cierta soledad que la caracteriza, y, finalmente –ante todo–, nos acerca a una clara visión de su unidad indivisible.[126]

Para Antelme, en las fronteras de lo biológico, en el punto donde se intenta reducir al ser humano a su biología, la distancia, el "casi" que indica la indivisibilidad entre el *zoe* y el *bios politikos*, se revela el ser humano individual, así sea asesinado, aparece con "absoluta claridad" como algo propio del mundo *humano*: "Poseemos la prueba de ello aquí mismo, la más irrefutable de las pruebas, dado que la peor de las víctimas no puede hacer otra cosa que reconocer que el poder del verdugo no es sino uno de los poderes que poseen los hombres, el poder de asesinar. El verdugo puede matar a un hombre, pero no puede convertirlo en otra cosa".[127] Aun en los límites de la aparición humana, cuando Antelme experimenta la soledad radical de no ser sino un simple ser humano, no deja de pertenecer al mundo.

Indudablemente, Arendt no siempre es clara sobre la relación entre el *zoe* y el *bios politikos*. Si hubiera prestado mayor atención a sus primeros análisis de la obra de san Agustín, su pensamiento político, evidenciado especialmente en *La condición humana* y en *Sobre la revolución*, se hubiera desarrollado en otras direcciones, en las que hubiera articulado mejor la relación entre estos términos. Lo que primero que aprende Arendt de san Agustín es que las diferencias corporizadas, cualquiera fuera su clase, aparecen necesariamente en el *bios politikos*. En lugar de ser violentamente destruidas por lo político, estas diferencias, afirma implícitamente Arendt, deben ser recibidas con gratitud y validadas políticamente como tales. San Agustin sugiere que en virtud del evento natal originario todo aquello asociado con el *zoe* –corporización, singularidad, extrañeza– es terrenal y corre constantemente el peligro de ser erradicado. "Él los creó varón y hembra" –en el centro de la pluralidad yace el extraño sexualmente singular y diferenciado que, en su aislamiento indiferenciado, es mi prójimo–. Este es el pensamiento que en primer lugar atrajo a Arendt a la filosofía de san Agustín: en el evento de natalidad cada uno de nosotros es graciosa y milagrosamente dado como una presencia ineludiblemente extraña, singular y corporizada que nunca puede justificarse o representarse, sino simplemente afirmarse y valorarse. *Amo: volo ut sis.*

---

[126] Robert Antelme, *The Human Race*, traducción de Jeffrey Haight y Annie Mahler (Evanston, III.: Northwestern University Press, 1992), 5.

[127] Ibíd., 219.

Physis: *la trama de la aparición y lo dado de un pueblo*

No resulta extraño que Arendt haya recurrido a la figura de Rahel Varnhagen tras finalizar su tesis doctoral, así como tampoco resulta extraño que en su respuesta a Gershom Scholem haya formulado sus observaciones conforme lo dado de su género y de su judeidad. En su tesis doctoral y en su *Habilitationschrift*, Arendt desarrolla una larga reflexión sobre lo dado: *physis*.[128] En el primer caso, se enfrenta con un filósofo que no retrocede en su concepción del evento de natalidad como el evento originario de lo dado. Arendt descubre la unicidad y la diferencia (*incluyendo* la diferencia sexual) que habitan el corazón de la natalidad. En el segundo, se enfrenta con una mujer que, cueste lo que cueste, está siempre tratando de escapar de su condición de judía solo para darse cuenta al final que "uno no escapa de su judeidad" (*RV*, 216). Como sostiene en su respuesta a Scholem, la judeidad está "dada" (*physis*). Sin embargo, ¿qué implica esto?, ¿qué significa ser parte de un "pueblo" del que es imposible escapar? Esta noción de lo dado pareciera contradecir por completo la insistencia de Arendt en lo originariamente dado del ser humano singular y único.

Con esta reflexión sobre lo dado de un pueblo, no obstante, Arendt dirige su atención a otro aspecto del evento de natalidad –a saber, la trama de relaciones en la que uno es arrojado al nacer–: "La revelación del 'quien' mediante el discurso, y el establecimiento de un nuevo comienzo a través de la acción, cae siempre dentro de la ya existente trama donde pueden sentirse sus inmediatas consecuencias. Juntos inician un nuevo proceso que al final emerge como la única historia de vida del recién llegado, que sólo afecta a las historias vitales de quienes entran en contacto con él" (*HC*, 184).[129] Arendt no identifica ningún conflicto entre la unicidad del recién llegado y la red que lo atrapa al nacer. Sugiere que la unicidad y la singularidad del recién llegado son aceptadas en esta trama de modo tal que lo dado se ve en sí mismo alterado. Esto último muestra una vez más la indivisibilidad entre este principio y el principio de *initium* –lo dado está acompañado por la inauguración de lo nuevo y es inseparable de ella–. Estas reflexiones poseen una enorme importancia para repensar la noción de un pueblo, especialmente en términos de una relación entre la cultura, el espacio político y el derecho a tener derechos.

---

[128] La *Habilitationschrift* es la segunda disertación que un estudiante en una universidad alemana debe escribir para asegurarse una plaza como profesor universitario.

[129] Arendt retoma la noción de *geworfenheit* de Heidegger: la facticidad a la que somos arrojados al nacer.

A primera vista, Arendt no sería totalmente consistente en su explicación al respecto. En diversos pasajes de *Los orígenes del totalitarismo*, Arendt parece descartar por completo la realidad de un pueblo, al asociar esta noción con una idea errónea de nacionalismo. Para Arendt, la pérdida explícita del estatus político que define la condición de refugiado está ya configurada por la mística de la soberanía nacional que reclama implícitamente la purificación de la nación mediante la expulsión del elemento judío, extranjero y extraño, del "alma nacional". De esta manera, Arendt sostiene que "apenas había aparecido el hombre como un ser completamente emancipado y completamente aislado, que llevaba su dignidad dentro de sí mismo, sin referencia a ningún orden circundante y más amplio, cuando desapareció otra vez como miembro de un pueblo" (*OT*, 291). Arendt es extremadamente crítica con esta desaparición, y su criticismo sugiere que la noción de pueblo debe ser recibida con escepticismo, si no con total rechazo. Por el contrario, en sus "Escritos judíos", Arendt señala que "sólo dentro del marco de un pueblo puede un hombre vivir entre los hombres, sin extinguirse. Y sólo cuando un pueblo vive y funciona en acuerdo con otros pueblos puede contribuir a establecer sobre la faz de la tierra una humanidad comúnmente condicionada y comúnmente controlada" (*JP*, 90). Una y otra vez en sus análisis del antisemitismo y de la fundación de Israel, Arendt insiste en lo dado de un pueblo, concretamente del pueblo judío, que les da acceso al espacio político no como seres humanos en general sino como lo que son, es decir, como judíos. Así, emerge en su obra una paradoja fundamental: por un lado, rechaza la noción de un pueblo nacional pero, por el otro, insiste en la inclusión política de los judíos *en tanto que pueblo*. Esta paradoja reaparece continuamente en su obra temprana, en sus intentos de pensar lo dado de un pueblo con derechos políticos concretos sin caer en un marco nacionalista —es decir, cómo pensar lo dado sin dejarse llevar por el racismo—.

Al abordar esta paradoja, es importante recordar las críticas de Arendt a Sartre en la época de *El origen del totalitarismo y Sobre la revolución. El origen del totalitarismo* comienza con un análisis del antisemitismo, y en su prefacio Arendt desarrolla una crítica a *El antisemita y el judío* de Sartre. Rechaza la "interpretación 'existencialista' de Sartre del judío como alguien considerado y definido como tal por los demás" (*OT*, xv). Como señala Richard Bernstein en *Hannah Arendt y la cuestión judía*, la visión de Sartre admite al menos dos consecuencias peligrosas. En primer lugar, se alimenta en el deseo del *parvenu* que, de ser aceptado por el antisemita, dejaría de ser judío. En segundo lugar, si la identidad judía dependiera del antisemita, aquellos judíos preocupados por preservarla serán de un modo u otro cómplices de preservar el antisemitismo.[130] Esta es la crítica de Arendt a Herzl, quien sostenía que los judíos se constituyen como pueblo en virtud de sus enemigos y que así "nuestros amigos más confiables, aquellos países antisemitas, son nuestros aliados" (*JP*, 148). La respuesta de Arendt es que "el antisemitismo, lejos de ser una misteriosa garantía de la supervivencia del pueblo judío, se ha revelado claramente como una amenaza de su exterminio" (*OT*, 8).

Para Arendt, el sionismo de Herzl presupone a la nación como "un cuerpo orgánico eterno, el producto del crecimiento natural inevitable de los atributos inherentes; y considera a los pueblos no como organizaciones políticas, sino como personalidades biológicas superhumanas". Este sionismo, sostiene, se aferra a una tradición del pensamiento nacionalista en la que "la soberanía del pueblo se confunde con reclamos nacionalistas de existencia autárquica" (*JP*, 156). La concepción arendtiana de pueblo nada tiene que ver con los atributos orgánicos o biológicos que identifican a un grupo en oposición con otro. En contraste, rechaza la noción de una identidad grupal definida de acuerdo con determinadas características intrínsecas que todos los miembros del grupo deben compartir. Arendt se refiere a lo que podría llamarse solidaridad grupal, conceptualizada en términos de una situación política e histórica compartida. Lo más importante para ella es la necesidad de que el mismo pueblo se sitúe en una relación de solidaridad con otros grupos políticos y culturales con los que comparte una preocupación por la justicia.

La biografía de Rahel Varnhagen es una *via negativa* que nos permite comenzar a entender la noción de lo dado (*physis*) de un pueblo. Varnhagen representa la figura de alguien que intenta escapar, como *individuo*, de su judeidad. Este anhelo por escapar se origina en un mundo político donde cada quien debe demostrar que es una *excepción* a lo dado que lo constituye. El punto aquí es que solo algunos *individuos* judíos fueron protegidos de la sociedad. Solo aquellos judíos excepcionales fueron admitidos, los descendientes "de personas especialmente importantes, y no –como Disraeli– [quienes] buscaban validar su pueblo dotándolo de algún poder extraordinario, místico" (74). Rahel Varnhagen y toda su generación, según Arendt, "ya habían descubierto que escapar del judaísmo sólo era posible individualmente y que apelar al espíritu de la ilustración ya no tenía utilidad alguna" (*RV*, 28). Varnhagen pudo ingresar a la sociedad como persona, pero

---

[130] Véase Richard Bernstein, *Hannah Arendt and the Jewish Question* (Cambridge, Mass.: MIT Press, 1996), 48. Véase también su ensayo "Hannah Arendt's Zionism?", en *Hannah Arendt in Jerusalem*, edición de Steven E. Aschheim (Berkeley: University of California Press, 2001).

jamás como judía. Si bien encontró una limitada bienvenida a su presencia como persona, como judía fue siempre recibida con hostilidad, "porque esa sociedad nunca le había otorgado de propio acuerdo –como judía– la más elemental, la más importante y mínima de las concesiones: derechos humanos" (*JP*, 7). Más que entablar una lucha política por los derechos humanos junto a otros judíos, Varnhagen entabló una lucha personal. Así, la vida para Varnhagen asumió la naturaleza romántica de una gran empresa en la que se encontró a sí misma como una persona enfrentada con el destino, comparándose con un artista para quien "la vida misma era la tarea" (*RV*, xvi).

La reflexión de Arendt acerca de la vida de Varnhagen como una vida vivida como mentira proporciona otra manera de comprender lo que entiende por "lo dado de un pueblo". Su crítica a la lucha individual de Varnhagen contra el destino apunta a que, básicamente, se trata de una lucha falsa; es una lucha abstracta que no puede más que repercutir sobre sí como una introspección antes que como una reflexión cuyo objeto es el propio mundo: "Si el pensamiento vuelve sobre sí mismo y halla su único objeto dentro del alma –es decir, si se vuelve introspección– produce sin lugar a dudas (en la medida en que continúe siendo racional) una semblanza del poder ilimitado por el acto mismo del aislamiento del mundo (…) La autonomía del hombre se transforma en la hegemonía sobre cada una de las posibilidades; la realidad simplemente impacta y rebota" (10). Lo que es más, Arendt sostiene que esta introspección engendra mendicidad: "Cada hecho se puede deshacer, se puede eliminar mediante una mentira. La mentira puede obliterar el evento exterior que la introspección ya ha convertido en un factor puramente físico. La mentira se apropia del legado de la introspección, lo sintetiza y crea una realidad a partir de la libertad que la introspección ha ganado (…) ¿Cómo un hecho puede significar algo si la propia persona se niega a corroborarlo?" (11). Al recurrir a Mendelssohn, Arendt nos acerca a su noción de lo dado, lo dado de la historia, aquello que para ella proporciona la condición para un mundo persistente: "para Lessing la historia es el maestro de la humanidad y el individuo adulto reconoce las 'verdades históricas' en virtud de su razón (…) Sólo en la versión de Mendelssohn las 'verdades históricas y racionales' se separan tan absoluta y definitivamente que el hombre en búsqueda de la verdad se repliega de la historia" (12).

El autoengaño, sugiere Arendt, reemplaza lo dado de un mundo histórico y el lugar que cada uno ocupa en él con un sueño ilusorio, e intenta obstruir por completo lo dado. Existe, sin embargo, una obstinación en lo dado: "Omnipotente como son la opinión y la mendicidad, poseen, no obstante, un límite que la alteración no puede cruzar; uno no puede cambiar su propio rostro; ni su pensamiento o su libertad, ni

las mentiras, las náuseas o el disgusto pueden removernos de nuestra propia piel" (13). Arendt volverá sobre este tema en su ensayo "Verdad y política", y conceptualizará los "hechos no deseados y obstinados" como las verdades que "no podemos cambiar; metafóricamente, se trata del suelo que pisamos y el cielo que se extiende sobre nosotros" (*BPF*, 264). Estos hechos obstinados son de naturaleza terrenal, de tal modo que dañarlos significaría poner en peligro el mundo: "Lo que está en juego aquí es la propia realidad común y fáctica, y esto representa ciertamente un problema político de primer orden" (237). En sus *Escritos judíos*, Arendt sostiene que la mentira puede destruir el mundo en su totalidad: "Las relaciones y las convenciones, en sus aspectos generales, son tan irrevocables como la naturaleza. Una persona probablemente pueda desafiar un simple hecho negándolo, pero no esa totalidad de hechos que podemos llamar mundo" (*JP*, 14). El asimilacionista escapa de la historia verdadera hacia una historia imaginaria de la humanidad, mientras que los sionistas escapan hacia una doctrina de antisemitismo eterno. Al escapar, tanto los asimilacionistas como los sionistas, evitan aceptar la lucha política de este mundo y enfrentar las verdaderas causas del antisemitismo.

Este es precisamente el problema que enfrenta Varnhagen al querer huir de su judeidad, pues se trató de un intento de escapar de lo que le fue dado. Esta evasión, para Arendt, solo pudo ser individual: "Porque las posibilidades de ser diferente de lo que se es son infinitas. Sin embargo, una vez que uno se ha negado a sí mismo ya no hay elección concreta. Sólo queda un objetivo: siempre, en cualquier momento, ser diferente de lo que se es, nunca reivindicarse, poseer una flexibilidad infinita para convertirse en cualquier otra cosa, siempre y cuando no se trate de uno mismo. Requiere de un estado de alerta inhumano para no traicionarse, para ocultarlo todo y sin embargo no guardar ningún secreto definido al que aferrarse" (13). En definitiva, Varnhagen no pudo vivir su mentira y por lo tanto no pudo tampoco alcanzar un nuevo estatus. Su insistencia en decir la verdad la situó en un lugar entre el paria y el *parvenu*: "El precio que se le demanda al paria para convertirse en parvenu siempre es demasiado alto y siempre ataca los elementos más humanos que por sí solos componen su vida. ¿No fue motivo de tristeza no tener hijos, no tener un esposo de su misma edad, no poder envejecer naturalmente y sentirse cada vez más abatida? Aquello que originó su más profunda indignación fue el diabólico dilema en el que había quedado atrapada su vida: por un lado, había sido privada de todo por las condiciones sociales generales; por el otro, sólo fue capaz de comprar una existencia social al sacrificar la *naturaleza*" (213, énfasis mío). Nuevamente, resulta extraño que el pensamiento político tardío de

Arendt no haya incluido esta dimensión de la vida política. La esfera pública que garantiza estos "derechos naturales" −el derecho a la propia unicidad y singularidad, el derecho a asumir la propia existencia corporizada (sexualidad, pasión, vestimenta, cultura)− debería haber llamado su atención. No solo los derechos humanos generales, sino aquellos derechos individuales que con certeza eran lo que su propio pensamiento reclamaba.

El "derecho natural" debe entenderse aquí en el contexto de su discusión sobre "lo dado", en este caso, de lo dado de una vida cotidiana como judío.[131] Arendt sostiene que los judíos, excluidos por siglos de la historia y la cultura de las tierras en las que vivieron, permanecieron ante los ojos de los pueblos que los acogieron en una etapa inferior de la civilización. Su situación política y social no se modificó a lo largo de estos siglos: fueron perseguidos y oprimidos en todas partes y solo en el mejor y más raro de los casos fueron tolerados. Así, Arendt rechaza el llamado a garantizar los derechos de los judíos sobre la base de una humanidad abstracta. Señala que este no es un llamado a defender la causa de los oprimidos, de los conciudadanos o incluso de un pueblo extranjero: "Para las conciencias más agudas de los hombres de la Ilustración se había vuelto intolerable saber que había entre ellos personas sin derechos. La causa de la humanidad se volvió así la causa de los judíos". Estos llamados no significaban otorgarle a los judíos, en tanto que judíos, una existencia en el espacio público. Por el contrario, Arendt señala que los judíos fueron considerados simplemente como "miembros de un pueblo oprimido, inculto y retrasado que debía ser conducido al redil de la humanidad. Lo que se pretendía era hacer de los judíos seres humanos. Por supuesto que su presencia era lamentable,

---

[131] Dada su insistencia en el derecho político de la cotidianidad, resulta extraño que aún se lea a Arendt como una pensadora que promueve una noción heroica del espacio público. Tal como lo indica su lectura de Kafka, esto es completamente incorrecto. Si uno presta especial atención a su concepción del héroe en *The Human Condition*, la obra que en gran parte sustenta este equívoco, Arendt deja en claro que el héroe no es alguien que ha llevado a cabo una hazaña gloriosa: "El héroe que la historia revela no requiere cualidades heroicas; en su origen la palabra 'héroe', es decir, en Homero, no era más que un nombre que se daba a todo hombre libre que participaba en la empresa troyana" (*Human Condition*, 186). El héroe es aquel que verdaderamente ha vivido su vida de tal manera que puede contarse una historia real: "La historia real en la que estamos metidos mientras vivimos carece de autor visible o invisible porque no está hecha. El único "alguien" que se revela es su héroe" (Ibíd.). La biografía de Rahel Varnhagen puede leerse como una historia que, finalmente, es real, precisamente porque Rahel reconoce quién es y se convierte en heroína. El hecho de que Rahel reconozca su judeidad le permite a Arendt contar una historia verdadera y no una ficción. Véase Rahel Varnhagen, *The Life of a Jewish Woman*, traducción de Richard and Clara Winston (New York: Harcourt Brace Jovanovich, 1974).

pero desde que existen, no había nada que hacer excepto convertirlos en un pueblo, en otras palabras, en un pueblo de la Ilustración" (8).

A partir de estos antecedentes históricos, Arendt afirma que se necesita una teoría diferente de la emancipación: se debe ser emancipado como judío y como ser humano. Señala a Schleiermacher y a Herder como dos de los pocos que entendieron esta clase de emancipación. Ambos abogaron por la naturalización de los judíos como *ciudadanos judíos*, e insistieron en que "no debe haber intención de poner fin a la cuestión judía". Tanto para Schleiermacher como para Herder, la emancipación era una cuestión política, la cuestión "de incorporar una nación diferente dentro del pueblo alemán y de Europa" (29). Pero, Schleiermacher y Herder eran para Arendt una rara excepción. En mayor sintonía con las ideas de la época se encontraba la visión de H. E. G. Paulus, un teólogo protestante liberal contemporáneo de Humboldt: "Paulus se manifestó en contra de la idea de emancipar a los judíos como grupo. En cambio, instó a que se le concedieran a los individuos los derechos del hombre de acuerdo con sus méritos personales" (106-107). La destrucción del judaísmo europeo comenzó cuando algunos judíos, creyendo que eran excepcionales, aceptaron del estado-nación privilegios extraordinarios, pensando erróneamente que tales privilegios podrían proteger sus derechos humanos. Así, afirma Arendt, "la terrible y sangrienta aniquilación de individuos judíos fue precedida por la incruenta destrucción del pueblo judío" (109).

Para Arendt, los seres humanos deberían tener el derecho a una existencia nominal antes que excepcional. Su lectura de *El Castillo*, de Kafka, esclarece su preocupación por la aceptación política de lo dado en la vida cotidiana de un grupo de personas.[132] El héroe de este relato, sostiene Arendt, es "evidentemente un judío", no debido a algún atributo o rasgo judío típico, sino porque se encuentra "envuelto en situaciones y complicaciones características de la vida judía" (84). El héroe K. busca ser indistinguible con el propósito de integrarse con la gente de la aldea. Sin embargo, es rechazado. Esta es para Arendt la encrucijada del judío que desea ser asimilado, "pertenecer al pueblo (es decir a aquellos que lo dirigen) o renunciar a su protección y probar suerte con las masas" (84). K. elige lo segundo, "hablar en nombre del judío de medio pelo que en verdad no desea más que aquellos derechos como ser humano: vivienda, trabajo, familia y ciudadanía" (85). Significativamente, Arendt,

---

[132] Es la imposibilidad de los judíos de realizar tareas mundanas, como comprar pan y leche, lo que demuestra su exclusión de la vida pública: "Una vez que pudimos comprar nuestra comida y tomar el metro sin que se nos dijera que éramos indeseables (...) Hicimos lo mejor que pudimos para encajar en un mundo donde uno debe poseer un tipo de orientación política a la hora de comprar la comida"; *The Jew as Pariah*, edición de Victor Gourevitch (Cambridge: Cambridge University Press, 2003), 60-61.

que en *La condición humana* parece separar estrictamente lo privado de lo público, sostiene que K. recurre a los derechos humanos universales, "como prerrequisito mínimo de la existencia humana". Entre estos prerrequisitos mínimos Arendt incluye el derecho a trabajar, el derecho a ser útil y el derecho a encontrar un hogar y ser miembro de la sociedad. Sostiene que uno no debería tener que volverse indistinguible —asimilado— para que se le concedan estos derechos. Lo común, lo ordinario, debería otorgarse legalmente a todos y no concederse como un privilegio a aquel judío excepcional que de otra manera ocupa en la sociedad la posición de "anormal". K. muere agotado. Arendt acuerda completamente con Kafka —si uno no vive en el marco de un pueblo, tal agotamiento es inevitable—. La afiliación de Kafka con el sionismo estriba en esto último. Arendt señala que Kafka no era un nacionalista sino "el último de los grandes poetas de Europa", cuyo trabajo intentó darle expresión a la existencia humana, y convertirlo en "un miembro normal de la sociedad humana (...) Los hombres de buena voluntad no deberían ser forzados a ser santos o locos" (89).

La crítica de Arendt al sionismo da otro indicio para entender la importancia política que tiene lo dado, en este caso lo histórico y políticamente dado de un pueblo, para pensar el derecho a tener derechos. En su ensayo sobre el estado de Israel, "El sionismo. Una retrospectiva", acuerda con Kafka, exigiendo una patria judía en lugar de un estado nación judío. ¿Cuál es la diferencia entre ambos? La respuesta, estimo, puede encontrarse en el concepto de *alienación natal* de Orlando Patterson. En su texto *Esclavitud y muerte social*, Patterson sostiene que la alienación natal del esclavo era la condición de estar "culturalmente aislado del patrimonio social de sus ancestros. Sin lugar a dudas, tuvo un pasado. Pero el pasado no es un patrimonio (...) Los esclavos eran diferentes a otros seres humanos porque no podían integrar libremente en sus vidas la experiencia de sus ancestros, ejercer su comprensión de la realidad social con el sentido heredado de sus antepasados natales, o anclar el presente vivo en alguna comunidad consciente del pasado". Patterson afirma que la lucha que mantuvieron estas personas excomulgadas por "recuperar el pasado, a pesar de haber hallado a sus parientes vivos", significó una lucha contra "la comunidad dominante, sus leyes, su herencia, su cultura".[133]

Si bien el estatus de los judíos en Europa se aleja en gran medida de la condición de esclavitud, considero sin embargo que poseen profundas similitudes en términos de la alienación cultural que describe Patterson, y más específicamente según las maneras en que la alienación

---

[133] Orlando Patterson, *Slavery and Social Death: A Comparative Study* (Cambridge Mass.: Harvard University Press, 1982), 5.

natal constituye lo que él denomina como "muerte social" y describe como la imposibilidad de pertenecer por derecho propio a cualquier "orden social legítimo".[134] Como mínimo, afirma Patterson, esta es la experiencia de una "excomunión secular". Esto último describe tanto al *parvenu* como al paria. En el primer caso, se niega la identidad judía propia para ganar aceptación social; en el segundo, el rechazo a negar la propia judeidad conduce a la excomunión del mundo social y cultural. En ambos, ni el *parvenu* ni el paria tienen acceso *como judíos* a la cultura dominante.

Además, si Patterson está en lo correcto y la alienación natal constituye en gran medida una muerte social, un estado de muerte en vida en la sociedad, resulta más fácil comprender por qué los judíos en Europa experimentaban tan precipitadamente las sucesivas muertes que Arendt describe en *Los orígenes del totalitarismo*: la muerte de la persona jurídica, la muerte de la persona moral, la muerte de la espontaneidad y, finalmente, la muerte en vida en las "fosas del olvido", en los campos de exterminio propiamente dichos. Todas estas muertes, sugieren los análisis de Patterson, fueron posibles por la alienación natal que excomulgó a los judíos de Europa, reduciendo su existencia a una "muerte en vida en la sociedad".

Una patria judía es para Arendt la solución a la condición de alienación natal. Su insistencia en que la Universidad Hebrea se sitúe en el centro de esta patria es que está pensando en un lugar donde la cultura y la tradición judía puedan florecer y ser reclamadas como un presente vivo. Esto constituiría algo muy diferente a un estado en el que solo los judíos son ciudadanos plenos. El estado judío sencillamente replica la alienación natal, excepto que esta vez son los judíos los que se establecen como la fuerza dominante y alienante sobre los árabes israelíes que habitan entre ellos.

En sus escritos sobre Palestina y el conflicto árabe-judío, Arendt distingue reiteradamente la nación hebrea del pueblo judío. Rechaza la primera, pues refleja el hecho de que el movimiento sionista "fue engendrado por dos ideologías políticas europeas típicas del siglo XIX (el socialismo y el nacionalismo)" (*JP*, 136). El movimiento revolucionario social abdicó políticamente y dejó la vía libre para lo que Arendt denominó como sionismo político, que comparte con el resto de los movimientos políticos decimonónicos una adhesión al nacionalismo: "Nunca fue tan terrible o ferozmente defendido que cuando se hizo evidente que este principio de organización nacional de los pueblos que alguna vez fue grandioso y revolucionario ya no podía garantizar la verdadera soberanía del pueblo ni establecer más allá de las fronteras

---

[134] Ibíd., 2, *sin énfasis en el original.*

nacionales una relación justa entre diferentes pueblos" (141). No cabe duda que al defender lo dado del pueblo judío Arendt no está abogando por "lo nacionalmente dado". Para ella, la estructura de un estado nación solo dispone de dos alternativas para la solución de los conflictos de nacionalidad: la asimilación total o la emigración. Arendt compara la soberanía nacional con aquella voluntad nacional homogénea que no tolera la diversidad étnica y cultural. Insiste en que lo dado de un pueblo debe entenderse en relación con aquellos pueblos con los que comparte un espacio político y cultural, y esto es algo que el nacionalismo se rehúsa a hacer. El sionismo es un nacionalismo porque tampoco reconoce el espacio político y cultural compartido por una multiplicidad de pueblos heterogéneos: "Con un buen ojo sólo para 'el carácter único' de la historia judía, insistiendo en la naturaleza incomparable de las condiciones políticas de los judíos, que se mantuvieron desvinculadas con cualquier otro factor de la política e historia europea, los sionistas habían situado ideológicamente el centro de la existencia del pueblo judío fuera de los límites de los pueblos de Europa y fuera del destino del continente" (155). Esta clase de pensamiento le niega al pueblo judío su lugar en la cultura europea y conduce a un "descabellado aislacionismo, hasta el extremo de escapar totalmente de Europa" (156). Arendt sugiere que el sionismo tuvo una nueva oportunidad para considerar sus "raíces geográficas, históricas, culturales y políticas en Europa e incorporar a su vez al pueblo judío al patrón de la política asiática [en una] alianza con los pueblos nacionales y revolucionarios de Asia" (156).[135] Como es bien sabido, esta oportunidad fue desdeñada y, con escalofriante claridad acerca de la empresa sionista en Palestina, Arendt predijo que "los árabes [se volverán] contra los judíos como los eslovacos se volvieron contra los checos en Checoslovaquia, y los croatas contra los serbios en Yugoslavia" (161).

Arendt entiende lo dado de un pueblo no en términos de los atributos psicológicos o biológicos intrínsecos que constituirían una identidad, sino en términos de la solidaridad de lo histórico, cultural y geográficamente dado. Descucbre, además, en el caso Dreyfus que fue la completa falta de esta solidaridad lo que condujo a la catástrofe, asegurando que "no nos sentimos con el derecho a la solidaridad judía; no podemos darnos cuenta de que en soledad no estamos tan preocupados como el pueblo judío en su conjunto" (60). Asimismo, insiste en

---

[135] Para un análisis especialmente correcto de la crítica de Arendt al ideal sionista de un estado nacionalista veáse Bat-Ami Bar On, *The Subject of Violence: Arendtian Exercises in Understanding*, en particular el sexto capítulo "Violence in the Intersection of Nationalism and the State Form" (Lanham, Md.: Rowman & Littlefield Publishers, 2002).

que la solidaridad de un pueblo debe extenderse a "los oprimidos en todas partes aún cuando las condiciones históricas pudieran ser de otra manera" (152). Por el contrario, el nacionalismo concibe al pueblo solo dentro del marco *cerrado* de su propia gente e historia. En el caso Dreyfus, Clemenceau emergió como el gran héroe porque entendió que "al atentar contra los derechos de uno se atenta contra los derechos de todos" (*OT*, 106). La solidaridad nacional e internacional de los pueblos heterogéneos es la respuesta que Arendt esgrime contra el nacionalismo y el imperialismo.

Cuando Arendt se refiere a su judeidad en términos de *physis*, la entiende como una condición cultural e históricamente dada. Lo dado, afirma, tiene el derecho de acceder al espacio público; el derecho de participar y ser protegido en el espacio político. Para Arendt, lo dado de un pueblo estriba en una cierta espacialidad, en una cierta historicidad, y en una condición corporizada que si bien no implica un determinismo, sí indica una diversidad y una diferencia que deben reconocerse políticamente. Esta es la razón por la que el arcaico evento de natalidad porta el principio de lo dado, que es tan inherente al derecho dado de un pueblo, con su cultura e historia única, a aparecer en el espacio político como el derecho dado del individuo único y singular a aparecer públicamente. Una y otra vez, en sus análisis del antisemitismo y la cuestión judía, Arendt insiste en lo dado del derecho de un pueblo a acceder al espacio político, no como seres humanos genéricos o como simples individuos, sino como lo que son: judíos capaces de ingresar al espacio político en lugar de integrarse en diversos espacios sociales.

Por último, Arendt no pasa por alto la gratitud que acompaña lo dado. Señala que hacia el final de su vida, Varnhagen descubre un anhelo por agradecer lo dado de su judeidad. Refiriéndose al *parvenu*, escribe: "Estos atributos [la gratitud y la comprensión apasionada de lo dado de la dignidad humana] –y Rahel los llama sus dos 'errores inconfesables' gemelos– deben ser descartados por el parvenu. Éste no se atreve a estar agradecido porque le debe todo a sus propias fuerzas; no debe preocuparse por los demás porque debe considerarse a sí mismo como un superhombre de eficiencia, un ejemplar de la humanidad especialmente genuino y fuerte, un modelo a seguir para sus pobres humanos parias" (*RV*, 214).

Es importante recordar una vez más que el principio de lo dado es inseparable del principio de *initium*. Ambos principios en conjunto constituyen el derecho a tener derechos. Esto significa que las tradiciones históricas y culturales dadas no se circunscriben a límites fijos. Lo dado de un pueblo nada tiene que ver con la "autenticidad" de la cultura, que presupone que las tradiciones son estáticas y necesitan ser protegidas. Arendt entiende lo dado de un pueblo como una trama de apariciones que una y otra vez es alterada por el *initium* de los recién llegados, que caen "siempre dentro de la ya existente trama donde pueden sentirse sus inmediatas consecuencias" (*HC*, 184)[136]. Esta idea refuerza la afirmación de Bhaba de que las tradiciones culturales siempre se enfrentan con una novedad que no participa del *continuum* entre pasado y presente –lo nuevo es "un acto insurgente de traslación cultural"–.[137] Asimismo, esta idea está presente en los cimientos de la afirmación de Benhabib de que las tradiciones no pueden originarse en la "comunidad natal"[138]. Por el contrario, se trata de los recién llegados únicos, extraños y singulares, inmersos en tramas diversas y diferenciadas. La gratitud hacia lo dado (hacia la singularidad del ser, por la otredad de los seres vivientes, por las tramas de aparición, por el despliegue del tiempo, por la tierra) está acompañada por el goce de habitar, junto con una pluralidad de personas, un mundo en donde la impredecibilidad de lo nuevo es una posibilidad que nunca se extingue. La gratitud, tanto como el placer, animan el derecho a tener derechos.

---

[136] Esta es la razón, para Arendt, de por qué el perdón es necesario para la acción. La facultad de iniciar algo nuevo conlleva consecuencias desconocidas para uno mismo y para la trama en la que uno está inserto. Arendt sostiene que necesitamos de la "constante liberación mutua" que el perdón proporciona para estar dispuestos a comenzar nuevamente. Arendt, *Human Condition*, 249.

[137] Véase Bhaba, *The Location of Culture*, 70.

[138] Véase Benhabib, *The Claims of Culture*, 94.

Cápitulo 4: El dilema de la responsabilidad común

Es precisamente porque el tirano no tiene ningún deseo de sobresalir y carece de toda pasión por la distinción que le resulta tan placentero elevarse por encima de la compañía de todos los hombres; contrariamente, es el afán de superación lo que hace que los hombres amen el mundo y disfruten de la compañía de sus pares, y lo que los conduce a los asuntos públicos.

Hannah Arendt,
Sobre la revolución

El principio arcaico de natalidad es doble: se compone por el principio de *initium* y por el principio de lo dado. Por consiguiente, la afección que lo anima es en sí doble: el goce en la compañía de los demás y la gratitud hacia lo dado. Arendt celebra especialmente este goce, entendiéndolo como la fuerza que anima la vida pública. En *Sobre la revolución*, cita con aprobación a John Adams: "Dondequiera que los hombres, mujeres o niños se encuentren, sean viejos o jóvenes, ricos o pobres, elevados o inferiores, sabios o ingenuos, doctos o instruidos, cada individuo es poderosamente impulsado por un deseo de ser visto, escuchado, nombrado, aprobado y respetado por las personas que lo rodean". Este deseo otorga "un sentimiento de felicidad que no podrían conseguir en ningún otro lugar" (*OR*, 119). Siguiendo a Adams, Arendt sitúa la dimensión ética de la vida pública en este deseo: "La virtud que él llamó 'emulación', el 'deseo de superar al otro', y su vicio, que llamó 'ambición' porque 'aspira al poder como medio de distinción'. Y, psicológicamente hablando, estas son en verdad las principales virtudes y los principales vicios del hombre político" (120).

Arendt sitúa el origen de este deseo en el evento arcaico de natalidad, pues este conlleva el deseo de aparecer. Se refiere a él como un "impulso innato", tan imperioso como el miedo que acompaña al deseo de auto-presentación: "Es, ciertamente, como si todo lo que está vivo –además del hecho de que su exterior está hecho con el motivo de aparecer, de ajustarse para ser visto y significar algo para los demás– tuviera una necesidad de aparecer, de encajar en el mundo de las apariciones exhibiendo y mostrando, no su 'ser interior', sino su propio ser como individuo" (*LMT*, 29). Basándose en la investigación del biólogo y zoólogo suizo Adolph Portman, Arendt sostiene que este deseo de aparecer no puede explicarse en términos funcionales. Por el contrario, sugiere que el deseo de aparecer es gratuito, y tiene que ver con el verdadero goce de la exhibición. Los seres humanos, que se preocupan por una imagen persistente, transforman este deseo de mostrarse en un deseo de autopresentación que involucra "una promesa al mundo, a aquellos ante quienes yo aparezco, de actuar de acuerdo con mi placer" (36). La gratuidad de este deseo indica que la propia aparición implica la doble afectividad de la gratitud y el placer. La felicidad pública, por lo tanto, representa el placer de aparecer en un mundo común que nos libera de la oscuridad. Es el placer de ser visible –ser vistos y reconocidos por nuestros pares–; se trata del placer de nuestra propia imagen solo garantizada por los puntos de vista de los demás. En definitiva, este placer es el lazo que anima el "nosotros"; proporciona una base motivadora o dinamizante para el lazo político, o lo que Arendt llama "la solidaridad de todas las personas" (*OT*, 161). Este doble principio afectivo de placer y de gratitud está presente en el corazón del derecho a tener derechos.

Al mismo tiempo, las reflexiones de Arendt acerca de los derechos humanos surgen de sus reflexiones sobre el mal radical. El terror innombrable, y no la belleza o el placer, rige la experiencia contemporánea del asombro.[139] Este asombro aterrador (*thaumazein*) ante la

---

[139] Los lectores de Arendt frecuentemente pasan por alto este aspecto de su pensamiento, lo que conduce a una consideración demasiado optimista del concepto arendtiano de acción política. Véase Patricia Bowen-Moore, *Hannah Arendt's Philosophy of Natality* (New York: St. Martin's Press, 1989); Maurizio Passerin D'Entreves, *The Political Philosophy of Hannah Arendt* (London: Routledge, 1994); y Jacques Taminiaux, *The Thracian Maid and the Professional Thinker* (New York: State University of New York Press, 1977). Para un análisis más juicioso de la noción de acción, una noción que exige tomar en cuenta su aspecto negativo –es decir, la violencia–, véase John McGowan, "Must Politics Be Violent? Arendt's Utopian Vision", en *Hannah Arendt and the Meaning of Politics*, edición de Craig Calhoun y John McGowan (Minneapolis: University of Minnesota Press, 1997). La perspectiva de McGowan sobre la violencia pasa por alto, sin embargo, la concepción de mal de Arendt. En efecto, McGowan sostiene que "Arendt se ha negado sistemáticamente a lo largo de toda su carrera a formular una explicación acerca del mal, a pesar de que constantemente nos llama la atención en cuanto a su existencia como un hecho político" (269). En un análisis posterior, *Hannah Arendt: An Introduction* (Minneapolis: University of Minnesota Press, 1998), McGowan retoma tal concepción, pero omite por completo el concepto de mal radical. Si bien es cierto que los últimos análisis de Arendt sobre el pensamiento

capacidad humana para hacer el mal inspira todo su pensamiento. Paradójicamente, un pensamiento que se origina ante los horrores del siglo XX concluye insistiendo en una noción de felicidad pública. Esta tensión entre el horror frente a lo que los humanos son capaces de hacer y la capacidad humana para gozar en la compañía de los demás constituye para Arendt el dilema de la responsabilidad común y es el tema de este último capítulo.

En lo que sigue, examino en primer lugar el análisis de Arendt sobre el mal radical en *Los orígenes del totalitarismo*, y sostengo que su reflexión sobre el "infierno totalitario" es esencial para entender la violencia infernal de este mal. El último trabajo de Julia Kristeva sobre Arendt (*Hannah Arendt*) resulta aquí de vital importancia, dado que su concepto de abyección esclarece la afirmación de Arendt de que la superficialidad del ser humano moderno explica el surgimiento del mal radical. Este concepto sugiere que la banalidad del mal es la amenaza siempre presente en la fragilidad de los asuntos humanos *precisamente debido al* evento de natalidad.[140] Dos momentos inseparables conforman la natalidad: la desolación abyecta que conlleva la amenaza implacable del mal radical y el acto del comienzo que posibilita la transformación y la redención de la finitud, una transformación que limita la amenaza, pero que nunca la erradica. La política de la natalidad de Arendt surge de estos dos momentos, brindando la única solución posible a la amenaza del mal radical. Como veremos, esta solución altera nuestra relación con la temporalidad, que, a su vez, posibilita un sentido

---

y el juicio esclarecen esta noción, cabe señalar que su concepción de la banalidad del mal se basa en su explicación de la superfluidad del ser humano, superfluidad que solo puede entenderse a partir de la noción de natalidad. El trabajo de Steven Aschheim sobre Arendt (*In times of Crisis: Essays on European Culture, Germans and Jews* [Madison: University of Wisconsin Press, 2001]) es a mi entender el análisis menos optimista al respecto. Aschheim sostiene que Arendt rechaza una concepción del mal en términos de categorías nacionales o históricas particulares, abogando en cambio por categorías históricas y psicológicas más generales. Sugiere implícitamente que la visión de Arendt de las raíces psicológicas del mal haría posible una interpretación mucho menos optimista de su noción de acción. No obstante, Aschheim no desarrolla las reflexiones de Arendt acerca de estos factores psicológicos.

[140] Para un análisis innovador de porqué la noción de abyección de Kristeva esclarece el pensamiento de Arendt véase Norma Claire Moruzzi, *Speaking through the Mask: Hannah Arendt and the Politics of Social Identity* (Ithaca, N.Y.: Cornell University Press, 2000). El análisis de Moruzzi enfatiza en cómo el pensamiento político de Arendt intenta excluir lo abyecto de la vida política mientras que reconoce al mismo tiempo la fuerza de la abyección en su análisis del logro terrenal del artificio y en su visión de la *performance* como algo que requiere que el actor use la máscara de la auto-presentación individual. Moruzzi le dedica un capítulo entero a un análisis sobre la banalidad del mal, en el que sostiene que esta se origina cuando se rechaza irreflexivamente el uso de la máscara (114-115).

transformado de la solidaridad de la humanidad a través del vínculo afectivo de la amistad política que anima el derecho a tener derechos.

El mal radical, la abyección y el horror de la humanidad

Para Arendt, el sentido de la vergüenza es lo único que queda del sentido de solidaridad humana. Arendt sostiene que este sentido constituye la expresión pre-política o no política de la idea de que "de una forma u otra los hombres deben asumir la responsabilidad por todos los crímenes cometidos por los seres humanos y que cada nación comparte la responsabilidad por el mal cometido por todas las demás" (*EU*, 131). La solidaridad internacional de la humanidad estriba en esta carga casi insoportable de responsabilidad global, y solo prevalece si desafía la capacidad humana para hacer el mal. Sin embargo, Arendt no está afirmando que el mal es un rasgo inherente al ser humano. En su reseña a *La parte del Diablo*, Arendt discute el argumento de que la bondad y la maldad son características propias de la condición humana, implicadas en una lucha gnóstica por la dominación. El mal radical no indica una naturaleza demoníaca; por el contrario, se trata de una *capacidad*.[141] El problema, para Arendt, estriba en que la tradición occidental no se ha enfrentado a la capacidad real del ser humano para hacer el mal, prefiriendo en cambio entender la maldad como una especie de nada —la carencia del Ser o del Bien—.

Aunque al principio absorta, Arendt intenta expresar su asombro ante el horror del siglo XX, y lo denomina *infierno*. El terror y la dominación total de los campos de exterminio constituyen la fábrica de este infierno sobre la tierra: "Tres clases de campos de concentración pueden dividirse muy apropiadamente en tres clases que corresponden a las tres concepciones occidentales básicas de la vida después de la muerte: el Hades, el purgatorio y el infierno". Al Hades, sostiene Arendt, le corresponden "aquellas formas relativamente leves, antaño populares incluso en los países no totalitarios, de apartar del camino los elementos indeseables de cualquier tipo —los refugiados, los despla-

---

[141] Debemos tener cuidado, por lo tanto, de no llegar a la conclusión de que Arendt cambia su opinión con respecto al mal radical. Arendt está de acuerdo con Jaspers en que el mal radical no se le puede atribuir a una naturaleza demoníaca. Posteriormente, en su correspondencia con Gershom Scholem, indica que el mal no es radical si por radical se entiende "profundo"; Arendt, *The Jew as Pariah*, 251. Más bien, escribe, el mal es como un hongo que se extiende por las superficies de las cosas. Sin embargo, eso no lo hace menos radical o terrible. El uso de la metáfora del hongo sugiere que Arendt no está de acuerdo con Kant en el que mal radical se origina en la naturaleza humana.

zados, los asociales y los desocupados". Arendt continúa: "el purgatorio queda representado por los campos de trabajo de la Unión Soviética, donde la desatención se combina con un trabajo forzado caótico. El infierno en el sentido más literal fue encarnado por aquellos tipos de campos perfeccionados por los nazis, en los que toda la vida se hallaba profunda y sistemáticamente organizada con objeto de proporcionar el mayor tormento posible" (*OT*, 445).

Arendt sugiere que el surgimiento de la dominación total y el terror representa la apropiación *hubrística* de los límites religiosos, específicamente la creencia en el infierno.[142] La dominación totalitarista materializa esta creencia al encarnarla en la inmanencia:

> Súbitamente se torna evidente que cosas que durante miles de años la imaginación humana había apartado a un lugar más allá de la competencia humana, pueden ser logradas aquí mismo, en la Tierra; que el Infierno y el Purgatorio, e incluso una sombra de su duración perpetua, pueden lograrse mediante los más modernos métodos de destrucción. Nada distingue quizá tan radicalmente a las modernas masas de las de siglos anteriores como la pérdida de la fe en un Juicio Final: los peores han perdido su temor y los mejores han perdido su esperanza. Incapaces de vivir sin temor y sin esperanza, estas masas se sienten atraídas por cualquier esfuerzo que parezca prometer la fabricación humana del Paraíso que ansiaban y del Infierno que temían. Lo único que no puede reproducirse es lo que hace tolerables al hombre las concepciones tradicionales del Infierno: el Juicio Final, la idea de una norma absoluta de justicia combinada con la posibilidad infinita de gracia. (446-447)

En este pasaje Arendt apunta a la función simbólica que las imágenes del cielo y el infierno han desempeñado en el pensamiento político desde *La república* de Platón: ambos suscitan tanto nuestros anhelos como nuestros temores. La religión, no obstante, coloca al cielo y al infierno más allá de la fabricación humana. Arendt sugiere que si bien el espacio político moderno se caracteriza por un abismo abierto por la pérdida de sus sustentos teológicos y por una pérdida de la creencia en el juicio final, estas representaciones todavía siguen desempeñando un rol político en el plano de nuestros miedos y esperanzas.[143] La separación entre lo teológico y lo político da lugar a la secularización

---

[142] Véase también "Social Science and Concentration Camps", en *Essays in Understanding*. Arendt escribe: "Los campos de concentración son los laboratorios en el experimento de la dominación total; para que la naturaleza humana sea lo que es, este fin sólo puede alcanzarse bajo las circunstancias extremas de un infierno humano" (240).

[143] Véase Lefort, *Democracy and Political Theory*.

de estas representaciones descendiéndolas –y subiéndolas– a la tierra: "el infierno totalitario sólo demuestra que el poder del hombre es más grande de lo que se habían atrevido a pensar y que el hombre puede hacer realidad diabólicas fantasías" (446). En su ensayo "Religión y política" Arendt retoma esta reflexión: "En los estados totalitarios observamos el intento casi deliberado, en los campos de concentración y en los sótanos de tortura, una especie de infierno terrenal" (*EU*, 383).

En una carta a Karl Jaspers, Arendt profundiza esta cuestión, sugiriendo que la visión totalitaria del infierno es un intento de establecer una presencia omnipotente en la tierra:

> Qué es el mal radical, yo no lo sé; pero a mi entender se vincula de alguna manera con el siguiente fenómeno: hacer de los humanos seres superfluos (...) Esto sucede tan pronto como toda impredecibilidad –que, en los seres humanos, es equivalente a la espontaneidad– es eliminada. Y, a su vez, todo esto surge de –o, mejor, se lleva bien con– la ilusión de omnipotencia (y no simplemente de la ambición de poder) de un hombre individual. Si un hombre individual en tanto hombre fuera omnipotente, no habría motivo entonces por el que el hombre en plural debiera existir en absoluto –así como en el monoteísmo es exclusivamente la omnipotencia de dios lo que lo hace ÚNICO.[144]

Arendt se refiere a este deseo de omnipotencia como la "locura por lo superlativo"[145], una locura que empuja a Dios a la tierra bajo la figura de un hombre omnipotente. En su carta a Jaspers, sostiene que esta locura es muy diferente de la ambición de poder que puede encontrarse, por ejemplo, en Hobbes. Para Hobbes, señala Arendt, la ambición de poder es relacional, correlativa al poder de otros seres humanos. En cambio, el deseo de omnipotencia es un rechazo a la pluralidad en favor de "ser uno", un poder divino sobre la tierra que anhela el dominio absoluto.

El infierno del mal radical estriba en el rechazo a la trascendencia simbólica, representada por los límites morales y religiosos, sustituyéndola por las fantasías de las ideologías y las ilusiones de omnipotencia. Aquí se manifiesta la relevancia de la insistencia de Arendt en que el mal radical necesita un pasaje del "todo está permitido" al "todo es posible". El "todo está permitido" se enfrenta con la muerte de Dios, pero aun así reconoce la exigencia del juicio, la necesidad de

---

[144] Arendt, *Hannah Arendt/Karl Jaspers: Correspondence, 1926-1929*, edición de Lotte Kohler y Hans Saner, traducción de Robert y Rita Kimber (New York: Harcourt Brace Jovanovich, 1985), Carta 109, 166.

[145] Ibíd.

distinguir entre lo permitido y lo inadmisible, incluso si esto último se vacía de cualquier medida absoluta. El "todo es posible" rechaza tanto la muerte de Dios como la exigencia del juicio. Restituye una presencia omnipotente sobre la tierra sin ninguna esperanza de perdón o gracia.

La ira contra lo simbólico, el colapso de la trascendencia en la inmanencia, también es una verdad de la relación del totalitarismo con la ley. Arendt asegura que los regímenes totalitarios afirman obedecer "estrictamente a aquellas leyes de la Naturaleza o de la Historia de las que supuestamente proceden todas las leyes positivas" (*OT*, 461). Al enfrentarse contra la ley simbólica restrictiva, la política totalitaria "promete la justicia en la tierra porque pretende hacer de la propia humanidad la encarnación de la ley" (462). El totalitarismo instaura una ley diferente que se encarnaría y resultaría tranquilizadora precisamente porque puede ser reconocida –debido a que reside literalmente entre nosotros–.

Esto resulta evidente en el juicio a Eichmann, quien, relata Arendt, declaró súbitamente que había vivido toda su vida de acuerdo con el imperativo moral kantiano. Al principio, Arendt se sintió ofendida ante semejante atropello contra Kant. Tras un examen más detallado, sin embargo, comprendió que lo que Eichmann realmente hizo fue pervertir la ley kantiana, reemplazando la voluntad de Hitler por la ley universal y trascendental de la razón:

> [Eichmann] no se había limitado a prescindir de la fórmula kantiana por haber dejado de ser aplicable, sino que la había modificado de manera que dijera: compórtate como si el principio de tus actos fuese el mismo que el de los actos del legislador o el de la ley común. O, según la fórmula del "imperativo categórico del Tercer Reich", debida a Hans Franck, que quizá Eichmann conociera: "Compórtate de tal manera, que si el Führer te viera aprobara tus actos". (*EJ*, 136)

Aquí Arendt se enfrenta con la especificidad del postulado general que en un principio articuló en *Los orígenes del totalitarismo*: el horror del mal radical y la dominación total son posibles a través de la perversión de la dimensión simbólica de la ley –es decir, un ser humano se convierte en su encarnación, en su voluntad soberana–: "En la filosofía de Kant, ese origen [de la ley] fue la razón práctica; en el uso familiar que Eichmann hace de él, fue la voluntad del führer" (*EJ*, 137).

La perversión de la ley está acompañada por una perversión del deseo. Si bien se le ha prestado atención al análisis de Arendt sobre el rol del deber para el ciudadano respetuoso de la ley, no suele advertirse que este análisis concluye con una discusión sobre la inseparabilidad entre el sentido del deber de Eichmann y su resistencia a la *tentación* de hacer el bien: "La maldad en el Tercer Reich había perdido la cualidad por la que la mayoría de las personas la reconocían –la cualidad de la tentación. Muchos alemanes y muchos nazis, probablemente la gran mayoría de ellos, ha sentido la tentación de *no* asesinar, de *no* robar, de *no* permitir que sus prójimos marchen a la perdición (...) Sin embargo, Dios lo sabe, han aprendido a resistir la tentación" (150). La resistencia al deseo ocurre a través del imperativo fascista de obediencia y sacrificio. Se trata de un imperativo arrojado con la mayor de las fuerzas por lo que Eichmann denomina "las palabras aladas" de Himmler, que era, sostiene Arendt, el más talentoso a la hora de resolver el problema de la conciencia –el deseo de resistirse al mal–. El efecto de estas palabras aladas en Eichmann fue parte de una euforia en la que ya no se percibía que las consignas y los lemas se emitían desde la cúpula, sino que parecían ser autofabricados. Arendt señala que cuando los jueces "trataron de apelar a su conciencia se encontraron con la 'euforia', y se indignaron y quedaron desconcertados cuando descubrieron que el acusado tenía a su disposición un cliché eufórico diferente para cada período de su vida y para cada una de sus actividades" (53).

La voz de la conciencia de Eichmann no fue silenciada –fue extirpada–, quedó atrapada en otra voz; su voz había sido literalmente "narrada" por la voz de Himmler. Eichmann no solo identificó la ley con la voluntad de Hitler sino también, al mismo tiempo, sus deseos y sus fantasías con los del führer. La voz eufórica de la conciencia le indicó a Eichmann que ignorase su propio deseo y llevara a cabo obedientemente la ley de la tierra: "Y, al igual que la ley de los países civilizados presupone que la voz de la conciencia dice a todos 'no matarás', aun cuando los naturales deseos e inclinaciones de los hombres les induzcan a veces al crimen, del mismo modo la ley común de Hitler exigía que la voz de la conciencia dijera a todos 'debes matar', pese a que los organizadores de las matanzas sabían muy bien que matar es algo que va contra los normales deseos e inclinaciones de la mayoría de los humanos" (150). Al citar la sentencia de la corte, Arendt señala que para que la justicia se base en la voz de la conciencia, para que las órdenes sean desobedecidas, deben ser "manifiestamente ilegales" y la ilegalidad debe flamear "como una bandera negra sobre ellos como un aviso que rece '¡Prohibido!'". Sin embargo, Arendt sostiene que en el régimen de Hitler:

> la bandera negra con su aviso flamea, manifiestamente, sobre órdenes que serían las legales en regímenes normales –por ejemplo, "no matar a ciudadanos inocentes por el solo hecho de ser judíos"–, tal como ondea sobre una orden criminal dada en circunstancias normales. Recurrir a la inequívoca voz de la conciencia o, dicho

> sea en el lenguaje todavía más vago que emplean los juristas, al
> "general sentimiento de humanidad" (Oppenheim-Lauterpacht, en
> *International Law*, 1952), no solo constituye una petición de princi-
> pio, sino que significa rehusar conscientemente a enfrentarse con el
> más básico fenómeno moral, jurídico y político de nuestro siglo. (148)

Estos fenómenos "de nuestro siglo" son al menos dos: el estatus frágil de la ley y su sujeto. La transformación de la ley trascendental en la inmanencia perversa da testimonio de la fragilidad de la ley en la modernidad. La voz de la conciencia de Eichmann, reemplazada con demasiada facilidad, una voz eufórica que él identifica tanto con la ley como con los deseos del führer, apunta a la frágil identidad del sujeto moderno.

El sacrificio del deseo personal de Eichmann mediante la voz eufórica de la conciencia se logra, sostiene Arendt, al redireccionar los instintos básicos, tal como el de la piedad (en virtud de los que retrocedemos ante el sufrimiento de los demás), hacia uno mismo: "El truco utilizado por Himmler –quien, al parecer, padecía muy fuertemente los efectos de aquellas reacciones instintivas– era muy simple y probablemente muy eficaz. Consistía en invertir la dirección de estos instintos, o sea, en dirigirlos hacia el propio sujeto activo. Por esto, los asesinos, en vez de decir: '¡Qué horrible es lo que hago a los demás!', decían: '¡Qué horribles espectáculos tengo que contemplar en el cumplimiento de mi deber, cuán dura es mi misión!'" (106). El "truco" de Himmler, ejecutado a través de consignas y frases hechas (como por ejemplo "Mi honor es mi lealtad"), es efectivo porque promete la unidad del sujeto sólo si este libera sus deseos. Al sacrificar el deseo por el deber, el sujeto tiene la fantasía de una identidad fija y estable. En una perversión del pensamiento de Rousseau, la autocompasión posibilita un *amour prope* unificado solo bajo la condición de que el sujeto se convierta en un instrumento entusiasta y obediente de las fantasías de los demás.[146]

Poca atención se le ha prestado al rol que desempeña la frágil identidad del sujeto moderno en el análisis de Arendt sobre el mal radical, que ella concibe como el intento de eliminar la espontaneidad de la faz de la tierra. Se trata del intento de transformar la propia naturaleza humana deshaciéndose de la impredecibilidad situada en los orígenes de la libertad y de la acción humana, el intento de estabilizar el comportamiento humano con el objeto de permitir que la

---

[146] En *Emile*, Rousseau sostiene que la piedad es el pasaje del *amour de soi* al *amour propre*. En el caso de Eichmann, esto tiene el efecto de una necesidad "post-deseo", lo que explica la razón por la que Eichmann es capaz, con tanta ligereza, de renunciar a su deseo.

ley de la naturaleza o la ley de la historia progresen sin obstáculos. Arendt observa: "Los campos son concebidos no sólo para exterminar a las personas y degradar a los seres humanos; sino también para servir a los fantásticos experimentos de eliminar (...) la espontaneidad misma como expresión del comportamiento humano y de transformar la personalidad humana en una simple cosa, algo que ni siquiera son los animales; porque el perro de Pavlov, que, como sabemos, había sido preparado para comer no cuando tuviera hambre, sino cuando sonara una campana, era un animal pervertido" (*OT*, 438). Así, el terror del totalitarismo está implicado en la perversión inseparable de la ley y de la subjetividad humana. Pervierte la humanidad al eliminar la capacidad de acción y la posibilidad de nuevos comienzos, y pervierte el significado de la ley al transformarla en algo desmesurado, siempre en movimiento y al destruir su sentido tradicional: la demarcación de la acción humana. El movimiento de la ley necesita así un ser humano estático, quieto. Arendt sitúa la demanda de la ideología totalitaria en su exigencia de llevar a cabo la ley de la naturaleza o de la historia –a saber, en el deseo de una identidad fija y estable–:

> De la misma manera que el miedo, y la impotencia de la que surge el miedo, son principios antipolíticos y lanzan a los hombres a una situación contraria a la acción política, la soledad y la deducción lógico-ideológica de lo peor que procede de ella representan una situación antisocial y albergan un principio destructivo para toda la vida humana en común (...) El "frío razonamiento" y el "poderoso tentáculo" de la dialéctica que se apoderan de uno como una garra aparecen como el último recurso en un mundo donde nadie es fiable y en donde no puede confiarse en nada. Es esta íntima coacción, cuyo único contenido estriba en la estricta evitación de contradicciones, la que parece confirmar la identidad de un hombre al margen de todas las relaciones con los demás. (478)

La ideología fascista promete una identidad unificada, ya hecha –fija, estática, sin contradicción y absolutamente fiable–. La locura por lo superlativo se refleja en el deseo del ser humano desolado e individual que también ansía rechazar la pluralidad en favor de la completitud, de una integridad prometida en la presentación de una fantasía de omnipotencia. Para Arendt, el atractivo de esta promesa de unidad tiene su origen en el fenómeno moderno de la superfluidad. El mal radical, escribe en *Los orígenes*, "ha aparecido en conexión con un sistema en el que todos los hombres se han vuelto superfluos de alguna manera". Es la desolación de los individuos económicamente su-perfluos y socialmente desarraigados lo que proporciona las condiciones del mal radical. Una clase particular de "soledad" resulta clave para la comprensión de este mal: "La soledad, el terreno propio del terror, la esencia del gobierno totalitario, y para la ideología o la lógica, la preparación de ejecutores y víctimas, está estrechamente relacionada con el desarraigo y la superfluidad, que han sido el azote de las masas modernas (...) Estar desarraigado significa no tener en el mundo un lugar reconocido y garantizado por los demás; ser superfluo significa no pertenecer en absoluto al mundo" (475). Si bien Arendt sostiene que la superfluidad es un fenómeno moderno particular, afirma que "hemos de recordarnos a nosotros mismos que un día dejaremos este mundo común, que seguirá como antes y para cuya continuidad resultamos superfluos, si es que queremos comprender la soledad, la experiencia de ser abandonados por todo y por todos" (476).

Así, una superfluidad o abandono radical rige en la propia finitud humana. Para Arendt, siguiendo a Heidegger, nos encontramos a la deriva en el dominio del llegar-a-ser. Giorgio Agamben lo denomina lo "irreparable", un término que captura apropiadamente el sentido del abandono.[147] Tal como lo indica Jean-Luc Nancy, la palabra banalidad tiene el mismo origen que la palabra abandonar: *bannum*.[148] La banalidad es la condición para una humanidad que ha sido olvidada, desterrada —nosotros somos los fosos del olvido—. En el pasado, esta desolación o banalidad fue contenida por una estructura tripartita de autoridad, tradición y religión. La modernidad, asegura Arendt, está signada por la separación de esta estructura en la que nuestra desolación aparece en el centro de nuestra existencia. Este olvido es una dura prueba, es el calvario secular de la modernidad; la banalidad del mal radical se funda en la negativa a emprender y soportar esta experiencia.

Aquí se llega al punto de partida: las afirmaciones de Arendt de que la idea de humanidad es aterradora. Arendt discute la idea generalizada de que cuanto más nos conocemos los unos a los otros, más empatía desarrollamos. Por el contrario, Arendt escribe, "cuanto más saben los pueblos acerca de otros, menos desean reconocerles como sus iguales y más retroceden ante el ideal de la humanidad" (235). La insistencia de Arendt en que el elemento que más nos une —la humanidad— es también el elemento que causa terror y un cierto retroceso es importante. El ideal de humanidad, depurado de todo sentimentalismo, requiere que los seres humanos asuman la responsabilidad política por todos los crímenes cometidos por la humanidad. Esta demanda, sostiene Arendt, es estremecedora, y de eso se trata el "dilema de la

---

[147] Agamben, *Homo Sacer*, 28-29.

[148] Véase Jean-Luc Nancy, "Abandoned Being", en *The Birth to Presence* (Stanford, Calif.: Stanford University Press, 1993), 43-44.

responsabilidad común" (236). La dificultad estriba en la doble cara de la humanidad: al mismo tiempo que nos une en la responsabilidad común, nos hace retroceder en el terror. Este retroceso, sugiere Arendt, se debe a nuestra banalidad, a nuestra desolación; nuestro terror, a su vez, nace en el enfrentamiento con nuestra falta de ser, en el hecho de habernos convertido nosotros mismos en los fosos del olvido. En una carta a Scholem, Arendt sostiene que el mal radical se extiende como un hongo sobre la superficie de la existencia humana (*JP*, 128). El horror de la banalidad del mal radical descansa precisamente en esta cualidad que busca, como un hongo, invadir cada grieta e intersticio de la finitud humana con sueños y delirios de fabricar lo absoluto en la tierra. Necesariamente se despliega sobre la superficie porque intenta cubrir la naturaleza abisal de la existencia humana.[149] Crítica con el modo occidental de entender el mal como "nada", como carencia de lo bueno, Arendt sugiere que la banalidad radica en la negación de nuestra propia nada, en la negación de nuestra propia desolación e imposibilidad de ser. Para Arendt, debe destacarse, la propia natalidad lleva dentro de sí la desolación, y, por lo tanto, la amenaza siempre presente del mal radical.

Arendt y Kristeva: la natalidad y el dilema de la responsabilidad común

La discusión que mantiene Arendt en las conclusiones de la segunda parte de *Los orígenes del totalitarismo* sobre el resentimiento occidental ante lo dado, un resentimiento originado en el temor a lo diferente, responde al problema del antisemitismo que ya había formulado previamente: "Apenas existe un aspecto de la historia contemporánea más irritante y equívoco que el hecho de que de todas las grandes cuestiones políticas no resueltas de nuestro siglo fuera este

---

[149] Lyotard sostiene que Arendt subvierte su reflexión psicoanalítica más importante, la que vincula el terror del totalitarismo con una necesidad que nace del temor a la natalidad, por un punto de vista histórico-político que se niega a reconocer sus propios fundamentos psicológicos. Véase Jean-Francois Lyotard, *Toward the Post-Modern* (Atlantic Highlands, N.J.: Humanities Press, 1993), especialmente su ensayo sobre Arendt, "The Survivor", página 56. Si bien sostengo que en *The Origins of Totalitarianism*, Arendt sí desarrolla un análisis psicoanalítico de la relación del terror con el miedo y el rechazo hacia nuestra finitud, que incluye el miedo y el rechazo hacia la natalidad y su impredecibilidad, concuerdo con Lyotard en que Arendt no profundiza lo suficiente al respecto. Los análisis de Kristeva son un intento de desarrollar los aspectos que Arendt deja sin desarrollar. Véase también Steven A. Aschheim, *In Time of Crisis: Essays on European Culture, Germans, and Jews* (Madison: University of Wisconsin Press, 2001), en particular el capítulo 11, "Nazism, Culture and The Origins of Totalitarianism".

problema judío, aparentemente pequeño y carente de importancia, el que tuviera el dudoso honor de poner en marcha toda la maquinaria infernal" (*OT*, 3). *Los orígenes* pueden leerse como una reflexión acerca del temor occidental a lo extraño que se cristaliza en el terror del totalitarismo. Arendt es crítica con la exigencia de que los individuos y los grupos deban asimilarse, precisamente porque esto encubre un resentimiento latente hacia lo extraño y diferente. En el contexto de la asimilación, Arendt muestra cómo la judeidad, al principio, fue aceptada socialmente como "exótica", antes de convertirse en un vicio que debía extirparse. Ciertamente, su análisis sobre la lucha de África, específicamente el terror implícito en el ideal iluminista de humanidad y su concomitante demanda por la responsabilidad común, se basa en el temor de Occidente a lo único y singular, a lo extranjero.

Llama la atención que Arendt no haya profundizado sus primeros análisis sobre la concepción agustiniana del evento de natalidad como *initium* y como lo dado. Por el contrario, pone el énfasis en la natalidad como comienzo. Este énfasis pone de relieve su noción de felicidad pública, que se origina en nuestra aparición entre los demás, con quienes tenemos la capacidad de generar algo nuevo. La preponderancia que Arendt le otorga a la libertad y a la acción se enfrenta con su propio argumento de que el espacio político, con su capacidad para lo nuevo, tiene *como su condición* lo dado, con su imperativo de misteriosa gratitud. En sus escritos posteriores, Arendt separa la duplicidad del evento originario: el milagro de los comienzos infunde el discurso y la acción del espacio público, en tanto que el milagro perturbador de lo dado y lo extraño es relegado a un espacio por fuera de los muros de la ciudad, violento y bárbaro. De esta manera, la demanda ética de gratitud sucumbe ante la violencia. Paradójicamente, las reflexiones de Arendt sobre el imperialismo sugieren que esta violencia hacia lo dado se vuelve contra el propio espacio político occidental. El placer en compañía de los demás da lugar al luto hobbesiano.

Kristeva señala que para Arendt el "filosemitismo social siempre terminó acrecentando el antisemitismo político, ese fanatismo misterioso sin el cual el antisemitismo difícilmente podría haberse convertido en el eslogan más apropiado para organizar a las masas. Esto nos lleva a explorar los componentes psicológicos de este 'fanatismo'".[150] Arendt es consciente de los peligros del "filosemitismo" social; sin lugar a dudas, comprende que la otra cara de la asimilación es la expulsión de lo que se resiste a las exigencias de la pertenencia. La aceptación del extranjero exótico contiene la semilla de su aniquilación. Arendt sugiere que esta

---

[150] Julia Kristeva, *Hannah Arendt*, traducción de Ross Guberman (New York: Columbia University Press, 2001), 128.

expulsión violenta del extraño estriba en la negación del imperativo de gratitud hacia lo dado. Es precisamente esta negación lo que preocupa a Kristeva, que sostiene que esto solo puede entenderse en términos de una "antropología psicoanalítica": "Si nos resistimos a los refugios tradicionales de las religiones, con sus énfasis en la amonestación, la culpa y el consuelo, ¿cómo pueden nuestros deseos individuales y colectivos evitar la trampa de la destrucción melancólica, del fanatismo desenfrenado o de las paranoias tiránicas? La ausencia de una antropología psicoanalítica es un hecho (...) Curiosamente, Arendt parece no darse cuenta de por qué es importante".[151]

Kristeva es, por lo tanto, extremadamente crítica con la concepción de Arendt del placer como la *única* afección que hace posible el lazo político. Cuestiona la indiferencia casi total de Arendt hacia el vicio psicológico que perfectamente podría animar el espacio político –la ambición de utilizar el poder para dominar a los demás–. ¿Por qué la dominación en lugar de la emulación como medio para alcanzar la distinción? ¿Por qué *no* la dominación, con el temor y la violencia que la acompañan, en lugar de la emulación con su concomitante placer de aparecer en la compañía de los demás? Kristeva sostiene que Arendt ahonda en el concepto cristiano de autoridad, particularmente en el miedo generalizado al infierno que lo sustenta, y considera la inquietante interacción entre los castigos y las recompensas que se vuelve el sustrato de la fe como el "único elemento político en la religión tradicional", pero, sin embargo, no se interesa por los fundamentos psicológicos de esta dinámica ni por el sustento indispensable que esta le otorga al lazo político. Kristeva se pregunta: "¿Acaso todos los lazos políticos se basan en un miedo perturbador?".[152] Con este interrogante, Kristeva parece acercarse más Hobbes que a Arendt. El miedo, y no el placer, es la fuerza que anima el espacio público, lo que nos permitiría comprender mejor la violencia que parece habitarlo. El placer, si es posible, es más difícil de ganar de lo que Arendt ha admitido.

Kristeva sitúa el origen de sus críticas en la negativa de Arendt a considerar el evento de natalidad como un evento *corporizado*. Esta negativa, sostiene Kristeva, obstaculiza el análisis del deseo sadomasoquista que la natalidad conlleva y, por consiguiente, su ponderación como algo que debe considerarse en la formulación del derecho a tener derechos: "Se debe recordar, no obstante, que la negativa a contemplar la unicidad del cuerpo y de la psiquis es lo que condujo a Arendt a no reconocer el rol que el sadomasoquismo desempeñó en la experiencia

---

[151] Ibíd., 180.
[152] Ibíd., 180-181.

de la violencia".[153] Kristeva señala que si bien Arendt sitúa la causa de la violencia moderna en el declive de lo político, "que engendra coerción para compensar su debilidad y ganar fuerza", no obstante, "el elemento psicológico –el sadomasoquismo en particular– hubiera enriquecido su análisis con un elemento importante que ayudaría a comprender mejor las 'condiciones' o la 'cristalización' del fenómeno que ella describe".[154] Kristeva sugiere que aunque Arendt desarrolle la virtud psicológica de la excelencia en la base de nuestro placer en la compañía de los demás, ignora completamente su vicio –el placer de dominar e inspirar temor a aquellos que solo le causamos dolor–.

Kristeva critica a Arendt por ignorar la unicidad entre el cuerpo y la psique, y, por lo tanto, por ser incapaz de proporcionar una conceptualización apropiada de la noción de dominación. Kristeva sugiere que la negativa de Arendt a reconocer el rol del sadomasoquismo, es decir, de la violencia que subyace en nuestros deseos, le imposibilitó explicar nuestro rechazo al imperativo de gratitud hacia lo dado que constituye, para Arendt, el prerrequisito de la acción. En el prefacio de su estudio sobre genios femeninos, Kristeva sostiene que debe tenerse en cuenta el análisis de Melanie Klein, precisamente porque su visión de la natalidad ofrece una comprensión más acabada del sadomasoquismo y de la gratitud. En *Cuentos de amor*, Kristeva señala que Klein, "la teórica audaz del impulso de muerte, es también una teórica de la gratitud entendida como 'una importante renovación de la capacidad de amar' necesaria para el reconocimiento de lo que está 'bien' para los demás y para uno mismo".[155] El análisis de Kristeva sobre Klein muestra cómo, a pesar de la violencia subyacente en nuestros deseos, la gratitud por lo dado es posible –como es posible para nosotros, incluso reconociendo la violencia del impulso sadomasoquista, hallar placer en la compañía de los demás–. Este análisis tiene gran importancia para comprender el principio afectivo que inspira el derecho a tener derechos.

Aún más, la antropología psicoanalítica de Kristeva conduce nuevamente al arcaico evento de natalidad, entendido aquí a partir de la noción de abyección. En *Los poderes del horror*, Kristeva afirma que la abyección es el "resultado de la natalidad primaria, las contracciones de un cuerpo que se separa de otro para existir".[156] Esta natalidad primaria "preserva lo que existía en el arcaísmo de una relación pre-objetal, en

---

[153] Ibíd., 180.

[154] Ibíd.

[155] Julia Kristeva, *Tales of Love*, traducción de Leon S. Roudiez (New York: Columbia University Press, 1987), 127.

[156] Julia Kristeva, *Powers of Horrors: An Essay on Abjection*, traducción de Leon S. Roudiez (New York: Columbia University Press, 1982), 10.

la violencia inmemorable con la que un cuerpo se separa de otro cuerpo para ser —manteniendo esa noche en la que el contorno de las cosas significadas se desvanece y donde sólo el sentimiento imponderable se realiza".[157] Kristeva indica que la abyección surge de una represión primitiva, cuando el infante lucha por separarse del cuerpo de la madre que lo alimenta y reconforta, de una puja contradictoria por establecer un esquema corporal particular sin abandonar la búsqueda de la unidad con el cuerpo materno. De esta manera, el sujeto ingresa en el lenguaje desde un contexto de conflicto: atracción y rechazo por la imagen de una madre preedípica y arcaica. Nuestra desolación, nuestra banalidad, es producto de las primeras contracciones de la corporización gestándose, cuyas huellas nosotros trasladamos a la natalidad lingüística. Previo a esta, el sujeto se sitúa en ciertos procesos que no pueden nombrarse. La identidad/no-identidad, como proceso significacional, existe con anterioridad al nacimiento en el orden simbólico del lenguaje bajo la ley paterna.

Sobre la base de lo que postula Klein, Kristeva afirma que la violencia inmemorial (el impulso sadomasoquista o pulsión de muerte) que forma parte de la natalidad primaria siempre se relaciona con un objeto: "[Klein] fue más receptiva de lo que fueron otros analistas a la hipótesis de la pulsión de muerte en el neonato, que respondía a su temor de ser destruido (...) Y sin embargo, al considerar que el impulso es más psicológico que biológico, Klein añadió que la pulsión de muerte sólo se manifiesta a través de su relación con un objeto".[158] En contraste con Freud (y esto reviste una gran importancia para Kristeva), Klein sostiene que los impulsos no son una energía psíquica sin rumbo y sin objeto; desde el principio estos impulsos llevan la marca del lenguaje, "una presencia rudimentaria de la simbolización en el plano donde obran los impulsos".[159] Para Klein, dado que estos están dotados con una simbolización rudimentaria, la fantasía nace de los sentimientos así como de los afectos. Esta afirmación, señala Kristeva, pone una distancia entre Klein y Lacan: "La fantasía kleiniana incluye elementos que sus seguidores buscan conceptualizar. Lacan, por su parte, adoptó un enfoque distintivamente griego al desplazar la representación psíquica hacia la aparición y hacia la visibilidad del *eidos*. Actualmente, el psicoanálisis se preocupa por esta exploración clínica y conceptual del arcaico reino transverbal que Melanie trajo a nuestra atención, un reino que contradice el ideal de la representación

---

[157] Ibíd., 9-10.

[158] Julia Kristeva, *Melanie Klein*, traducción de Ross Guberman (New York: Columbia University Press, 2001), 28-29.

[159] Ibíd., 158.

visual".[160] Si bien para Lacan, especialmente para el Lacan del espejo, la fantasía es un proyecto de la idea en la aparición del impulso, Klein sostiene que la fantasía se satura "con la realidad de los impulsos y con esta clase de elementos contenidos como la avaricia y la envidia".[161] Mientras que Lacan le da primacía al significante, Klein aboga por la corporización –una sensación que constituye tanto un sentimiento como una representación–.

Este es el primer paso que aleja a Kristeva de Hobbes: si bien este lenguaje "lleva la marca de las pasiones"[162], y necesita por lo tanto que la soberanía se defienda mediante la espada, Kristeva sostiene que las pasiones portan desde el principio la marca del lenguaje, y necesitan así el complemento de la negación (simbolización) antes que el de la fuerza. Hobbes sugiere que existe en las pasiones una violencia esencial que evita siempre el lenguaje, lo que requiere por consiguiente que el lenguaje siempre se complemente con el filo de la espada. Kristeva, por el contrario, asegura que la violencia esencial de las pasiones ya está mediada por una simbolización rudimentaria, lo que ofrece la posibilidad de que una mayor simbolización (la acción de la negación) haga innecesario el uso de la espada.[163]

Sumado a esto, y a pesar de que para Freud el objeto es, precisamente, el "objeto de una meta instintiva",[164] Klein sostiene que es algo más: un objeto-en-relación que involucra las fantasías y ansiedades del infante. Así, desde el principio, los impulsos –reales o imaginarios– se dirigen siempre hacia los demás. Asimismo, y nuevamente en contraposición a Freud, Klein señala que la fuente de los impulsos no es el cuerpo. Los impulsos no se originan como tensiones en el cuerpo que luego afectan la mente (cuya función básica es satisfacer las necesidades del cuerpo mediante la eliminación de los impulsos-tensiones y la preservación de un estado de equilibrio). Por el contrario, sostiene Klein, el cuerpo es el medio de expresión de los impulsos. Esto es importante para Kristeva: "Klein reivindicó la anamorfosis del cuerpo en la mente, de las sensaciones y los afectos en los signos y viceversa". Kristeva destaca el hecho de que Klein haya afirmado que "el cuerpo y el alma están unidos desde siempre y para siempre en el corazón

---

[160] Ibíd., 141.

[161] Ibíd.

[162] Hobbes, *Leviathan*, 31.

[163] Kristeva sostiene que nuestra única esperanza de impedir futuros Columbines es la expresión de nuestras fantasías; es decir, poner "nuestro deseo de muerte en palabras". Esto es posible porque este deseo ya está infundido de un simbolismo primordial. Véase *Melanie Klein*, 244-245.

[164] Sigmund Freud, *Three Essays on a Theory of Sexuality*, traducción de James Strachey (New York: Basic Books, 1975), 2.

del ser humano" y que al hacerlo "revivió la carne de la palabra, y privilegió el cuerpo de los impulsos y las pasiones de las imágenes".[165]

El hecho de que Kristeva adopte la concepción kleiniana de los impulsos, en contra de Freud y de Lacan, esclarace considerablemente su noción de abyección, que, señala, debe entenderse en el plano del "nivel primario translingüístico de los impulsos".[166] Los impulsos tienden a la búsqueda de objetos y, en el plano de los procesos corporales, están imbuidos de una simbolización rudimentaria; poseen una vinculación con la realidad. Ni el ego, ni el ello, ni los significantes son necesarios para otorgarle a los impulsos semióticos coherencia o dirección. Desde el comienzo, el universo psíquico del niño está consumido por la "simbolización rudimentaria" en una realidad afectiva. En la medida en que todos los impulsos buscan objetos, no existe una relación pre-objetal. Kristeva sostiene que "desde el momento del nacimiento, el impulso se encuentra con una expresión binaria: sensación/afecto, el objeto *coexiste* y su presentación se aferra a la sensación".[167] Además, Kristeva reformula la "violencia inmemorable" como aquellas fantasías sádicas del ego arcaico "dirigidas contra el interior del cuerpo de la madre constituyendo la primera relación básica con el mundo exterior y la realidad".[168] En lugar de entender la abyección como el conflicto fronterizo entre las pulsiones semióticas y los procesos simbólicos, Kristeva la concibe como el conflicto entre la destructividad intrínseca del objetivo sádico y la finalidad reparadora de la gratitud.

Para Kristeva, en consonancia con Klein, el impulso de muerte en el niño es una respuesta ante el miedo de ser destruido. Kristeva entiende la pulsión de muerte como un impulso destructivo innato, una reacción natural ante la frustración. El infante experimenta la frustración como una aniquilación total y la proyecta hacia el objeto; se trata de una destructividad paranoica, dado que el niño siente que el ataque se dirige a él. De esta manera, la agresión se separa del amor y se experimenta como paranoia. Esta ansiedad persecutoria es el temor del infante a sus propios impulsos de agresividad, fundados en la pulsión de muerte que contradice la pulsión de vida. La agresión se redirecciona hacia el objeto externo, inicialmente el pecho materno: contra su propia ansiedad, el infante proyecta el instinto de muerte hacia el exterior. El sadismo del ego arcaico prolonga la ansiedad: "lo que se manifiesta en el mismísimo comienzo de la vida retorna al sujeto con el mismo contenido pero con un objetivo diferente: yo no soy el que

---

[165] Kristeva, *Melanie Klein*, 148-149.

[166] Ibíd., 156.

[167] Ibíd., 142.

[168] Ibíd., 161

desea devorar, porque temo ser envenenado por el pecho malo en los que proyecté mis malvados dientes –esta es la lógica de la fantasía sádica que se corresponde con la ansiedad paranoide-esquizoide".[169] Así, al disociar el objeto en un pecho bueno y en un pecho malo, el sadismo se defiende de su propia destructividad y envidia. Como señala Jessica Benjamin en su análisis sobre la pulsión sadomasoquista, "la agresión acaba haciendo *externo* [lo] que de otro modo sería *interno*; reduciendo el mundo, objetivándolo, subyugándolo".[170]

El sadomasoquismo siempre está acompañado por la envidia, la manifestación externa del impulso de muerte. La envidia, palabra que deriva de la expresión latina "echar un mal de ojo", deteriora el objeto bueno o nos priva de él. Aquí Kristeva piensa en san Agustín, para quien la envidia era el peor de los pecados dado que se "opone a la vida misma".[171] La envidia ataca y destruye el placer del yo, es la expresión directa de los impulsos destructivos dirigidos especialmente contra la fuente de la vida. El objeto bueno, generalmente el pecho materno, es rechazado y odiado porque está dotado de atributos que otorgan vida, atributos que el niño necesita para su supervivencia. Sin embargo, no siempre está disponible. Cuando sobreviene esta ausencia, el infante lo ataca y lo culpa por la privación a la que es sometido. La envidia es la destrucción del otro, de lo extraño y de lo foráneo; es el odio hacia lo que uno no puede tener, lo inalcanzable.[172]

El sujeto que surge de este punto inestable de la separación está dividido, e identifica su experiencia previa y fragmentada que solo existe como afecto –deseo desnudo, pérdida irrepresentable– con el cuerpo materno. Previo al deseo –el movimiento desde el yo hacia los objetos externos que son su meta– existen impulsos que implican funciones semióticas pre-edípicas, así como descargas de energía que conectan y orientan el cuerpo con la madre. La abyección es el momento de la separación, la frontera entre el "yo" antes de su formación y lo otro; se trata del deseo o la carencia –una no-unidad inasimilable experimentada por alguien que no está en el orden simbólico ni fuera de él–.

La abyección es el lugar entre los signos; es una huella, un ritmo, un exceso o perturbación que desestabiliza y amenaza los procesos significacionales con el propósito de socavarlos. La abyección, por lo

---

[169] Ibíd., 86. El análisis de Kristeva del sadismo consiste en la inversión de su análisis de la fobia en *Powers of Horros*, donde sostiene que en la fobia, el temor y la agresividad regresan al individuo desde el exterior. En lugar de albergar la fantasía de devorar a la madre el sujeto fóbico cree que está siendo devorado.

[170] Jessica Benjamin, *Bonds of Love* (New York: Pantheon Books, 1988), 67.

[171] Kristeva, *Melanie Klei*n, 91.

[172] Kristeva señala que la envidia debe distinguirse de los celos, situación en la que se posee el objeto pero se teme perderlo.

tanto, es ese lugar "donde el sujeto es al mismo tiempo generado y negado, el lugar donde su unidad sucumbe ante el proceso de carga y estasis que lo produce".[173] Así, el sujeto que emerge está imbuido de negatividad, de una alteridad que determina su subjetividad naciente. Esta negatividad es placentera y dolorosa; es la fuente de la creación y el significado, así como de la ausencia, del extrañamiento y de la desolación. Este segundo aspecto es importante; Kristeva destaca que la abyección no debería ser "designada de ese modo, es decir, como lo otro, como algo a ser expulsado o separado".[174] La abyección se vincula así con la desintegración, o, quizás más precisamente, con la heterogeneidad que existe en el corazón del yo.

Ahora debemos encontrar el camino de regreso al pensamiento de Arendt, para quien esta extensa y compleja digresión por la antropología psicoanalítica solo hubiera significado una penosa –aunque necesaria– experiencia. La dinámica afectiva de atracción y repulsión hacia el cuerpo materno, en el momento de las contracciones de la subjetividad emergente, ocupa un lugar relevante en el pensamiento de Kristeva, cuya concepción de la abyección remite a una separación siempre doble. Se trata del sentimiento de aversión y de disgusto del sujeto al encontrarse con determinadas sustancias, imágenes y fantasías –es decir, lo horrendo, ante lo cual solo se puede responder con aborrecimiento, náuseas y confusión– que a su vez es un sentimiento de fascinación, que atrae al sujeto con el único fin de repelerlo. Kristeva sostiene que la abyección es, sobre todas las cosas, *ambigüedad*. Si bien le da fin a una suspensión, no exime por completo al sujeto de aquello que lo amenaza; por el contrario, abre un camino de perpetuo peligro. Kristeva señala que aunque Arendt es consciente de la fascinación de Hitler por los *Protocolos de los sabios de Sion* (se dice que los conocía de memoria), pierde de vista la abyección que motiva el interés del führer. Afirma además que "la propaganda nazi procedió identificándose negativamente con un enemigo vapuleado por la muerte, imitándolo al mismo tiempo con una fascinación llena de odio".[175] Hitler no denuncia los Protocolos; en cambio, busca instaurar una réplica exacta en la realidad, designando al pueblo judío como el peor de sus enemigos, con una repugnancia delirante aunque embelesada.

Lo que es más, Kristeva insiste en que la abyección es una respuesta histórica y culturalmente específica a la fragilidad de la ley; está atada al calvario secular de la modernidad y al colapso de los cimientos

---

[173] Kristeva, *The Kristeva Reader*, edición de Toril Moi (New York: Columbia University Press,1986), 95.

[174] Kristeva, *Powers of Horrors*, 197.

[175] Kristeva, *Hannah Arendt*, 138.

religiosos del orden político. Concuerda con el análisis de Arendt sobre el estatus inmanente de la ley en los regímenes totalitarios, aunque la critica por no tener en cuenta la dimensión sadomasoquista que acompaña la fragilidad de la ley y que contribuye a la fabricación del infierno sobre la tierra:

> Arendt menciona brevemente la cuestión del sadomasoquismo al ahondar en el concepto cristiano de autoridad, particularmente en el temor al infierno que lo sustenta. [Pero no] analiza el destino específico de la alquimia entre el temor y la autoridad que actúa en el centro mismo del mundo moderno secularizado, un mundo que claramente ha dejado atrás el miedo al infierno, pero que de ninguna manera ha difundido el espíritu sadomasoquista de lo que Arendt cuidadosamente llama la "fragilidad de los asuntos humanos".[176]

Arendt es consciente del instinto de sumisión, de la alquimia entre el temor y la autoridad, que rige la psiquis humana. En *Sobre la violencia*, observa: "Si confiáramos en nuestras propias experiencias en estos asuntos, sabríamos que el instinto de sumisión, el deseo ardiente de obedecer y de ser gobernado por un hombre poderoso, es al menos tan predominante en la psicología humana como lo es la voluntad de poder, y, políticamente, quizás más relevante" (OV, 39). Sin embargo, Arendt no explora este instinto, así como tampoco desarrolla su relevancia política.

Kristeva, por otra parte, sugiere que en la modernidad la relevancia política de este deseo de sumisión (la dimensión sadomasoquista en sus propios términos) estriba en la inestabilidad de la dimensión simbólica de la ley, que se manifiesta en la abyección: la permeabilidad del interior y las fronteras del exterior, la debilidad de las prohibiciones culturales, y la crisis de la identidad simbólica. Kristeva vincula la fragilidad de la ley que la abyección expone con una crisis de autoridad. Esta crisis se manifiesta en la fobia, una elaboración del anhelo y la agresión: "En la fobia, el temor y la agresividad (...) retornan a mí desde el exterior. La fantasía de la incorporación mediante la que intento escapar del temor (...) continúa amenazándome, dado que una prohibición paternal, simbólica, ya habita en mí (...) Frente a este segundo peligro (...) procedo de otra manera: yo no soy el que devora, soy el devorado".[177] Para compensar el miedo asociado con la debilidad del orden simbólico, el sujeto fóbico retrocede a la fantasía narcisista de la fusión con el cuerpo materno. No obstante, esta fantasía es amenazadora porque el sujeto está inmerso desde siempre en

---

[176] Ibíd., 181.

[177] Kristeva, *Powers of Horrors*, 39.

el orden simbólico gobernado por la prohibición paternal del incesto. De esta manera, la fantasía se invierte –antes que devorar a la madre (la fantasía de incorporación que promete placer y una vía de escape al temor), el sujeto imagina que es él quien está siendo devorado–. Esta fantasía fóbica construye así un otro imaginario que se vuelve una metáfora de la propia agresión del sujeto. En la medida en que las fantasías fóbicas son histórica y culturalmente específicas, los regímenes fascistas son capaces de movilizarlas e instalarlas en el cuerpo social. Kristeva destaca que "la maquinaria del imaginario se transforma en una institución social –teniendo como resultado la infamia del fascismo".[178]

Aún más importante, la fantasía fóbica obra en el plano de los impulsos más que en el de los deseos –el despliegue de las pulsiones de muerte sobre el cuerpo social–. Sin embargo, en la medida en que el sujeto ya se halla dentro de lo simbólico, estos impulsos *suceden* al deseo. El análisis de Kristeva sobre la fobia nos permite comprender mejor el exitoso artilugio de Himmler de invertir los instintos básicos, como el de la piedad. Al interpretar esta inversión a partir del análisis de Kristeva, las "palabras aladas" de Himmer producen fantasías fóbicas en el nivel de los impulsos aprehendidos por un sujeto que posee la doble fantasía: la incorporación y la unidad (la fusión con el cuerpo maternal/social), y la proyección, que desplaza la agresión hacia un otro imaginario (el judío) que parece amenazar desde el exterior. Eichmann está atrapado en la euforia –la fantasía fóbica que solo le exige sacrificar su deseo (la tentación de hacer el bien) y cumplir con su deber ante la ley–. Sin embargo, más que en el dominio de lo simbólico, esta ley se despliega en el dominio de los impulsos y las fantasías. La fantasía fóbica es movilizada por las "palabras aladas" que socavan el lenguaje con una infinidad de significados, al reemplazar los clichés y los eslóganes que actúan sobre los impulsos –"la fobia es una metáfora en un lugar equivocado, y renuncia al lenguaje en pos de la pulsión y el espanto"–.[179]

En una época donde el poder y la "prohibición excluyente" ya no le pertenecen al juicio final –"Dios[,] que preserva a la humanidad de la abyección y se reserva sólo para sí la prerrogativa de la violencia"– Kristeva sostiene que hoy forman parte del propio discurso, que se ha vuelto el lugar de la "restricción que nos hace hablar". Los discursos fascistas y racistas de Louis-Ferdinand Céline y de Hitler legitiman el odio en la medida en que se oponen a la ley simbólica monoteísta (imbuida de negatividad y de pérdida), sustituyéndola por otra ley

---

[178] Ibíd., 25.

[179] Ibíd., 35.

"absoluta, alentadora y completamente encarnada".[180] Al mismo tiempo, al pretender reasegurar las fronteras de la ley inmanente, estos discursos transforman el cuerpo judío, delirantemente percibido por Céline y por Hitler como la corporización del símbolo monoteísta, en un lugar de rechazo, donde confluyen todas las fuerzas de la negatividad, de la pérdida y de la desintegración.

En sus análisis de los panfletos de Céline, Kristeva demuestra la manera en que los escritos transforman una experiencia de abyección y la fragilidad de la ley en la ambición fálica de nombrar lo innombrable. El antisemitismo y el fascismo de Céline pueden ser considerados, por lo tanto, como "un tipo de formación pararreligiosa" dentro de la fantasía de "la inmanencia de la sustancia y el significado, de lo natural/racial/hereditario, de lo femenino y de lo masculino, de la vida y de la muerte –una glorificación del Falo que no explicita su nombre".[181] Al enfurecerse contra la ley simbólica, Céline reemplaza la ley sustancial e inmanente por la revitalización fantasmagórica del cuerpo social: "Produciendo nuevamente el rechazo, sin redención, perdiéndose, Céline se convertirá en cuerpo y lengua, en la cúspide de esa moral, en la repulsión política y estilística que es característica de nuestro tiempo".[182] Al igual que Arendt, Kristeva le otorga el nombre de infierno al terror del discurso fascista: "Este es el terror del infierno sin Dios: si no hay medios de salvación, si no hay optimismo, ni siquiera un optimismo humanístico vislumbrándose en el horizonte, entonces sólo puede haber un único veredicto, sin ninguna esperanza de perdón".[183]

Kristeva proporciona un complemento realmente necesario para la concepción de Arendt del evento de natalidad, que nos permite observar su estatus ambiguo y frágil, del que precisamente surge el dilema de la responsabilidad común. La fragilidad de los asuntos humanos surge en primer lugar de la abyección de la natalidad primaria, una abyección que significa que debemos enfrentar la constante amenaza de la banalidad del mal, cuyas huellas conducen a un abandono radical –la desolación inmanente a la corporización–. Kristeva nos recuerda que el "segundo nacimiento" (la natalidad lingüística) no solo no puede separarse del primero, sino que además lleva dentro de sí las huellas de las contracciones. Asimismo, sería un error pensar la abyección de la natalidad primaria como intrínsecamente maligna o delirante.

---

[180] Ibíd., 178. Céline redactó cuatro folletos en apoyo a la ideología fascista: "Mea Culpa" (1936), "Bagatelles pour un masacre" (1937), "L'Ecole des cadavers" (1938), y "Les Beaux Draps" (1941).

[181] Ibíd., 179.

[182] Ibíd., 23.

[183] Ibíd., 147.

Kristeva coincide con Arendt: el mal es una capacidad humana, no un rasgo inherente. Es nuestra capacidad para la autonegación, es decir, para la negación de la abyección. En términos más precisos, la banalidad del mal radical estriba en nuestra incapacidad de convivir con lo abyecto –de convivir con la ambigüedad, con el abandono y con la negatividad que infunden el evento de natalidad en sus dos niveles, el corporal y el lingüístico–.

A su vez, Kristeva señala que el impulso de muerte siempre está al servicio de la pulsión de vida, e indica que el interés por esta última, a saber, por "aquello que está 'lleno de nacimiento'", es un punto de encuentro entre Klein y Arendt:

> Aunque en el lado opuesto del espectro, Melanie parece haber compartido el interés de Arendt en la clase de vida que surge de la revelación y del acompañamiento de aquello que la amenaza. Melanie demostró estar, como diría Arendt, "llena de nacimiento", por medio de la implacabilidad terapéutica que infundió sus incisivas interpretaciones –y también mediante la privilegiada función que le asigna al impulso de muerte, que es descrito al principio como un deseo sádico o, según lo enunciaría posteriormente, como una clase de envidia. En síntesis, el impulso de muerte es una condensación de amor y de odio, un deseo paroxístico.[184]

Aquí, la referencia de Kristeva a Arendt en su reflexión sobre Klein resulta significativa. Como sostuve al principio de este capítulo, estas tres pensadoras están interesadas en el arcaico evento de natalidad, si bien Arendt separa la dualidad de este *arche* y deja sin explicar el principio de gratitud hacia lo dado. Arendt reconoce dos tipos de impulsos que movilizan la existencia humana –la gratitud y la ansiedad–, sin embargo, no los considera como aspectos plenos de este evento. Por el contrario, siguiendo a san Agustín, define el miedo y la ansiedad como impulsos que se orientan hacia la muerte, mientras que considera la gratitud como algo que surge de un recuerdo primitivo del nacimiento. Por su parte, Kristeva, en consonancia con Klein, demuestra que tanto la ansiedad (asociada al impulso de muerte) como la gratitud (que, del mismo modo que Arendt, Kristeva sitúa en el recuerdo y en el duelo) forman parte de la natalidad. Para Kristeva, Klein ofrece una manera de resolver esta separación al proporcionar una explicación del modo en que el impulso sádico y destructivo puede transformarse en una pulsión de vida reparatoria que se manifiesta en la gratitud hacia lo dado.

Si bien la pulsión de vida siempre está atrapada en una lucha con el impulso de muerte, Kristeva sostiene que aquel se manifiesta

---

[184] Kristeva, *Melanie Klein*, 84-85.

primero en una posición depresiva, en la que el infante retiene un recuerdo del objeto bueno y adquiere nostalgia por él. Este recuerdo es comparable al luto: dado que "este amor es un amor devorador que está cargado con impulsos sádicos, el sentimiento de pérdida por el objeto bueno es reforzado por un sentimiento de culpa al haberlo destruido en su asimilación".[185] Este sentimiento de duelo o depresión moviliza el deseo de "reparar los objetos", mediante el cual el infante "imagina que puede deshacer los efectos nefastos de su agresión hacia el amor y el cariño [que su madre] tiene por él".[186] Esta es la "apuesta por la gratitud", la condición indispensable para el desarrollo de la capacidad de reparación, "concomitante con la pérdida del objeto en el estado depresivo".[187] La fragmentación y disociación característica del estado paranoico-esquizoide se transforma en la gratitud por el "objeto entero", cuya pérdida se lamenta. La transformación de la violencia del impulso de muerte en gratitud ocurre a través de un duelo por el objeto que permanece extraño y ajeno para siempre, en una separación primordial e insalvable.[188]

La obra de Kristeva puede leerse como una extensa discusión sobre el imperativo político-ético de gratitud hacia lo ajeno, foráneo y dado en un mundo que ha presenciado la muerte de Dios (¿no podemos acaso interpretar la violencia de los siglos XX y XXI como la furia destructiva del estado paranoico-esquizoide, que, habiendo experimentado la ansiedad de la pérdida, se niega a lamentar y busca, en cambio, frenéticamente destruir lo que permanece inalcanzable o construir, en una fantasía fóbica, a un otro imaginario que se vuelve la metáfora de su propia agresión?). En *Extranjeros para nosotros mismos*, Kristeva señala que "el problema de los extranjeros surge para un pueblo cuando, habiendo transitado el espíritu de una religión, encuentra nuevamente un dilema ético (...) La imagen del extranjero se presenta en el lugar y en lugar de la muerte de Dios".[189] Más que ver a la extranjeridad como la faceta política de una violencia que es excluida y que por lo tanto subyace en el espacio político (tal como lo ve Arendt), se vuelve un pedido por la aceptación gratuita del extranjero: "Convivir con el otro, con el extranjero, nos sitúa frente a la posibilidad o no *de ser un otro*. No se trata simplemente –humanísticamente– de ser capaces de

---

[185] Ibíd., 76.

[186] Ibíd., 79.

[187] Ibíd., 188.

[188] Si bien supera los alcances de este trabajo, una conceptualización completa de la gratitud y de la reparación mostrarían la manera en que esta última actúa en la transformación del dolor en un exilio hacia lo simbólico.

[189] Kristeva, *Strangers to Ourselves*, 40.

aceptar al otro sino de *ponerse en su lugar*, lo que implica imaginarse y convertirse uno mismo en un otro para sí".[190]

En su análisis sobre Klein, Kristeva muestra cómo la violencia puede dar curso a la gratitud por lo que permanece extraño o por completo extranjero. Más que proyectar la envidia del impulso de muerte hacia el exterior, la gratitud posibilita el duelo y repara lo foráneo, tanto *por fuera* como *por dentro*. Por lo tanto, y en contraposición con Arendt, Kristeva demuestra que aunque el origen arcaico es siempre doble, no está peligrosamente dividido. Si bien es cierto que la psiquis humana contiene una "destructividad inconmensurable", posee también la capacidad para "reparar y amar con gratitud, frente al sadismo, la tiranía del superego y la envidia".[191] La gratitud, sostiene Kristeva, es el "costado más tranquilo de Tánatos", y agrega: "La ansiedad no ha desaparecido, sino que escoge otro dominio: en lugar de dividir y de fragmentar, en lugar de destruir y de despedazar, la ansiedad se tolera como un manantial de sufrimiento con respecto al Otro y como un manantial de culpa por haber sentido placer al lastimarlo".[192] Convivir con lo extranjero y lo extraño implica por lo tanto el malestar psíquico de la nostalgia y la culpa, pero ya no inspira resentimiento ni violencia. El placer es posible mediante la gratitud y la vocación de amar −"el deseo siempre atrae con mucha fuerza a la ansiedad; sólo en tiempos más tranquilos se convierte en una fuente de placer, en cuyo caso está sin embargo preparado para buscar el deleite por medio del amor y la gratitud".[193]

Regresemos una vez más a la pregunta de Kristeva: "¿Acaso se basan todos los lazos políticos en un miedo perturbador?". Este interrogante hobbesiano, cabe recordar, es formulado en el contexto de lo que Kristeva entiende como un mundo moderno secularizado que claramente ha "dejado atrás el miedo al infierno, pero que de ninguna manera ha dispersado el espíritu sadomasoquista de lo que Arendt prudentemente llama 'la fragilidad de los asuntos humanos'".[194] Sin embargo, a partir de su lectura de Klein, observamos que Kristeva formula la posibilidad de una nueva afección arcaica, una afección que anima el derecho a tener derechos y que, asimismo, se manifestaría en las leyes e instituciones por él instituidas. Hemos visto que Kristeva define la gratitud como aquello que dispersa (pero que no reemplaza por completo) el espíritu sadomasoquista de los asuntos humanos. La

---

[190] Ibíd., 13.

[191] Kristeva, *Melanie Klein*, 24.

[192] Ibíd., 89.

[193] Ibíd., 241.

[194] Kristeva, *Hannah Arendt*, 181.

gratitud hacia lo extranjero y lo extraño, hacia lo dado en tanto que otredad e inalcanzabilidad, debería establecerse como la afección arcaica que impulsa los lazos políticos en un mundo secularizado, posreligioso.

A su vez, Arendt responde el interrogante de Kristeva al abogar por una transformación de la temporalidad. Dada la capacidad humana para hacer el mal, arraigada en nuestro rechazo banal a la abyección, Arendt sugiere que el único remedio posible para el mundo secular moderno es cambiar nuestra relación con el tiempo mediante de una política de la natalidad.

El dilema de la responsabilidad común y una política de la natalidad

Arendt comienza *La condición humana* y su análisis de la *vita activa* con una distinción entre eternidad e inmortalidad. Si bien su discusión sobre la inmortalidad es interpretada frecuentemente como un debate sobre los hechos y los discursos heroicos que distinguen al actor en la esfera pública y aseguran de esa manera, a través del recuerdo, su durabilidad en el tiempo, un estudio más profundo revela que Arendt no está tan interesada en la persistencia de los actos individuales como en la persistencia de la humanidad. La inmortalidad, afirma, es la preocupación de los que son mortales: "Incrustados en un cosmos donde todo era inmortal, la mortalidad se convirtió en el sello distintivo de la existencia humana . Los hombres son 'los mortales'" (*HC*, 18).

La mortalidad determina la división entre la vida y la muerte; marca un corte en el tiempo. Los seres humanos se mueven "a lo largo de una línea recta en un universo donde todas las cosas, si acaso se mueven, lo hacen cíclicamente" (19). Esta transformación del tiempo cíclico en un tiempo rectilíneo distingue al ser humano de otras especies animales. Para decirlo con mayor claridad, ser completamente humano requiere de una transformación del tiempo. Esta transformación, sostiene Arendt, solo se alcanza en la medida en que la mortalidad se conecte con un interés por la inmortalidad, al ser esta última un aspecto inseparable de la vida política: "Sin esta trascendencia en una potencial inmortalidad terrena, ninguna política, estrictamente hablando, ningún mundo común ni esfera pública resultan posibles (...) Pero tal mundo común puede sólo sobrevivir el paso de las generaciones en la medida en que aparezca en público. La publicidad de la esfera pública es lo que puede absorber y hacer brillar a través de los siglos cualquier cosa que los hombres quieran salvar de la ruina natural del tiempo". En términos negativos, Arendt sostiene que la decadencia de la humanidad moderna es inseparable de la caducidad del problema de la inmortalidad y el mundo público: "Tal vez no haya testimonio más claro de la desaparición de la esfera pública en la Edad Moderna que la casi absoluta pérdida de interés por la inmortalidad" (55).

La inmortalidad, por lo tanto, es una hazaña política que instituye un mundo en común duradero. El deseo de inmortalidad no es un sentimiento religioso ni una esperanza fundada en el miedo a la muerte: se trata del deseo de un mundo común, que nos libera de la eventual oscuridad. Es el deseo de nuestra propia imagen solo concedida por los puntos de vista de los demás. Lejos de celebrar una política del individualismo heroico, el énfasis de Arendt recae sobre el deseo de aparecer –es decir, el deseo de ser–: "El término 'público' (...) significa, en primer lugar, que todo lo que aparece en público puede ser visto y oído por todo el mundo y tiene la más amplia publicidad posible. Para nosotros, la aparición –algo que ven y oyen los demás al igual que nosotros– constituye la realidad" (50). La realización de este deseo depende de la existencia de una pluralidad de otros que compartan el mundo en común. Citando a Aristóteles, Arendt sostiene que "para los hombres, la realidad del mundo está garantizada por la presencia de los demás, por su aparición ante todos; 'porque lo que aparece a todos, lo llamamos ser', y cualquier cosa que carece de esta aparición viene y se va como un sueño" (199). Nuestro sentido de lo real "depende completamente de la aparición" en un mundo común, cuya realidad, precisamente, "radica en la presencia simultánea de innumerables perspectivas y aspectos en los que se presenta el mundo (...) y para el que no cabe inventar medida o denominador común" (57).

Arendt llega a llamar "impulso innato" al deseo de aparecer, tan poderoso como el temor que acompaña al instinto de autopreservación. "Es en efecto como si todo lo que está vivo (...) tuviera una *urgencia por aparecer*, por encajar en el mundo de las apariciones mostrándose y exhibiéndose (...) a sí mismo como un individuo" (*LMT*, 26). Como observamos previamente, Arendt expresa que esta urgencia por aparecer no puede ser explicada en términos funcionales; en cambio, sugiere que se trata de una urgencia gratuita vinculada con el verdadero placer de la autoexhibición. Los seres humanos, interesados por una imagen *perdurable*, transforman el instinto de autoexhibición en un deseo de autopresentación, que, sostiene Arendt, implica una "promesa al mundo, a aquellos ante quienes aparezco, de actuar de acuerdo con mi deseo" (*LMT*, 36). El hipócrita, por otro lado, es aquel que quiebra esta promesa.[195]

---

[195] Para un análisis detallado del modo en que Arendt conceptualiza al hipócrita, véase Moruzzi, *Speaking through the Mask*, 32-37. Restringiendo su análisis a las

La división entre el ser natural y el ser mortal/inmortal coincide, por consiguiente, con la división original entre la esfera privada y la esfera pública. En cuanto al interrogante formulado por Kristeva, para Arendt, la única manera en que nuestros deseos colectivos e individuales pueden evitar el fanatismo y la locura del mal radical es a través de la instauración política de una forma diferente de tiempo –el tiempo de la inmortalidad– que no se arraigue en la religión ni en el miedo a la muerte, sino en el deseo de una imagen perdurable y en un modo de aparecer. Este deseo sólo se encuentra en un espacio público habitado por una pluralidad irreductible de otros, con quienes más que reafirmar nuestras necesidades consagramos nuestros deseos. La propia Kristeva sugiere que la controvertida distinción de Arendt entre lo social y lo político debe ser entendida en contraste con el trasfondo de esta transformación de la temporalidad, y se pregunta además si la separación entre *zoe* y *bios* no es otra forma de expresar la división entre las necesidades que vinculan al sujeto con un dominio arcaico –la dependencia materna– y los deseos que ofrece la peligrosa libertad de los lazos con otras personas en el espacio de aparición: "Para convertir al ser naciente en un ser que habla y piensa, la psiquis materna asume la forma de un pasaje entre el *zoe* y el *bios*, entre la fisiología y la biografía, entre la naturaleza y el espíritu".[196] Kristeva cita a Arendt –"La 'naturaleza' del hombre es solamente 'humana' en tanto que le abre al hombre la posibilidad de convertirse en algo altamente innatural, es decir, en un hombre" (OT, 455)–, y sostiene que su distinción entre *zoe* y *bios* se origina en el análisis sobre los campos de exterminio, donde la metamorfosis de los seres humanos en naturaleza ayudó a convertirlos en cadáveres vivientes.[197] Cuando el ser humano surge en el evento de natalidad es un principiante, lo que significa que su naturaleza es inherentemente flexible y abierta. No obstante, esta facultad puede anularse fácilmente. Arendt cita a Montesquieu: "El hombre, ese ser flexible que se amolda en sociedad a los pensamientos e impresiones de los demás, es tan capaz de conocer su propia naturaleza, si se le pone a la vista, como de perder el sentimiento de ella si se le disfraza".[198] La pérdida de lo humano ocurre cuando se intenta estabilizar

---

discusiones que Arendt mantiene en *On Revolution*, Moruzzi hace hincapié en la negativa del hipócrita a entender el yo como un artificio, como una aparición [y apariencia] cambiante y múltiple en una multiplicidad de apariciones [y apariencias]. Si bien concuerdo completamente con Moruzzi en este punto, sugiero que en *Life of the Mind* Arendt profundiza significativamente su propia conceptualización, al explicitar la promesa al placer que el hipócrita finalmente no cumple.

[196] Kristeva, *Hannah Arendt*, 47.

[197] Ibíd., 140.

[198] Véase como ejemplo la conclusión de "Reply to Eric Voegelin" en *Essays in Understanding*, 408.

su "naturaleza", es decir, unificarla, completarla, homogeneizarla. De esta manera, la afirmación de Arendt de que nuestro sentido de la realidad depende de la pluralidad de otros en donde aparecemos se ve iluminada. Arendt no entiende el mundo en común como un mundo establecido en una reciprocidad de identificaciones. La comunalidad del mundo surge, más bien, de la no-integración irreductible de diferentes puntos de vista –"igualdad en absoluta diversidad"– (*HC*, 57). Al mismo tiempo, la auto-identidad se constituye por medio de estas perspectivas innumerables e irreductibles. Arendt sostiene que la dualidad endémica (el dos-en-uno) que caracteriza al yo solo puede unificarse al aparecer junto a otros que permanecen heterogéneos: "Porque este ego sólo existe en la dualidad [...] y experimenta la diferencia en la identidad no cuando se relaciona con las cosas que aparecen, sino al relacionarse consigo mismo (la dualidad inaugural, accidentalmente, explica la futilidad de la búsqueda de la identidad)" (*LMT*, 187).

Por último, Arendt sugiere que la institución política del tiempo de la inmortalidad debe estar acompañada por una afectividad que estimule o active el lazo político o lo que ella denomina como la "solidaridad de la humanidad".[199] Arendt va mucho más lejos que Kristeva en la comprensión de la necesidad de una solución *política* a las fantasías y delirios del mal radical. Al preguntarse si todos los lazos políticos se basan en un miedo perturbador[200], Kristeva continúa apelando al temor y a la autoridad como las afecciones centrales; se aferra a la perspectiva hobbesiana de acuerdo con la que la dinámica del miedo y la autoridad propios de la religión es reemplazada por el temor al soberano, tras el advenimiento del Leviatán moderno. Si bien sus trabajos sobre la abyección y los extranjeros ponen en cuestión la obra de Hobbes, pareciera que Kristeva solo es capaz de pensar en el miedo como la fuerza que sustenta el lazo político.

Arendt rechaza el miedo como la afección capaz de instituir el vínculo político, afirmando que el miedo es una emoción no política cuyo origen se remonta al egoísmo del individuo humano.[201] Si bien es

---

[199] Al insistir en una dimensión afectiva de la vida política, Arendt se sitúa en la tradición de Montesquieu, quien sostiene que las leyes e instituciones (la forma) de cualquier régimen político siempre están regidas por un principio afectivo (el espíritu de las leyes) que establece el lazo político. Véase *Spirit of the Laws*, en particular la primera parte. Para el análisis de Arendt sobre este punto véase "On The Nature of Totalitarianism", en *Essays in Understanding*, 331-333.

[200] Kristeva. *Hannah Arendt*, 180-181.

[201] En el mismo ensayo al que se refiere Kristeva ("Religion and Politics"), Arendt sostiene que la solución del mal intrínseco al totalitarismo estriba en la adopción de la duda que caracteriza al mundo moderno secular, en lugar de la creencia en el cielo o temor en el infierno.

cierto que Arendt está de acuerdo en que el miedo puede usarse como herramienta política para dominar a los individuos, no puede constituirse en el vínculo afectivo de un "nosotros". Uno podría verse tentado de interpretar su política de la natalidad, así como su insistencia en el pasaje de lo natural a lo mortal/inmortal, es decir, del *zoe* al *bios*, como un nuevo capítulo de la concepción hobbesiana de ser humano. Sin embargo, en contraste con el argumento de Hobbes de que los derechos de los seres humanos son derechos naturales, el pensamiento político de Arendt aboga por la trasformación del tiempo del egoísmo en una temporalidad del goce pública y por su intrínseca promesa de deseos compartidos. Esto, a su vez, da lugar a una reformulación de la solidaridad de la humanidad y de su dilema de una responsabilidad común. Mientras que Kristeva pone el énfasis en el duelo que acompaña a la gratitud, Arendt ve en la esfera pública una nueva clase del principio de placer.

En *Sobre la violencia*, Arendt se pregunta si el egoísmo ilustrado puede resolver adecuadamente el conflicto y evitar la violencia. Utilizando el ejemplo de una disputa por la renta entre un inquilino y un propietario, Arendt sostiene que "un interés ilustrado se preocuparía por un edificio apto para la vivienda humana", sin embargo, "el argumento de que '*a largo plazo* el interés del edificio es el *verdadero* interés del propietario y del inquilino' no tiene en cuenta el factor tiempo, de importancia capital para todos los que intervienen en el asunto". Debido a la mortalidad, afirma Arendt, el yo no puede calcular el interés a largo plazo: "El interés propio, cuando se le pide someterse al 'verdadero' interés -es decir, al interés del mundo como distinto del interés del yo- siempre replicará: 'mi camisa está cerca pero más cerca está mi piel' (...) Se trata de una respuesta no muy noble pero adecuada a la discrepancia de tiempo entre las vidas particulares de los hombres y la esperanza de vida totalmente diferente del mundo público". Así, pasar del interés propio al "interés del mundo" significa pasar del miedo al amor por la "cosa pública" (*OV*, 78).

El amor por la cosa pública solo sobreviene mediante la atenta parcialidad de la amistad política, que rechaza desde el principio cualquier noción de verdad, comprometiéndose en cambio con la práctica del cuestionamiento y de la duda que distingue al calvario secular de la humanidad moderna: "Si la solidaridad de la humanidad debe basarse en algo más sólido que en el justificado temor a las facultades demoníacas del hombre, si la nueva hermandad universal de todos los países debe forjar algo mejor que un incremento atroz del odio mutuo y una irritabilidad hasta cierto punto generalizada de todos contra todos, entonces un proceso de mutua comprensión y entendimiento progresivo a escala gigantesca debe acontecer" (*MDT*, 84). Para Arendt, Gotthold

Lessing es la figura que se entrega a este calvario secular: "Se alegró de que –para usar su parábola– el anillo genuino, si había alguna vez existido, se hubiera perdido; se alegró por la gracia del número infinito de opiniones que surgen cuando los hombres discuten los asuntos de este mundo. Si el anillo en verdad hubiera existido, hubiera significado un fin para el discurso, para la confraternidad, y, por lo tanto, para la humanidad" (26).[202] Lessing se regocija por la cosa misma que causó tanta angustia –a saber, "que la verdad una vez pronunciada se convierte en una opinión entre tantas, es contestada, reformulada, reducida a un sujeto discursivo entre otros" (27)–. Arendt sugiere que Lessing era una "persona completamente política" en virtud de esta perspectiva sobre la relación entre la verdad y la humanidad: "Insistió en que la verdad puede existir sólo cuando se la humaniza por medio del discurso, sólo cuando cada hombre dice no lo que le acaba de acontecer en el momento, sino lo que él 'considera verdad'. Mas tal discurso es virtualmente imposible en soledad; pertenece a una arena donde existen muchas voces y donde la enunciación de lo que cada quien 'considera verdad' une tanto como separa, estableciendo así aquellas distancias entre los hombres que en su conjunto conforman el mundo" (30-31). Esto no es lo mismo que la tolerancia; por el contrario, "tiene mucho que ver con el don de la amistad, con la apertura hacia el mundo y, finalmente, con un amor genuino por la especie humana" (31).

Esta antinomia entre la verdad y la humanidad le posibilita a Arendt llevar a cabo una especie de experimento. Le solicita al lector que asuma por un momento que las teorías raciales del Tercer Reich podrían haber sido probadas: "Supongamos que se pueda demostrar, por medio de evidencia científica incuestionable, que una raza es inferior; ¿justificaría eso su exterminio?". Arendt le pide al lector que no resuelva este experimento de una manera demasiado sencilla mediante la invocación de algún principio moral o religioso. Lo hace con el propósito de demostrar un tipo de pensamiento que no se rige por principios legales, morales o religiosos, pues reconoce que ninguno de ellos pudo evitar que lo peor sucediera. Esta forma de pensar sin la necesidad de recurrir a principios trascendentales da origen, paradójicamente, a un principio político fundamental mediante el cual juzgar nuestras "verdades": *¿Valdría alguna doctrina semejante, por muy convincente que fuera, el sacrificio de una sola amistad entre dos hombres?* (29).

---

[202] Arendt recupera a Lessing tras haber aceptado el Lessing Prize of the Free City of Hamburg en 1951. Su discurso "On Humanity in Dark Times" es una reflexión consciente de la dificultad que representa como alemana y judía regresar del exilio para aceptar un reconocimiento humanitario otorgado por el país que la obligó a huir.

El principio político es la amistad: toda doctrina que impida la posibilidad de la amistad debe rechazarse.[203] Arendt subraya que la amistad política escapa de la verdad en tanto que verdad objetiva pero no tiene nada que ver con la clase de relativismo subjetivo en el que todo es visto de acuerdo con el "yo" y sus intereses. Por el contrario, "siempre se encuentra fragmentada según la relación de los hombres con su mundo, según sus posiciones y sus opiniones". Por lo tanto, lejos está la concepción de amistad de Lessing de la calidez de aquella fraternidad que anhela, por sobre todas las cosas, evitar las disputas y los conflictos. La excesiva estrechez de esta fraternidad, afirma Arendt, elimina cualquier tipo de distinción. Lessing "deseaba ser el amigo de muchos hombres, mas no deseaba ser el hermano de ninguno" (30). Si bien la amistad política no admite un árbitro absoluto en sus disputas y desacuerdos, se guía, no obstante, por una exigencia fundamental: somos nosotros los que debemos asumir las responsabilidades por lo que es justo y por lo que es injusto, respondiendo por nuestras acciones y por nuestras palabras. Arendt sugiere que la única solución para el mal radical son estas frágiles amistades, que frente a las perversas inclinaciones de la humanidad proporcionan la dimensión afectiva de la solidaridad humana.[204] La fuerza que impulsa estas amistades se origina en la voluntad de sobrellevar la incredulidad y la duda inherentes a la natalidad, caracterizada, aunque posibilite el milagro de nuevos comienzos, por la desolación y el abandono que hacen de la banalidad del mal radical una amenaza siempre presente.

Arendt mantiene que la afección propiamente política debe poseer dos características esenciales –la apertura a los demás y la

---

[203] Para un análisis extendido sobre Arendt, Lessing y el modo en que la amistad puede convertirse en un bastión contra el mal radical, véase Lisa J. Disch, "On Friendship in Dark Times", en *Feminist Interpretations of Hannah Arendt*, edición de Bonnie Honig (University Park: Pennsylvania State University, 1995). Estoy de acuerdo con Disch en la centralidad de la amistad para confrontar el mal del totalitarismo. El análisis de Disch, no obstante, se centra en el modo en que las identidades dadas pueden ser desafiadas por el "partidismo vigilante". El foco de mi análisis difiere del de Disch en que yo sostengo que la amistad política es el principio afectivo que promueve el lazo político o, en palabras de Arendt, la "solidaridad de la humanidad". El "dilema de la responsabilidad común", en el que esta solidaridad resulta al mismo tiempo aterradora y unificadora, puede soportarse en virtud de este tipo de amistad.

[204] Siguiendo a Montesquieu, deseo enfatizar que la amistad política, como solución al mal radical, no puede divorciarse de las instituciones y de las leyes que conforman a los gobiernos. La pregunta "¿cuál sería la forma de las instituciones y de las leyes si fueran promovidas por estas frágiles amistades que insisten en el cuestionamiento y en la duda?" supera los límites de este trabajo. Si bien esto pareciera proporcionar una débil solución al mal radical, creo que tal debilidad o falta de garantías es endémica en lo que Arendt llama la fragilidad de los asuntos humanos, que, en definitiva, no es otra cosa que la fragilidad de la natalidad.

pluralidad–. El placer y la alegría, y no el dolor y el sufrimiento, son las afecciones que cumplen con estos requisitos. Al preguntarse si los seres humanos son tan mezquinos que solo pueden dar asistencia al ser instigados o, por así decirlo, al ser obligados por su propio dolor ante el sufrimiento de los demás, Arendt está afirmando que la conciencia intensificada de la realidad radica en el placer y no el dolor. Este placer emerge de una apertura apasionada y de un profundo amor por el mundo, dado que el goce, al florecer del placer en la compañía de los demás, le da origen al diálogo: "Al discutir estos afectos, apenas podemos ayudar a plantear el problema del desinterés, o, más bien, el problema de la apertura a los demás (...) Parece evidente que compartir el goce es absolutamente superior a compartir el sufrimiento. La alegría, y no la tristeza, es locuaz y el diálogo verdaderamente humano difiere de la mera conversación, o incluso de la discusión, en que está impregnado por el placer en la otra persona y en lo que ésta dice" (15). Una vez más, Arendt se inspira en Montesquieu, para quien la alegría también es un sentimiento político que surge de entender que el poder humano no está limitado originalmente por Dios o por la Naturaleza, sino por el poder del prójimo. "Y la alegría que surge de ese pensamiento, del 'amor a la igualdad' [...], proviene de la experiencia de que solamente porque esto es así, sólo porque existe la igualdad de poder, el hombre no está solo. Porque estar solo significa vivir en un mundo sin iguales" (*EU*, 336). Arendt contrasta este sentimiento de alegría en la compañía de los demás con el sentimiento de ansiedad y desesperación que surge cuando un individuo se vuelve impotente, es decir, cuando se vuelve incapaz de actuar junto a los demás. Esta impotencia, afirma, acontece en situaciones de completa soledad. Arendt está de acuerdo con Montesquieu en que la soledad absoluta se condice con la situación de vivir en tiranía: "la tiranía, basada en la impotencia esencial de todo hombre cuando está solo, en el intento arrogante de ser como Dios [...] en plena soledad" (339).

Nuestra alegría en la compañía de los demás demanda lo extranjero, exige una profunda heterogeneidad en el centro del espacio público. En su obra temprana, Arendt es consciente de ello aunque luego parece perderlo de vista. El lazo político del "nosotros" se inspira en la gratitud que alienta el origen destrozado de la natalidad que nos aleja para siempre y nos convierte en extraños y que, al mismo tiempo, es tanto una fuente de dolor como una fuente de alegría. Si aceptamos el pensamiento de Arendt de que la tarea ética y política actual no estriba en resucitar una noción de autoridad (la pérdida de lo que caracteriza al mundo moderno) sino, por el contrario, hacer del mundo una "morada adecuada"[205], se debe tomar en cuenta seriamente la sugerencia de Kristeva de que primero nos familiarizamos con el lugar del dolor que sentimos durante el desarraigo. Debemos "habitar" ese desierto arcaico y original.[206] Solo si existe la gratitud por lo que permanece incesantemente ajeno y extraño, podrá ser posible el placer y no el dolor –en la compañía de los demás–. Este es el dilema de la responsabilidad común, que emerge también como una garantía para nuestro derecho a tener derechos.

---

[205] Véase Hannah Arendt, "What Is Authority?", en *Between Past and Future* (New York: Penguin), 141.

[206] Kristeva, *Melanie Klein*, 196.

Conclusión: la institución política del derecho a tener derechos

> La política rara vez ofrece soluciones ideales o eternas.
>
> Hannah Arendt,
> *La cuestión judía*

> La filosofía puede concebir la Tierra como la patria de la humanidad y como una ley no escrita, eterna y válida para todos. La política lidia con los hombres, habitantes de muchos países y herederos de muchos pasados; sus leyes son los cercos positivamente establecidos que cubren, protegen y delimitan el espacio en el que la libertad ya no es un concepto, sino una realidad política viviente.
>
> Hannah Arendt,
> *Hombres en tiempos de oscuridad*

Deseo concluir con una breve consideración de la manera en que Arendt entiende la institución política del derecho a tener derechos. Si bien es cierto que los escritos de Arendt sobre las instituciones políticas son limitados, no son enteramente inexistentes.[207] Sus en-

---

[207] Así, investigadores como Ernst Gellner y Steven E. Aschheim exageran la falta de interés de Arendt en el mundo cotidiano de la política y el funcionamiento de la democracia liberal representativa. Ambos pasaron por alto los ensayos de Arendt de las décadas del cuarenta y el cincuenta. Omitieron también su compromiso con la democracia moderna, indiscutible en muchas de sus reflexiones sobre el estado-nación. Arendt considera que la democracia moderna no puede separarse de los principios gemelos de nacionalidad y soberanía, a los que ve como extremadamente problemáticos precisamente porque le impide al estado democrático moderno representar verdaderamente a todos sus ciudadanos. Véase: Ernst Gellner, "From Konigsberg to Manhattan (Or Hannah, Rahel, Martin, and Elfriede or Thy Neighbor's Gemeinschaft)", en *Culture, Identity, and Politics* (Cambridge: Cambridge University Press, 1987); y Steven E. Aschheim, "Nazism, Culture and The Origins of Totalitarianism", en *In Time of Crisis: Essays on Europan Culture, Germans, and Jews* (Madison: University of Wisconsin Press, 2001).

sayos sobre la Europa de posguerra así como sus escritos sobre Palestina proporcionan numerosas ideas. Estos ensayos indican que sus primeros análisis de las situaciones políticas de Europa y Palestina son aspectos relevantes en su trabajo teórico. Aquí retomaré cuatro ejes que interesaron a Arendt desde sus escritos más tempranos y que iluminan la manera en la que imagina la institución política del derecho a tener derechos: la soberanía, el estado-nación, la cuestión internacional y los derechos de los ciudadanos.

El ensayo "Aproximaciones al 'Problema alemán'", escrito en el invierno de 1945 para la *Partisan Review*, surge como su primer acercamiento al tema de la soberanía nacional.[208] En el Capítulo II, observamos que para Arendt la relación entre la soberanía nacional y los derechos humanos tuvo como consecuencia su declive y su eventual desaparición, especialmente para aquellas personas que no eran consideradas habitantes nacionales. En este ensayo, Arendt comienza a desarrollar esta relación objetando la noción de "Problema alemán", abogando en cambio por la conceptualización de un "Problema europeo", cuyos orígenes sitúa en el principio de soberanía nacional: "Es cierto, y casi obvio, que el continente entero posiblemente colapse debido al principio de soberanía nacional" (*EU*, 157). Arendt rechaza todo esfuerzo por restablecer la soberanía en los estados-nación europeos, y advierte que todas las empresas orientadas a tal fin están condenadas al fracaso, dado que se basan en tres premisas falsas. En primer lugar, la idea de que la soberanía nacional puede ser restaurada si los diferentes estados-nación se ponen de acuerdo en lo que respecta a la seguridad colectiva. Arendt sostiene que esto es imposible debido a factores ideológicos. En segundo lugar, el intento de delinear esferas de interés claramente definidas con el fin de impedir posibles enfrentamientos entre fuerzas ideológicas. Para Arendt este es un modelo que no debería ser restablecido, pues se inspira en el imperialismo colonial que provocó las dos guerras mundiales y el propio declive del estado-nación. Por último, la búsqueda de "alianzas bilaterales" con el fin de asegurar la soberanía nacional. Estas alianzas no son otra cosa que la "política de fuerza del siglo diecinueve", en donde el más fuerte siempre domina política e ideológicamente al más débil. Arendt impugna cualquiera de estas tres formas de restaurar la soberanía nacional, afirmando que "¡la restauración no promete nada!" (120).

Un segundo ensayo escrito en 1945, "Las semillas de una Internacional fascista", reitera y profundiza los asuntos abordados en

---

[208] Hannah Arendt, "Approaches to the 'German Problem'", en *Essays in Understanding, 1930-1954*, edición de Jerome Kohn (New York: Harcourt Brace & Company, 1994); publicado por primera vez en *Partisan Review* XII, no. 1 (Invierno de 1945).

el primero: "la soberanía nacional ya no es un concepto político que funcione, puesto que ya no hay una organización política que pueda representar o defender a un pueblo soberano, dentro de las fronteras nacionales.[209] Así, el 'estado nacional', habiendo perdido sus bases, lleva la vida de un cadáver ambulante, cuya espuria existencia es prolongada artificialmente mediante reiteradas inyecciones de expansión imperialista" (143). Aquí Arendt está especialmente interesada en los derechos de los refugiados, y está convencida de que la soberanía nacional es incapaz de dar respuesta a este problema: "La restauración del sistema nacional europeo significa para ellos una falta de derechos en comparación con la cual los proletarios del siglo diecinueve tenían un status privilegiado. Podrían haberse convertido en la auténtica vanguardia de un movimiento europeo –y muchos de ellos, en efecto, fueron prominentes en la Resistencia; aunque también pueden convertirse fácilmente en víctimas de otras ideologías, si se recurre a ellas en términos internacionales" (149). Los refugiados, las minorías y los desplazados sufren una condición de opresión mayor de la que sufrió el proletariado de Marx; esta opresión, que toma la forma de una carencia total de derechos, continuará prevaleciendo a menos que surja una nueva forma de entender el estado-nación y la ciudadanía. Con escalofriante anticipación, Arendt predice que si a estas poblaciones no se les da la oportunidad de integrar un estado-nación reconfigurado, existe una posibilidad muy real de que sean reclutadas por nuevos movimientos ideológicos internacionales. Dada la tenacidad de la soberanía nacional y el nacionalismo, y del imperialismo que les subyace, Arendt no estaría sorprendida por el surgimiento de movimientos terroristas internacionales. Podemos especular que acordaría con pensadores como Richard Barnet en que "el terrorismo internacional funciona como el mito sucesor del comunismo internacional".[210]

En este contexto, el ensayo de Arendt sobre la Internacional fascista resulta extremadamente importante, pues advierte contra la imprudente aceptación de lo "internacional" como una mera alternativa al nacionalismo. Así, si bien James Bohman tiene razón al destacar que Arendt basa su teoría política sobre una noción de lo internacional,[211]

---

[209] Hannah Arendt, "The Seeds of a Fascist International", en *Essays in Understanding, 1930-1954*, edición de Jerome Kohn (New York: Harcourt Brace & Company, 1994); publicado por primera vez en *Jewish Frontier*, junio de 1945.

[210] Véase Richard J. Barnet, "The Terrorism Trap", en *The Nation*, 2 de diciembre, 1996, 18-21. Véase también *Global Reach: The Power of Multinational Corporations* (London: Jonathan Cape, 1974).

[211] James Bohman, "The Moral Costs of Political Pluralism: The Dilemmas of Difference and Equality in Arendt's 'Reflections on Little Rock'", en *Hannah Arendt: Twenty Years Later*, edición de Larry May y Jerome Kohn (Cambridge: Massachusetts Institute of

deberíamos reconocer que, en sus propios términos, esta noción no deja ser problemática. En su análisis, Arendt comienza con una discusión sobre los *Protocolos de los sabios de Sion*, señalando que Franco los hizo traducir al español a pesar de que no existía un "problema judío" en España. ¿Por qué entonces los *Protocolos* (que son completamente falsos) proporcionan un modelo para la Internacional fascista? La respuesta, sostiene Arendt, estriba en que los *Protocolos* tocan todos los temas políticos inquietantes de nuestro tiempo: su tenor antinacional, su antagonismo semi-anarquista contra el estado, y la idea de que el estado-nación es una forma anticuada de concentración de poder político. Además, Arendt señala que "el motivo de la conspiración global en los *Protocolos* también se correspondía, y se corresponde aún, con la inestable situación del poder en la que durante las décadas pasadas se ha llevado a cabo la política. Ya no existen los poderes, sino los poderes mundiales; y ya no existe la política, a excepción de la política mundial. Éstas han sido las condiciones de la vida política moderna durante el siglo pasado —condiciones que, sin embargo, la civilización occidental no ha podido resolver adecuadamente hasta el momento" (143). Arendt continúa y afirma que en el centro de la Internacional fascista existe un movimiento antinacional extraordinariamente peligroso que debe evitarse en cualquier concepción alternativa de lo internacional: "Sólo cuando se entiende al fascismo como un movimiento internacional antinacionalista se hace inteligible por qué los nazis, con frialdad incomparable y sin distraerse con el sentimentalismo nacional o con escrúpulos humanistas (como el bienestar de su pueblo), permitieron que su tierra se convirtiera en un caos. La nación alemana ha caído en ruinas junto con su régimen terrorista de doce años de duración, cuyo aparato de vigilancia actuó infaliblemente hasta el último minuto" (144).

Considerando la desaparición de la nación alemana ante la internacional fascista, Arendt distinguió la "política global" de la "política internacional", rechazando la primera y favoreciendo la adopción de la segunda. La globalización es para Arendt un movimiento que depende del colapso del estado-nación. La identifica con la política imperialista, es decir, con una política de fuerza de alcance y deseo ilimitado. Su visión antinacional proviene de la falta de respeto por las fronteras o límites territoriales. Así, la internacional fascista es en realidad un movimiento que aspira a la globalización y al dominio mundial. Como observamos en el Capítulo II, para Arendt, una de las condiciones necesarias para la dominación imperialista es la destrucción de las sociedades, las comunidades y las naciones "cuya

---

Technology Press, 1996).

atomización es uno de los prerrequisitos para [su] dominación" que, a su vez, depende de "las marcas modernas del nacionalismo [que] que hasta cierto punto son racistas" (207-208). Por el contrario, lo internacional no es antinacional. Para Arendt, la nación (una nación que ha dejado de ser nacionalista) descansa en el centro de la internacionalidad. Su ensayo del año 1963 "Karl Jaspers, ¿ciudadano del mundo?" resulta oportuno en la medida en que en él Arendt mantiene una discusión con Jaspers en contra de la globalización y a favor de una "estructura política federada a escala mundial" (*MDT*, 84). Esta estructura estaría conformada por naciones, si se tiene en cuenta que Arendt define lo político como algo basado en "la pluralidad, la diversidad y las limitaciones mutuas. Un ciudadano es por definición un ciudadano entre ciudadanos, en un país entre países. Sus derechos y sus obligaciones deben definirse y delimitarse no sólo según las de sus conciudadanos, sino también conforme a las fronteras de un territorio" (81). Aunque Arendt deposita sus esperanzas en las organizaciones internacionales, "sin las cuales no puede haber una paz duradera", sostiene que los derechos humanos solo pueden realizarse a través de la "organización regional" (*EU*, 156). En el prefacio de la primera edición de *Los orígenes del totalitarismo*, Arendt clama por un nuevo principio político "cuya validez deba comprender esta vez a toda la humanidad y su poder deba ser estrictamente limitado, fundamentado y controlado por nuevas entidades territoriales" (*OT*, ix). En sus ensayos más tempranos, Arendt no retrocede ante la tarea de formular un nuevo principio de humanidad que anime el derecho a tener derechos y de imaginar la manera en que este derecho se instituiría en nuevas entidades territoriales y organizaciones regionales.

Para Arendt, esto sólo es posible si la comunidad internacional se compone de naciones que ya no corran el riesgo de sumirse en el nacionalismo: la tarea fundamental de la teoría política en la actualidad es "encontrar un principio político que les impida a las naciones desarrollar el nacionalismo y que establezca por lo tanto los fundamentos de una comunidad internacional capaz de presentar y proteger la civilización del mundo moderno" (*EU*, 207). Para Arendt, todas las formas de nacionalismo son en cierta medida racistas. El nacionalismo, con su énfasis en el poder del pueblo, ve en el estado una iniciativa de poder: "Agresiva y predispuesta a expandirse, la nación, mediante su identificación con el estado, adquiere todas estas cualidades y exige la expansión como un derecho nacional, como una necesidad" (208). En consecuencia, la confrontación con el nacionalismo requiere de un análisis de los orígenes y de la legalidad del poder del estado. El origen legítimo del poder del estado, señala Arendt, estriba en los principios gemelos de lo público y lo dado, ambos inherentes al evento de natalidad. Estos principios exigen que el poder se base siempre en el derecho, fundamentalmente en el derecho a tener derechos –es decir, el derecho de una pluralidad de actores a aparecer en el espacio público–. En la medida en que para Arendt la ley es por definición lo que contiene y limita el poder, cuya legitimidad jurídica deriva asimismo del derecho fundamental a tener derechos, el poder del estado nunca tiene el derecho legal o político de expandirse agresivamente. Así, el estado no puede reclamar el poder soberano precisamente porque su poder está limitado por la ley.

En su ensayo *Sobre la violencia*, Arendt mira tanto con aprobación como con indignación a los Estados Unidos, un estado fundado en el principio del derecho antes que en el de la soberanía, cuyas prácticas durante los años sesenta y setenta, particularmente en Vietnam, violaron sistemáticamente tal principio. Afirmando que la violencia de la espada hobbesiana será reemplazada por la diplomacia de la palabra solo cuando la libertad deje de estar atada a la soberanía del estado, es decir, a "la reivindicación de un poder sin límites ni control", Arendt señala a los Estados Unidos como uno de "los pocos países donde una separación apropiada entre la libertad y la soberanía es, al menos teóricamente, posible, en la medida en que los fundamentos mismos de la república estadounidense no se verían amenazados por ella. Los tratados extranjeros, de acuerdo con la Constitución, forman parte de la ley del país, y –tal como lo remarcó el Juez James Wilson en 1793– 'soberanía es un término completamente desconocido para la Constitución de los Estados Unidos'" (*OV*, 107-108). Arendt lamenta que en los años sesenta este principio constituyente se haya olvidado y que el "gobierno de los Estados Unidos, para bien o para mal (...) [haya abrazado] la herencia europea como si fuera su patrimonio –desprevenido, desafortunadamente, del hecho de que el poder declinante de Europa estuvo acompañado y precedido por la ruina política, por la ruina del estado-nación y de su concepción de soberanía" (108). Arendt es consistente en su condena al vínculo entre los derechos humanos y la soberanía nacional. Solo una soberanía limitada puede garantizar los derechos humanos, cuya base, el derecho fundamental a tener derechos, necesariamente restringe la soberanía del estado.

En el ensayo "Aproximaciones al 'Problema alemán'", Arendt ve en el movimiento de resistencia europeo una alternativa posible a la restauración del nacionalismo –y su principio de soberanía–: "Esta restauración, que procede con la ayuda de una propaganda nacionalista y chauvinista intensificada, particularmente en Francia, se halla en cruda oposición con las tendencias y pretensiones engendradas por los movimientos de resistencia, que fueron movimientos genuinamente europeos" (*EU*, 150). Arendt sostiene que en su resistencia al fascismo, estos movimientos descubrieron un principio político positivo "que claramente indicaba el carácter no nacional aunque muy popular de la nueva lucha. Ese eslogan era simplemente EUROPA" (112).[212] Arendt cita con aprobación una pregunta formulada por la resistencia holandesa: "¿Cómo podemos, a la vez que preservamos la autonomía cultural, formar unidades mayores en el campo político y económico? (...) Una buena paz es hoy inconcebible a menos que los Estados renuncien a una parte de su soberanía política y económica en pos de una autoridad europea superior" (113). Arendt retoma el eslogan de la resistencia holandesa: *Liberer et federer* –libertad y federación–. El problema de los derechos humanos, señala, solo puede resolverse si *no* se restauran los derechos soberanos: "Así, los holandeses afirman que 'el problema de la igualdad de derechos no debería orientarse a tratar de restablecer los derechos soberanos del estado derrotado, sino a concederle una influencia limitada dentro del Consejo o Federación Europea'". Arendt cita también a los franceses, quienes han advertido que "'las principales restricciones a la soberanía alemana sólo pueden considerarse sin dificultad si todos los estados aceptan del mismo modo significativas limitaciones a sus propias soberanías'" (116). En una reseña del libro de Feliks Gross *Encrucijada entre dos continentes: una federación democrática en Europa Central y Oriental*, publicada en *Commentary* en 1945-1946, Arendt acuerda por completo con la "sumamente necesaria selección de relatos contemporáneos" que el autor realiza "para demostrar que todos los pueblos que se sumaron a la Resistencia no lo hicieron sólo para combatir al invasor alemán, sino que tenían metido en la cabeza que estaban luchando por algo. Por lo que estaban luchando era por una Europa federada" (156). Para Arendt, por lo tanto, la soberanía debería sustituirse por federaciones regionales bajo la jurisdicción de instituciones internacionales que tuvieran una soberanía "agrupada" que estuviera a su vez limitada por el derecho internacional.

Las instituciones internacionales, más urgentemente una Corte Penal Internacional, significaban para Arendt la única esperanza que tenía la humanidad de enfrentar los crímenes de lesa humanidad. En el *post-scriptum* de *Eichmann en Jerusalén* se especula sobre lo que podría haber sucedido si Israel hubiera "renunciado a su derecho a ejecutar la sentencia [de Eichmann] una vez dictada, dada la naturaleza sin precedentes del veredicto de la corte". De haber ocurrido esto, reflexiona Arendt, Israel "podría entonces haber acudido a las Naciones Unidas y haber demostrado, con todas las pruebas disponibles, que la necesidad de un tribunal penal internacional era imperativa dado estos nuevos crímenes cometidos contra la humanidad en su conjunto".

---

[212] Mayúsculas en el texto original.

Arendt sugiere que si Israel hubiera puesto a Eichmann en la escena mundial, insistiendo en que ese caso merecía una solución internacional, le hubiera mostrado al mundo la necesidad de un tribunal penal internacional permanente. Arendt profetiza que "solamente así, creando una 'situación tensa', preocupando a los representantes de todas las naciones, hubiera sido posible evitar que los 'pueblos del mundo quedaran con la conciencia tranquila', y que 'la matanza de judíos se convirtiera en el tipo de delito modelo de otros futuros delitos, un pálido ejemplo, a escala reducida, del genocidio del futuro'. Sin embargo, la monstruosidad de los hechos ocurridos queda 'minimizada' ante un tribunal que representa únicamente a un nación" (*EJ*, 270).

Si la Resistencia Europea, con su insistencia en una Europa confederada, le proporciona a Arendt los bosquejos de una alternativa política positiva frente al estado-nación soberano, el sionismo le proporciona entonces un modelo de todo lo que está mal, con su reivindicación del nacionalismo y del principio de soberanía. La crítica de Arendt a una eventual ruptura con el movimiento sionista, así como sus reflexiones sobre la oportunidad perdida de lo que alguna vez tuvo el nombre de "Palestina", iluminan la manera en que replantea, a partir del derecho a tener derechos, las cuestiones de la soberanía, la nación y la ciudadanía. En 1951, al abordar lo que ocurría en Palestina, Arendt escribe: "El nacimiento de una nación en la mitad de nuestro siglo puede ser un gran acontecimiento, aunque ciertamente se trate de uno peligroso. La soberanía nacional, que durante mucho tiempo había sido el símbolo del desarrollo nacional libre, se ha convertido en el mayor peligro para la supervivencia de las pequeñas naciones. Considerando la situación internacional y la ubicación geográfica de Palestina, no es probable que el pueblo judío y el pueblo árabe estén exentos de esta regla" (*JP*, 222). Desde principios de la década del cuarenta, Arendt estaba profundamente perturbada por el nacionalismo sionista disfrazado de estado democrático; no le hacía ninguna gracia la relación cómplice entre este tipo de democracia y la limpieza étnica que tiene su origen en los conceptos de nacionalismo y de soberanía nacional. En efecto, Arendt observó el terror sionista hacia finales de los años cuarenta como una expulsión planificada de la población árabe. En este contexto, el término "democracia" sólo refiere a una vaga noción de autodeterminación y no a una noción de derechos humanos inalienables para cada miembro del estado. Arendt cuestiona la democracia moderna no porque fuera antidemocrática *per se* sino porque vio que, en su forma moderna, la democracia no había abandonado la soberanía y se había alineado, al mismo tiempo, con el nacionalismo.

El sionismo no es la excepción. Si bien se lo consideraba, particularmente desde los años treinta en adelante, como un movimiento

que trabajaba en pos de la construcción de un estado democrático en Israel, Arendt sostiene que con su "principio inherente de nacionalismo y su insistencia en la soberanía absoluta, sólo puede conducir a la balcanización de la región entera y a su transformación en un campo de batalla para los intereses en conflicto de los grandes poderes, en detrimento de todos los intereses nacionales auténticos". Arendt defiende una política no nacionalista en Palestina, respaldando la misma clase de estructura federada que plantea para Europa: "A largo plazo, la única alternativa a la balcanización es un tipo de federación regional que Magnes (…) ya propuso en 1943" (217). Para Arendt, era la "Confederación Palestina", antes que la creación de dos estados-nación, lo que ofrecía una última esperanza para impedir el conflicto constante entre ambas poblaciones, y fue precisamente por eso que propuso una liga de no agresión, defensa mutua y cooperación económica entre árabes y judíos palestinos.

Finalmente, en su penúltimo ensayo sobre este tema, escrito en 1948, Arendt propone cinco "factores objetivos" para la resolución del conflicto árabe-judío que, sostiene, "deberían ser criterios axiomáticos de lo que está bien y lo que está mal, de lo que es correcto y de lo que no lo es". Los más importantes para Arendt son el primero y el quinto. El primero respalda la idea de una "tierra judía" y no así la de un "estado judío pseudo-soberano"; el último, por su parte, clama por una pertenencia política plena tanto para los árabes como para los judíos: "El autogobierno local y los consejos mixtos judío-árabes, municipales y rurales, en una pequeña escala y tan numerosos como sea posible, representan las únicas medidas políticas realistas que eventualmente pueden conducir a la emancipación política de Palestina" (192).

Arendt ve en la Confederación Palestina una oportunidad para la autonomía cultural y la prosperidad. Para Arendt, el "verdadero objetivo de los judíos en Palestina es la construcción de una patria judía. Este objetivo no debe sacrificarse nunca en favor de un estado judío pseudo-soberano" (192). El sionismo está vinculado principalmente con la cultura hebrea. En efecto, Arendt sugiere que de existir una alternativa al nacionalismo, radicará en entenderlo no como un término político alineado con el estado, sino como un "logro cultural" en sentido amplio. Sostiene que "si el nacionalismo no fuera peor que el orgullo de un pueblo por logros únicos o extraordinarios, el nacionalismo judío hubiera sido promovido en el Hogar Nacional Judío por dos instituciones diferentes: la Universidad Hebrea y el asentamiento colectivo. Ambas surgen de las tendencias no nacionalistas permanentes de la tradición judía –la universalidad, y la predominancia del aprendizaje y la pasión por la justicia" (212). Para Arendt, estas dos instituciones, el *kibutz* por un lado, y la universidad hebrea por el otro, apoyaron y alentaron "la tendencia no nacionalista, anti-chauvinista, y la oposición en el sionismo", una tendencia que Arendt considera esencial para la existencia de Israel en un lugar donde la noción de "ciudadano hebreo" deberá designar tanto a árabes como a judíos (*JP*, 212-213).

Arendt vio con desaliento y temor la creación del estado de Israel porque en gran parte se repitieron los criterios nacionalistas de ciudadanía que habían prevalecido en el estado-nación europeo, una repetición que no prometía nada más que la violencia de la que Europa recién se estaba recuperando cuando se creó Israel. Para Arendt, en ninguna parte fue tan evidente la repetición del nacionalismo como en las condiciones de la ciudadanía israelí, y en ninguna parte el principio del derecho a tener derechos estaba tan indudablemente ausente. Con la creación del estado de Israel, los árabes israelíes tuvieron el derecho a la igualdad ante la ley, pero solo los habitantes judíos obtuvieron la ciudadanía inmediata y las ventajas materiales y políticas que esta implicaba. Solo los hijos o nietos de un judío son vistos como judíos, o bien aquellas personas convertidas por una autoridad rabínica competente, siendo imposible para los árabes israelíes acceder a la plena ciudadanía en el nuevo estado. No existe el matrimonio civil y ningún rabino casaría a un judío con un no judío. Arendt observó que los ciudadanos árabes en Israel jamás podrían llegar a ser israelíes con plenos derechos políticos. Su ruptura con el sionismo se debió a la creación de una masa de refugiados mediante la expulsión forzada de la población árabe de Israel, y al estatus de minoría en el que se vieron sumidos los árabes que se quedaron. Con una previsión escalofriante, basada en la historia que ella acababa de vivir, vaticinó solo violencia para los habitantes del nuevo estado, una violencia perpetrada sobre la población minoritaria.

En su reseña del texto de J. T. Delos, *La Nación*, publicada en 1946, Arendt, al desarrollar la idea de un "estado-nación sin nacionalismo", proporciona el esbozo de una nueva noción de ciudadanía. Sostiene que un estado semejante equivale a una sociedad receptiva que solo reconoce ciudadanos y no nacionalidades, cuyo orden legal está "abierto para todos los que viven en el territorio" (*EU*, 207).[213] Esto sugiere una vez más que Arendt defiende una noción de ciudadanía escindida por completo de cualquier raíz nacionalista, étnica o religiosa, e insiste en que debe otorgársele a todas las personas que vivan en el estado.[214]

---

[213] "Arendt's review of Delo's La Nation" (2vols. [Montreal: Eìditions de l'Arbre, 1944]), en *The Review of Politics* VIII, no. 1 (Enero de 1946).

[214] El artículo de Bernard Avishai "Saving Israel from Itself: A Secular Future fo the Jewish State" (Harpers [Enero de 2005]) pone como ejemplo una petición histórica a la Suprema Corte de Justicia de Israel. Los demandantes, árabes nacidos en Israel,

Si pensamos esto último en vinculación con sus observaciones en los tramos finales de *Sobre la revolución*, en las que concibe a la ciudadanía en términos de actividad, podemos deducir que Arendt da lugar a una noción de "ciudadanía activa" –es decir, la ciudadanía conferida a todo aquel que vive y desea participar en el espacio político de un estado o federación–. En perfecta concordancia con su formulación del derecho a tener derechos, este principio significa que cualquier persona que viva en un estado tiene el derecho a pertenecer políticamente, es decir, a votar, a ejercer un cargo político y a ser representado. Se trata de una *experiencia* de ciudadanía, de vivir y de trabajar en un espacio político.

Por otra parte –y esto se origina en el principio de lo dado que anima el derecho a tener derechos–, para Arendt, los refugiados, las minorías y todos aquellos desprovistos de identidad o representación política deben incorporarse a un espacio político. A pesar de que no da ninguna sugerencia de cómo lograrlo, podemos comenzar a reflexionar al respecto. Con certeza, su insistencia en la nación como una "sociedad abierta" sugiere que los "territorios regionales" deben poseer fronteras fluidas de modo tal que exista el derecho humano básico de admisión. Si bien también existiría un derecho humano a la emigración, la práctica de desnaturalización y desnacionalización no se permitiría bajo un derecho internacional basado en el derecho a tener derechos. Como hemos visto, nadie entendió mejor que Arendt que los primeros pasos hacia los campos de exterminio se dieron cuando pueblos enteros fueron desnaturalizados o desnacionalizados, perdiendo así la protección de un órgano legal soberano. Por último, y esto también se deriva del principio de lo dado inherente al derecho a tener derechos, la ciudadanía activa incluye asimismo el derecho al trabajo: sin los medios para sostener la existencia material, el derecho a participar en los asuntos políticos no tiene sentido.

Aún más significativo para una escritora que es identificada (como sostengo en los capítulos 2 y 3, equivocadamente) con la separación estricta entre lo económico y lo político, en estos ensayos, Arendt no solo reclama una federación política de estados-naciones, sino también "la composición de un único sistema económico sin modificar las fronteras nacionales" (116). Así, argumenta a favor de "un cambio en el sistema económico, en el control de la riqueza, la nacionalización y la propiedad pública de los recursos básicos y las industrias más

---

le solicitan a la corte que le ordene al Ministerio del Interior que los registren como "Israelíes". Avishai relata: "Los demandantes le solicitan al estado que reconozca una forma autopercibida e inclusiva de nacionalidad, que coincide y redunda en la ciudadanía" (42). Esta petición subraya la insistencia de Arendt en que la nacionalidad se separe de la ciudadanía.

importante" (114). En sus comentarios al texto de Delos, Arendt sostiene que la federación de Europa Oriental constituye tanto una necesidad política como una necesidad económica.

Arendt reconoce las consideraciones económicas y denuncia un mundo en el que "todo se decide desde el punto de vista de la política". Además, afirma que "a este descuido de los factores económicos por parte de los políticos hay que añadirle el reciente énfasis excesivo en el poder" (157).

En varios de sus ensayos sobre Palestina, Arendt continúa insistiendo en que las alianzas económicas deben acompañar a las estructuras territoriales confederadas. En su último ensayo sobre Israel, "¿Paz o armisticio en Oriente Medio?", escrito en 1950 luego de su ruptura con el sionismo y el establecimiento del estado israelí, cuestiona largamente los "muros herméticos" que separan los sectores económicos árabe y judío.[215] Arendt desconfía de la política de Israel de no contratar mano de obra árabe en base a la preocupación sobre una potencial explotación de los trabajadores, y señala que Israel se topó con la revolución industrial ciento cincuenta años después de que lo hiciera Europa: "La diferencia decisiva fue simplemente que la revolución industrial había creado y empleado a su propio cuarto poder, un proletariado nativo, mientras que en Palestina el mismo desarrollo implicó la incorporación de trabajadores y le dejó a la población nativa un potencial proletariado sin perspectivas de empleo como mano de obra libre" (*JP*, 202). Ciertamente, Arendt no condena la explotación de los trabajadores árabes. Simpatiza con la lucha del trabajo judío organizado en contra de la mano de obra barata árabe y con el argumento de que "el capital judío debería evitar la tentación de emplear árabes en lugar de trabajadores judíos, más conscientes de sus derechos y cuyos salarios son más caros". El problema, sin embargo, consiste en que lo que es bueno en la teoría puede no serlo en la práctica: "Ser anti-capitalista en Palestina casi siempre significa ser prácticamente anti-árabe" (203).

Arendt es extremadamente crítica con el apoyo financiero externo del mundo judío que determinó que "la cooperación judío-árabe difícilmente se convertiría en una necesidad económica para el nuevo estado israelí" (202). En una discusión demasiado breve, considera a los asentamientos colectivos (los *kibutz*) como una alternativa a la explotación y al abandono de los trabajadores árabes, afirmando que posibilitarían "una nueva forma de propiedad (...) y nuevos enfoques para los problemáticos conflictos entre la ciudad y el campo, entre la mano de obra rural y la mano de obra industrial" (214). Arendt concluye

---

[215] Arendt, *The Jew as Pariah*, 201.

este ensayo lamentando que los asentamientos colectivos, los únicos grupos que promovieron activamente la amistad judío-árabe, hubieran fallado: "Fue una de las mayores tragedias para el nuevo Estado de Israel que estas formas rudimentarias de trabajo, en particular el Hashomer Hatsair, sacrificaran su programa binacional ante el *fait accompli* de la decisión de ruptura de las Naciones Unidas" (215).[216]

En sus ensayos sobre Europa y Palestina, Arendt nos deja pistas de su visión de la institución política del derecho a tener derechos. La institución de este derecho fundamental depende de la soberanía colectiva y limitada de los estados, de las confederaciones regionales con fronteras abiertas, y de las instituciones internacionales, tanto jurídicas como económicas. Tal vez lo más importante sea una nueva noción de ciudadanía, cuya condición justa estriba en la experiencia de vivir en un espacio político particular y en pertenecer a él, una experiencia garantizada por el derecho inalienable a la participación activa tanto en la esfera política como en la económica. Esta noción de ciudadanía reconoce que la temporalidad que atraviesa lo político, el espacio de aparición, es el de la natalidad y el de sus principios gemelos: el *initium* y lo dado. Para Arendt, el espacio político está ante todo regido por el surgimiento de lo nuevo, por lo que nuestra noción de ciudadanía debe entenderse como la continua actividad de redefinición y reformulación de quienes somos. Esta actividad permanente de ciudadanía no debe constituirse simplemente mediante instituciones políticas –basadas en el derecho inalienable a tener derechos conferido por el evento de natalidad–; también debe inspirarse en la gratitud y en el placer por las pluralidades y singularidades que en su conjunto conforman el espacio público.

---

[216] Podemos especular que Arendt vería con gran preocupación la construcción de muros en Israel que genera enclaves palestinos separados del resto del país por autopistas, razón por la que el pueblo palestino se ve forzado a embarcarse en emprendimientos que no son viables.

Bibliografía

Agamben, Giorgio. *The Coming Community*. Traducción de Michael Hardt. Minneapolis: University of Minnesota Press, 2005.

__________, *Homo Sacer: Sovereign Power and Bare Life*. Traducción de Daniel Heller-Roazen. Stanford: Stanford University Press, 1998.

Antelme, Robert. *The Human Race*. Traducción de Jeffrey Haight y Annie Mahler. Evanston, III.: Northwestern University Press,1992.

Arendt, Hannah. *Between Past and Future: Eight Exercises in Political Thought*. 1961; reimpresión, New York: Viking Press, 1968.

Crisis of the Republic. New York: Harcourt Brace, 1972.

__________, *Eichmann in Jerusalem: A Report on the Banality of Evil*. New York: Penguin Books, 1963.

__________, *Essays in Understanding*. Edición de Jerome Kohn. New York: Harcourt Brace and Co., 1994.

__________, *Hannah Arendt/Karl Jaspers: Correspondence, 1926-1929*. Edición de Lotte Kohler y Hans Saner. Traducción de Robert y Rita Kimber. New York: Harcourt Brace Jovanovich, 1985.

__________, *The Human Condition*. Chicago, III.: University of Chicago Press, 1958.

__________, *The Jew as Pariah: Jewish Identity and Politics in the Modern Age*. Edición de Ron H. Feldman. New York: Grove Press, 1978.

__________, *Lectures on Kant's Political Philosophy*. Edición y ensayo preliminar de Ronald Beiner. Chicago: University of Chicago Press, 1982.

__________, *Life of the Mind. Vol. I, Thinking*. New York: Harcourt Brace Jovanovich, 1978.

Lif of the Mind. Vol. II, Willing. New York: Harcourt Brace Jovanovich, 1978.

__________, *Love and Saint Augustine*. Edición de Joanne Vecchiarelli Scott y Judith Chelius Stark. Chicago, III.: University of Chicago Press, 1996.

__________, *Men in Dark Times*. San Diego, New York, London: Harcourt Brace & Co., 1968.

__________, "Philosophy and Politics", en *Social Research* 57, no. 1 (Primavera de 1990): 73-103.

——————————, *Rahel Varnhagen , The Life of a Jewish Woman*. Traducción de Richard y Clara Winston. New York: Harcourt Brace Jovanovich, 1974.

——————————, *The Origins of Totalitarianism*. New York: Harcourt, Brace, 1952.

——————————, *On Revolution*. New York: Penguin Books, 1963.

——————————, *On Violence*. New York: Harcourt, Brace & World, 1970.

——————————, *The Promise of Politics*. Edición de Jerome Kohn. New York: Schocken Books, 2005.

——————————, *Responsibility and Judgment*. Edición de Jerome Kohn. New York: Schocken Books, 2003.

Aschheim, Steven E. *In Time of Crisis: Essays on European Culture, Germans and Jews*. Madison: University of Wisconsin Press, 2001.

Augustine. *The Confessions*. Traducción de John Ryan. New York: Image Books, 1960.

——————————, *Free Choice of the Will*. Traducción de Anna S. Benjamin y L. H. Hackstaff. New York: Macmillan, 1989.

——————————, *On the Trinity*. Traducción de Stephen McKenna. Washington, D.C.: Catholic University Press, 1963.

Avishai, Bernard. "Saving Israel from Itself: A Secular Future for the Jewish State", en *Harpers*, enero de 2005.

Bar On, Bat-Ami. The *Subject of Violence: Arendtian Exercises in Understanding*. Lanham, Md.: Rowman & Littlefield, 2002.

Barnet, Richard J. *Global Reach: The Power of the Multinational Corporations*. London: Jonathan Cape, 1974.

——————————, "The Terrorism Trap." *The Nation*, 2 de diciembre de 1996, 18-21.

——————————, con John Cavanaugh. *Global Dreams: Imperial Corporations and the New World Order*. New York: Simon and Shuster, 1995.

Benhabib, Seyla. *The Reluctant Modernism of Hannah Arendt*. Thousand Oaks, Calif.: Sage Publications, 1996.

Benjamin, Jessica. *Bonds of Love*. New York: Pantheon Books, 1988.

Benjamin, Walter. *Illuminations*. Edición e introducción de Hannah Arendt. New York: Schocken Books, 1969.

Bernstein, Richard. *Hannah Arendt and the Jewish Question*. Cambridge, Mass.: MIT Press,1996.

——————————, "Hannah Arendt's Zionism?", en *Hannah Arendt in Jerusalem*. Edición de Steven E. Aschheim. Berkeley: University of California Press, 2001.

Bhaba, Homi. *The Location of Culture*. London: Routledge, 2004.

Bohman, James. "The Moral Costs of Political Pluralism: The Dilemmas of Difference and Equality in Arendt's 'Reflections on Little Rock'" en *Hannah*

Arendt: Twenty Years Later. Edición de Larry May y Jerome Kohn. Cambridge: Mass.: MIT Press, 1996.

Bowen-Moore, Patricia. *Hannah Arendt's Philosophy of Natality.* New York: St. Martin's Press, 1989.

Canovan, Margaret. *Hannah Arendt: A Reinterpretation of her Political Thought.* London: Cambridge, 1992.

D'Entreves, Maurizio Passerin. *The Political Philosophy of Hannah Arendt.* London: Routledge, 1994.

Discha, Lisa J. "On Friendship in 'Dark Times'", en *Feminist Interpretations of Hannah Arendt.* Edición de Bonnie Honig. University Park: Pennsylvania State University, 1995.

——————————, *Hannah Arendt and the Limits of Philosophy.* New York: Cornell University Press, 1994.

Elshtain, Jean Bethke. *Augustine and the Limits of Politics.* Notre Dame, Ind.: Notre Dame University Press, 1995.

Ferry, Luc. *Rights–The New Quarrel between the Ancients and the Moderns.* Traducción de Franklin Philip. Chicago Ill.: University of Chicago, 1990.

Flynn, Bernard. *Political Philosophy at the Closure of Metaphysics.* Atlantic Highlands, N.J.: Humanities Press, 1994.

Foucault, Michel. *Knowledge/Power: Selected Interviews and Other Writings.* Edición de Colin Gordon. New York: Pantheon Books, 1980.

——————————, "The Subject and Power", en Herbert Dreyfus y Paul Rabinow, *Michel Foucault. Beyond Structuralism and Hermeneutics.* Chicago, Ill.: University of Chicago Press, 1982.

Freud, Sigmund. *Three Essays on a Theory of Sexuality.* Traducción de James Strachey. New York: Basic Books, 1975.

Gashe, Rodolph. *The Tain of the Mirror.* Cambridge, Mass,: Harvard University Press, 1986.

Gellner, Ernst. *Culture, Identity, and Politics.* Cambridge. Cambridge University Press, 1987.

Habermas, Jürgen. *Between Facts and Norms: Contributions to a Discourse Theory of Law and Democracy.* Traducción de William Rehg. Cambridge, Mass.: MIT Press, 1996.

Heidegger, Martin. *Being and Time.* Traducción de John Macquarrie y Edward Robinson. New York: Harper and Row, 1962.

Hobbes, Thomas. *Leviathan.* Edición de Richard Tuck. Cambridge: Cambridge University Press, 1991.

Ignatieff, Michael. *Human Rights as Politics and Idolatry.* Edición e introducción de Amy Amy Gutman. Princeton, N.J.: Princeton University Press, 2001.

Jonas, Hans. *Philosophical Essays: From Ancient Creed to Technological Man.* Chicago, Ill.: University of Chicago Press, 1974.

Kateb, George. *Hannah Arendt: Politics, Conscience, Evil.* Oxford: Martin Roberston, 1984.

Kristeva, Julia. *Hannah Arendt.* Traducción de Ross Guberman. New York: Columbia University Press, 2001.

——————————, *The Kristeva Reader.* Edición de Toril Moi. New York: Columbia University Press, 1986.

——————————, *Melanie Klein.* Traducción de Ross Guberman. *New* York: Columbia University Press, 2001.

——————————, *Power of Horror: An Essay on Abjection.* Traducción de Leon S. Roudiez. New York: Columbia University Press, 1982.

——————————, *Strangers to Ourselves.* Traducción de Leon S. Roudiez. New York: Columbia University Press, 1992.

——————————, *Tales of Love.* Traducción de Leon S. Roudiez. New York: Columbia University Press, 1987.

Laqueur, Thomas. "The Moral Imagination and Human Rights", en Michael Ignatieff, *Human Rights as Politics and Ideology.* Edición e introducción de Amy Gutman. Princeton, N.J.: Princeton University Press, 2001.

Lefort, Claude. *Democracy and Political Theory.* Traducción de David Macey. Minneapolis: University of Minnesota Press, 1988.

Lyotard, Jean-Francois. *Toward the Post-Modern.* Atlantic Highlands, N.J.: Humanities Press, 1993.

McGowan, John. *Hannah Arendt: An Introduction.* Minneapolis: University of Minnesota Press, 1998.

——————————, "Must Politics Be Violent? Arendt Utopian Vision", en *Hannah Arendt and the Meaning of Politics.* Edición de Craig Calhoum y John McGowan. Minneapolis: University of Minnesota Press, 1997.

Montesquieu. *The Spirits of the Laws.* Traducción de Thomas Nugent. London: Haftner Library of Classics, 1949.

Moruzzi, Norma Claire. *Speaking through the Mask: Hannah Arendt and the Politics of Social Identity.* Ithaca, N.Y.: Cornell University Press, 2000.

Nancy, Jean-Luc. *The Birth to Presence.* Stanford, Calif.: Stanford University Press, 1993.

Passerin D'Entreves, Maurizio. *The Political Philosophy of Hannah Arendt.* London: Routledge, 1994.

Patterson Orlando. *Slavery and Social Death: A Comparative Study.* Cambridge, Mass.: Harvard University Press, 1982.

Rawls, John. *The Law of Peoples.* Cambridge, Mass.: Harvard University Press, 1999.

Rousseau, Jean Jacques. *Discourse on the Origin of Inequality.* Edición de Victor Gourevitch. Cambridge: Cambridge University Press, 1997.

___________, *Emile.* Traducción de Allen Bloom. New York: Basic Books, 1979.

___________, *The Social Contract.* Edición de Victor Gourevitch. Cambridge: Cambridge University Press, 2003

Sen, Amartya. *Resources, Values, and Development.* Cambridge, Mass.: Harvard University Press, 1984.

Shue, Henry. *Basic Rights: Subsistence, Affluence, and U.S. Foreign Policy.* Princeton, N. J.: Princepton University Press, 1996.

Strauss, Leo. *Natural Right and History.* Chicago, Ill.: University of Chicago Press,1953.

Terminiaux, Jacques. *The Thracian Maid and the Professional Thinker.* Albany: State University of New York Press, 1997.

Taylor, Charles. *Sources of the Self: The Making of Modern Identity.* Cambridge, Mass.: Harvard University Press, 1989.

Villa, Dana. *Politics, Philosophy, Terror.* Princeton, N.J.: Princeton University Press, 1999.

Índice temático

Peg Birmingham es Profesora de Filosofía en la Universidad De-Paul. Ha co-editado (con Philippe van Haute) *Dissensus Communis: Between Ethics and Politics* y es la autora de numerosos artículos sobre Arendt, Heidegger, Foucault y Kristeva en publicaciones especializadas (*Research in Phenomenology, Hypatia* y *The Graduate Journal of Philosophy*). Ha co-traducido (con Elizabeth Birmingham) el libro de Dominique Janicaud *Powers of the Rational* (Indiana University Press, 1994).

Impreso por TREINTADIEZ S. A. en 2017
Pringles 521 (C1183AEI)
Ciudad Autónoma de Buenos Aires
Teléfonos: 4864-3297 / 4862-6794
editorial@treintadiez.com